Rudolf Möckel

IM GEGENWIND

Standhalten, wenn es heftig wird

Studien über Nehemia

Möckel, Rudolf
Im Gegenwind
Standhalten, wenn es heftig wird
Studien über Nehemia
Best.-Nr. 271 417
ISBN 978-3-86353-417-2

Alle Bibelstellen wurden zitiert nach der NeÜ bibel.heute (NeÜ)
© 2010 Karl-Heinz Vanheiden und Christliche Verlagsgesellschaft Dillenburg

© 2017 Christliche Verlagsgesellschaft Dillenburg
www.cv-dillenburg.de
Satz und Covergestaltung: Christliche Verlagsgesellschaft Dillenburg
Umschlagmotiv: © Shutterstock.com/Alvov

Druck: GGP Media GmbH, Pößneck
Printed in Germany

INHALTSVERZEICHNIS

Im Gegenwind 7

1. Einer fragt nach 9

2. Ein Stein kommt ins Rollen 23

3. Aufbruch in die Zukunft 37

4. Bauarbeiter überall! 50

5. Die Papierkugeln des Gehirns 63

6. Die Furcht bezwingen 77

7. Der Herausforderung standhalten (1) 90

8. Der Herausforderung standhalten (2) 105

9. Im Widerstand 121

10. Große Probleme 134

11. Stolpersteine (1) 149

12. Stolpersteine (2) 162

13. Innen-Ausbau 175

14. Die Arbeit des Wortes Gottes 189

15. Grundschritte des Glaubens 203

16. Der Gott, der handelt (1) 215

17. Der Gott, der handelt (2) 229

18. Der Gott, der handelt (3) 245

19. Die Liste – oder: verbindlich werden mit Gott 260

20. Gottes „zweite Reihe" 275

21. Eine Demonstration besonderer Art 291

22. Gebrochene Versprechen 305

23. Fahrlässiges Vergessen 320

Nehemia – ein Mann im Gegenwind 334

IM GEGENWIND

Am 18. Februar 2008 bricht Eckhard Fuss in Athen zu einer wahrhaft olympischen Radtour auf. Sein Ziel: die Stadt Peking. In 170 Tagen will er entlang der historischen Seidenstraße 13 000 Kilometer zwischen Mittelmeer und Ostasien zurücklegen. Nach 87 Tagen hat der passionierte Radler bereits 7000 Kilometer bei 47 000 Höhenmetern hinter sich gebracht. Aber kurz nach der Einreise nach Turkmenistan wird es schwierig: Bei der Durchquerung der Karakum-Wüste muss Fuss einem an Kraft stetig zunehmenden Gegenwind trotzen, der sich zum Sandsturm auswächst. Nach 80 Kilometern in stürmischem Gegenwind ist Fuss völlig erschöpft. Er gibt vorerst auf und bittet in einer Trucker-Unterkunft um einen Schlafplatz. Erst nach Abflauen des Sturms kann er seinen Weg fortsetzen.[1]

Der Mann, um den es hier in diesem Buch geht, hat viele Jahre seines Lebens im Gegenwind gelebt. Sein Name: Nehemia Ben Hachalja, Mundschenk und politischer Berater des persischen Königs Artaxerxes. Zwar war es kein Sandsturm, dem Nehemia die Stirn bieten musste, aber der Gegenwind, mit dem er zu kämpfen hatte, war keineswegs weniger gefährlich. Im Gegenteil: Als Nehemia von Gott einen Auftrag bekam, der einer „Mission Impossible" glich, sah er sich binnen Kurzem einer ganzen Reihe von Widersachern gegenüber, die alles daransetzten, ihn zu entmutigen, zu demoralisieren, zu zermürben und zum Aufgeben

---

1   Gießener Allgemeine, 10.07.2008. http://www.giessenerallgemeine.de/Home/Nachrichten/Uebersicht/Artikel,-Halbzeit-fuer-Olympia-Radler-Eckhard-Fuss-und-seine-Kollegen-_arid,48031_costart,1_regid,1_puid,1_pageid,9.html.

zu bewegen oder aber – wenn das nicht gelingen sollte – physisch zu vernichten.

Nehemia hatte keine Möglichkeit, diesem Gegenwind auszuweichen. Er konnte sich auch nicht an einen sicheren Schlafplatz zurückziehen. Er hatte schon gar nicht die Möglichkeit abzuwarten, bis der Sturm vorüber war. Er musste dem Gegenwind standhalten und – er hielt stand.

Warum das möglich war und wie Nehemia Ben Hachalja seine „Mission Impossible" trotz aller Widerstände dennoch zum Ziel führte, das ist das Thema dieses Buches. Grundlage sind seine persönliche Aufzeichnungen, die im alttestamentlichen Buch Nehemia vorliegen.

Nehemias Aufzeichnungen haben trotz ihres hohen Alters eine verblüffende Aktualität und können so für Menschen, die heute auf dem Weg der Nachfolge Jesu unterwegs sind, zur Hilfe und zur Ermutigung werden.

Hannover, im Oktober 2016
Rudolf Möckel

1.

EINER FRAGT NACH

Nehemia 1,1-11

Als der ehemalige US-Präsident Richard Nixon wegen der Watergate-Affäre und der heimlichen Aufzeichnung von Gesprächen im Weißen Haus mit einem Amtsenthebungsverfahren rechnen muss, kündigt er am 8. August 1974 in einer Fernsehansprache seinen Rücktritt an. Der britische TV-Moderator David Frost[2] sieht die Sendung und erfährt, dass er einer von 400 Millionen Zuschauern ist. Daraufhin bemüht er sich um ein Interview mit Nixon.

Nixon geht davon aus, dass der politisch unerfahrene Talkmaster ungefährlich sei und ihm eine Bühne für die Darlegung seiner Sichtweise liefern werde. Aber Nixon verrechnet sich. Mithilfe eines Journalisten und eines befreundeten Produzenten bereitet sich Frost auf die Interviews vor. Er hofft, dass es ihm gelingen wird, Nixon in die Enge zu treiben und klarzustellen, dass er sein Amt missbraucht hat.

Zunächst aber scheint Nixons Rechnung aufzugehen. Nixon verunsichert Frost immer wieder durch gezielte Provokationen und nutzt jede Chance, um seine Handlungsweise in der Watergate-Affäre zu rechtfertigen bzw. in einem

---

2   https://de.wikipedia.org/wiki/Frost/Nixon.

günstigen Licht erscheinen zu lassen. Aber dann beginnt Frost nachzufragen, beharrlich nachzufragen, unbeirrbar nachzufragen, endlos nachzufragen. Frost treibt Nixon mehr und mehr in die Enge und fragt immer weiter nach. Er fragt schließlich solange nach, bis Nixon vor laufender Kamera zugibt, dass er sich als Präsident über das Gesetz gestellt und das amerikanische Volk und die Demokratie verraten hat. Frost wird weltberühmt. Im Jahr 2008 erscheinen seine Gespräche mit Nixon auf DVD. Wenig später werden sie auch als Spielfilm produziert.

Hier in diesem Buch geht es um einen Mann, der auch beharrlich nachfragte und damit einen mächtigen Stein ins Rollen brachte. Er fragte nach, wo andere schlicht zur Tagesordnung übergegangen wären. Er fragte nach, wo andere keinen weiteren Gedanken verschwendet hätten. Er fragte nach und löste damit eine Lawine von Ereignissen aus, die überaus beeindruckend und von bleibender Bedeutung waren.

Nehemias Name bedeutet: „Der Herr hat getröstet." Nehemia lebte etwa fünfhundert Jahre vor Jesu Geburt und arbeitete als Mundschenk des persischen Königs Artaxerxes.

Natürlich erweckt das Wort „*Mundschenk*" beim heutigen Leser leicht Begleitvorstellungen von reichlich angestaubten „Märchen aus 1001 Nacht". Mundschenke gibt es heute längst nicht mehr und viele Menschen verbinden mit dieser Berufsbezeichnung eine Art Kombination aus Oberkellner und Hadschi Halef Omar. Sie könnten nicht falscher liegen!

Wer Mundschenk am persischen Hof wurde, hatte viele Vorrechte und eine große Verantwortung. Vor jeder Mahlzeit probierte der Mundschenk den Wein des Königs, um sicherzustellen, dass er nicht vergiftet war. Aber das war nur ein Aspekt dieses Berufes. Der Mundschenk war bei so gut wie allen Unterredungen des persischen Herrschers dabei. Weil er dauernd im Licht der Öffentlichkeit stand, musste er erstens gut aussehen, zweitens eine gute Allgemeinbildung haben und sich drittens in den Gepflogenheiten der hohen Politik auskennen. Er musste viertens in der Lage sein, konstruktive Gespräche mit dem König zu führen und fünftens auch Rat geben können, wenn er gefragt wurde. Darüber hinaus musste er sechstens mit den Stärken und Schwächen (und manchmal auch Launen) des Königs bestens vertraut und in der Lage sein, sich sehr schnell auf sie einzustellen. Da der Mundschenk den König jeden Tag sah, verfügte er natürlich über beträchtlichen Einfluss und konnte damit entweder Gutes oder Böses bewirken. Dies alles war und konnte Nehemia, der Sohn des Hachalja, und das spricht für seinen vorbildlichen Charakter und die Vielzahl seiner Fähigkeiten.

EINER FRAGT NACH

Bericht von Nehemia Ben-Hachalja: Im 20. Regierungsjahr des Artaxerxes hielt ich mich in der befestigten Oberstadt von Susa auf. Im Dezember kam Hanani, einer meiner Brüder, mit einigen Männern aus Judäa zu mir. Ich fragte sie, wie es den Juden dort ginge, dem Rest, der dem Exil entkommen war, und erkundigte mich nach Jerusalem. Sie berichteten: „Die Juden dort in der Provinz leben in großer Not und Schande. Die Mauer Jerusalems liegt immer noch in Trümmern und die Tore sind verbrannt."

(Nehemia 1,1-3)

Das 20. Regierungsjahr des persischen Königs Artaxerxes ist nach heutiger Zeitrechnung das Jahr 444 v. Chr. Es ist Dezember. Die Temperaturen bewegen sich zwischen +10 °C und 0 °C. Es ist also – für dortige Verhältnisse – eher kalt, und es regnet häufig. Artaxerxes hat sich darum in seinen Winterpalast in der Stadt Susa zurückgezogen. Der Winterpalast ist ziemlich gut beheizbar und für die Wintermonate darum ein angenehmer Aufenthaltsort.

11

Und nun kommt es an irgendeinem völlig normalen Tag im Dezember zu einer Begegnung, die völlig unerwartet einen Stein ins Rollen bringt. Nehemia bekommt Besuch von seinem Bruder Hanani, der zusammen mit ein paar Begleitern überraschend bei ihm auftaucht. Die Reisenden kommen aus der Stadt Jerusalem und haben schlechte Nachrichten: *Die Mauer Jerusalems liegt immer noch in Trümmern*, berichten sie, *und die Tore sind verbrannt.* Mit andern Worten: Sie kommen aus einer Ruinen-Stadt.

Das ist schlimm! Ganz klar! Aber es ist für Nehemia absolut nichts Neues! Das weiß er alles längst. Vor rund 150 Jahren war die Stadt Jerusalem zerstört und dem Erdboden gleich gemacht worden. Da war kein Stein auf dem anderen geblieben. Babylonische Truppen hatten das getan. Sie hatten auch den Tempel zerstört, die Bevölkerung der Stadt und aus weiteren Teilen des Landes verschleppt und im Gebiet des heutigen Iran/Irak angesiedelt. Das alles waren traumatische Erfahrungen für das Volk Gottes (das Volk Israel) gewesen. Nach einigen Jahrzehnten war dann eine Gruppe von 50 000 Juden nach Jerusalem zurückgekehrt. Mit viel Mühe hatten sie zunächst den Tempel wieder aufgebaut (Esra 1–6).

Aber dann stockten die Arbeiten. Die Nachbarvölker verhinderten alle weiteren Aufbau-Arbeiten. Jerusalem blieb eine Trümmerstadt ohne Mauern und Tore. Wehrlos. Schutzlos. Hilflos. Das Leben der Rückkehrer war kümmerlich. Ohne Hoffnung. Ohne Perspektive. Ohne Plan. Hananis Worte über die Bewohner Jerusalems fassen die Situation treffend zusammen: Sie alle sind versprengt, verfallen, verspottet.

Noch einmal: All dies ist für Nehemia absolut nichts Neues! Und doch fragt er nach: *Ich fragte sie, wie es den Juden dort ginge, dem Rest, der dem Exil entkommen war, und erkundigte mich nach Jerusalem.* Das ist schon erstaunlich! Denn all die schlimmen Ereignisse, die zu den katastrophalen Zuständen in der Stadt Jerusalem geführt hatten, die waren lange, lange vor Nehemias Lebzeiten passiert. Die lagen mehr als hundert Jahre zurück! Er trug keinerlei Verantwortung dafür! Was gingen denn Nehemia irgendwelche Leute in Jerusalem an, die er nicht kannte und die Hunderte von Kilometern weit weg waren? Hatte Nehemia nicht einen Top-Job am persischen Königshof, der seine ganze Aufmerksamkeit und seine ganze Kraft beanspruchte? Was also ging ihn die Ruinen-Stadt Jerusalem an, die wenigstens tausend Kilometer weit weg war?

Menschlich gesehen, hatte Nehemia überhaupt keinen Anlass, sich mit dem Schicksal einer kaputten Stadt ganz weit weg zu befassen. Es hätte für ihn sehr viel näher gelegen, einfach zur Tagesordnung überzugehen. Aber das tat Nehemia nicht. Natürlich stellt sich die Frage: Warum nicht? Warum ging er nicht zur Tagesordnung über? Warum zuckte er nicht gleichgültig und desinteressiert mit den Schultern?

Weil Gott sein Herz an diesem völlig unscheinbaren Tag berührte und es bewegte. Im Buch des Propheten Jeremia (Jer 15,5) findet sich dieses Wort: *Wer wird mit dir Mitleid haben, Jerusalem, und wer dir Beileid bekunden, und wer wird bei dir einkehren, um nach deinem Wohlergehen zu fragen?* Nehemia war derjenige, den Gott erwählt hatte, damit er genau dies tun sollte. Gott legte Nehemia die Aufgabe aufs Herz, sich um die versprengten, verspotteten und verzweifelten Leute in der Ruinenstadt Jerusalem zu kümmern. Und Nehemia reagierte. Er fragte nach, wo andere vielleicht gesagt hätten: „Was ich nicht weiß, macht mich nicht heiß!" Nehemia fragte nach. Gott hatte sein Herz berührt.

So ist es oft: Man schlendert durch sein Leben. Tag für Tag. Und irgendwann, an einem völlig normalen, unspektakulären Tag berührt Gott unser Herz und gibt uns eine Aufgabe: einen Menschen vielleicht, der schon länger in unserem Lebensumfeld lebt und weit weg ist von Jesus; eine Not, die nur wir allein kennen, und die schon lange zum Himmel schreit; ein Gebetsanliegen, das ausdauernde

Fürbitte verlangt; eine Arbeitsstelle, an die Jesus uns gestellt hat, damit wir dort etwas Bestimmtes für ihn tun; oder ein Dienst in der Gemeinde, den nur wir allein so tun können.

Was immer es ist, manchmal berührt Gott das Herz eines Menschen, und es ist dann, als ob er sagt: „Das ist jetzt deine Aufgabe! Geh hin und tue sie. Ich werde mit dir sein!"

Hier ist ein Beispiel:

Am 13. Februar 1945 erlebt die 20-jährige Sabine Koritke[3] die Bombardierung Dresdens mit. Sie überlebt die Horrornacht und schlägt sich nach Westen durch. 1949 wandert sie nach Amerika aus. Dort heiratet sie den Multimillionär Clifford Ball, gehört plötzlich zur High Society und verkehrt mit den Reichen und Schönen. Aber die Ehe hält nicht. 1963 erfolgt die Scheidung. Sabine Ball gründet eine Hippie-Kommune und führt ein einfaches Leben. 1972 kommt sie zum Glauben an Jesus und verspricht, ihm zu dienen, welche Pläne auch immer er für sie haben mag.

1992 – nach dem Fall der Berliner Mauer – besucht sie Dresden. Hier berührt Jesus eines Tages vollkommen unerwartet ihr Herz: Auf offener Straße bricht sie in Tränen aus. Aber nicht wegen der Erinnerungen an die grauenvolle Nacht, die sie hier im Bombenhagel erlebt hat. Was sie zutiefst erschüttert, ist die Not der Kinder und Jugendlichen, die auf der Straße leben. Abgeschoben, orientierungslos, ohne Hoffnung.

Ein altes Haus am Straßenrand bringt sie auf eine verwegene Idee: „Genau hier in diesem ehemaligen Schnapsladen soll ich bleiben, hat Gott mir gesagt. Und jeder, der kommt, wird mit Liebe und Barmherzigkeit empfangen." Das ist der Beginn des Vereins „Stoffwechsel e.V.", einer

---

3   Stefan Loß, Ingo Marx (Hrsg.), Hof mit Himmel, Wetzlar / Wuppertal o. J., S. 44–47.

sozialdiakonischen Arbeit unter den benachteiligten Kindern und Jugendlichen von Dresden. An einem völlig normalen, unspektakulären Tag berührte Gott das Herz von Sabine Ball und zeigte ihr ihre Aufgabe. Und sie nahm die Aufgabe an.

EINER TRAUERT

Als ich das hörte, setzte ich mich hin und weinte. Ich trauerte tagelang, fastete und betete zu Gott im Himmel.

(Nehemia 1,4)

Was ist das für ein Anfang, könnte man denken. Da berührt Gott das Herz des Nehemia und schickt ihn los, um eine große Aufgabe zu erledigen. Und Nehemia hat nichts anderes zu tun, als sich hinzusetzen und zu weinen und *tagelang zu trauern.* Was soll das?

Nehemia hatte das Leid der Menschen in Jerusalem vor Augen und weinte, so wie Sabine Ball in Dresden das Leid der heimatlosen Kinder und Jugendlichen sah und in Tränen ausbrach. Er wurde bewegt von Erbarmen, Mitleid und Schmerz über sein Volk. Und so weinte er über sein Volk und seine schweren, an Brüchen und Verwundungen so reichen Wege. Es waren keine Krokodils-Tränen bei Nehemia, keine ichhaften theatralischen Tränen, die es auch hätten sein können. Es waren Tränen aus einem starken Herzen, das den Schmerz, die Verzweiflung und die Hoffnungslosigkeit anderer Menschen zutiefst mitfühlte und zu seiner Sache machte.

Knapp 500 Jahre später hat Jesus es übrigens auf dem Ölberg über der Stadt Jerusalem genauso gemacht: Er hat über die Stadt geweint (Lk 19,41). Und auch bei ihm waren es Tränen des Erbarmens und der Trauer. Nehemia und Jesus: Sie sind sich ähnlich an dieser Stelle.

15

Daraus kann man etwas ableiten: Wenn Jesus einen Menschen berührt und ihm die Verantwortung für einen oder sogar für viele Menschen überträgt, dann sind bei ihm zunächst Liebe und Erbarmen gefragt, nicht Programme und Strategien. Die haben an zweiter Stelle ihr Recht und ihre Bedeutung! Was aber in erster Linie gebraucht wird, sind Liebe und Erbarmen für die Menschen. Sonst wird man nichts ausrichten! Dabei ist klar: Wir Menschen sind alle nicht harmlos. Wir sind niemals nur arme bemitleidenswerte, unschuldige Opfer, denen man übel mitgespielt hat. Oh nein! Wir sind immer auch Täter. Rebellen gegen Gott. Sünder. In jedem, auch im bemitleidenswertesten Menschen, stecken Dinge, die alles andere als harmlos sind. Das gilt für uns alle! Und dennoch sind als erstes Liebe und Erbarmen gefragt, wenn Gott Menschen eine Aufgabe stellt und ihnen Verantwortung für Menschen überträgt.

Eines Abends, so wird berichtet[4], konnte William Booth nicht schlafen. So ging er aus dem Haus und machte einen ausgedehnten Nachtspaziergang durch die Straßen Londons. Und dort in der Dunkelheit sah er die Armen, die Geschlagenen, die Halbtoten, die in den Armenvierteln Londons dahinvegetierten. Der Regen peitschte auf die menschlichen Wracks am Straßenrand, die dort herumlagen und schliefen. Als Booth nach Hause kam, sagte er zu seiner Frau: „Ich bin in der Hölle gewesen!" In dieser Nacht wurde in William Booth die Idee der „Salvation-Army", der „Heils-Armee" geboren. Gott berührte das Herz des William Booth und stellte ihn in die Verantwortung für die Ärmsten der Armen. Aber es begann mit Liebe und Erbarmen für die verelendeten Massen Londons.

---

4   Michael Green (Hrsg.), Illustrations for Biblical Preaching, Grand Rapids, Michigan,1990, S. 349 (Übersetzung durch den Autor).

EINER BETET

Ich sagte: „Ach Herr, du Gott des Himmels, du großer und furchterregender Gott! Du stehst zu deinem Gnadenbund und zu denen, die dich lieben und deine Gebote halten! Hab doch ein offenes Ohr für mein Gebet und sieh deinen Diener freundlich an. Tag und Nacht flehe ich zu dir für deine Diener, die Israeliten. Und ich bekenne die Sünden, die wir gegen dich begangen haben, auch ich und meine Familie. Wir haben uns schwer an dir vergangen; wir haben die Gebote, Gesetze und Anordnungen missachtet, die du deinem Diener Mose gegeben hast. Denk doch an das, was du ihm damals gesagt hast: ,Wenn ihr mir die Treue brecht, dann werde ich euch unter die Völker zerstreuen. Wenn ihr aber wieder zu mir umkehrt und meine Gebote achtet und befolgt, dann werde ich euch wieder zurückholen, selbst die, die ich bis zum fernsten Horizont verstoßen habe. Ich werde sie heimbringen an den Ort, den ich zum Wohnsitz meines Namens erwählt habe.' – Sie sind ja doch deine Diener und dein Volk, das du durch deine große Macht und mit starker Hand befreit hast."

(Nehemia 1,5-10)

Nehemia geht ins Gebet! Das ist typisch für ihn. An zwölf Stellen im Buch Nehemia finden sich Niederschriften von Gebeten. Das Buch Nehemia beginnt und endet auch mit Gebet. Daraus kann man entnehmen, dass Nehemia ein Mann des Gebets war. Gerade er, der Großes bewegte und für den Wiederaufbau der Stadtmauern Jerusalems sorgte, war ein Mann des Gebets. Ist das Zufall? Wohl kaum! Wer im Begriff steht, ein großes Werk anzupacken, braucht die große Kraft, die große Güte und das große Erbarmen des großen Gottes, also das Gebet.

Nehemias Gebet beginnt mit einem Lobpreis, der es in sich hat: *Ach Herr, du Gott des Himmels, du großer und furchterregender Gott!*, betet Nehemia. *Du stehst zu deinem Gnadenbund und zu denen, die dich lieben und deine*

Gebote halten! – „Gott des Himmels, großer, furchterregender Gott", so redet Nehemia Gott an. Eine ungewöhnliche Anrede Warum aber gebraucht Nehemia ausgerechnet diese Anrede? Weil er sich selbst kannte und weil er Gott kannte. Wenn Menschen wirklich dem lebendigen Gott begegnen, dann ist das in aller Regel mit dem Gefühl einer tiefen Unwürdigkeit und einem noch tieferen Erschrecken vor der Heiligkeit Gottes verbunden. Als der Prophet Jesaja Gott begegnete, sagte er (Jes 6,5): „wehe mir, ich vergehe, denn ich bin ein Mann mit unreinen Lippen!" – Als die Hirten den Engeln begegneten und die Nachricht von der Geburt des Gottessohnes hörten, da stand nicht die Freude an erster Stelle, sondern es heißt von ihnen: „... und sie fürchteten sich sehr!" (Lk 2,9) – Als der Jesusjünger Petrus das Wunder eines überreichen Fischfangs erlebte, zog er nicht Notizbuch und Stift, um den Profit zu berechnen, sondern er sagte: „Herr, gehe von mir hinaus! Ich bin ein sündiger Mensch!" (Lk 5,8) – Und als einige Frauen am Morgen der Auferstehung Jesu einem Engel begegneten, der ihnen sagte, Jesus sei auferstanden, „da ... flohen Sie von dem Grab. Es hatte sie aber ein Zittern und Entsetzen befallen; und sie sagten niemandem etwas, denn sie fürchteten sich" (Mk 16,8).

Warum ist das so, dass Menschen sich fürchten, wenn sie Gott oder einem seiner himmlischen Boten begegnen? Ist Gott so furchtbar? Ist er zum Fürchten? Nein, ist er nicht! Sein Wesen ist Licht und Herrlichkeit, ohne Zwielicht, ohne Schatten! Sein Wesen ist von grandioser Schönheit. Aber wenn Gott in seiner Herrlichkeit und Heiligkeit auf sündige Menschen trifft, dann fürchten die sich! Das ist vollkommen normal! Denn Sünde und Heiligkeit schließen einander vollkommen aus! Wer sich noch nie vor Gott bis auf die Knochen geschämt hat, der kennt ihn nicht wirklich!

An den ungewöhnlichen Lobpreis Gottes schließt sich ein großes Sündenbekenntnis an: *Hab doch ein offenes Ohr für mein Gebet und sieh deinen Diener freundlich an,* betet

Nehemia. *Tag und Nacht flehe ich zu dir für deine Diener, die Israeliten. Und ich bekenne die Sünden, die wir gegen dich begangen haben, auch ich und meine Familie. Wir haben uns schwer an dir vergangen; wir haben die Gebote, Gesetze und Anordnungen missachtet, die du deinem Diener Mose gegeben hast.*

Menschen, die Gott kennen, wissen, dass am Anfang der Begegnung mit ihm immer ein Schuldbekenntnis stehen muss! Alles andere wäre völlig unangemessen! Nehemia hatte keinen Schuldkomplex, der ihn neurotisch auf seine Sünden fixierte. Nehemia kannte den lebendigen Gott wirklich, und darum war es für ihn völlig normal, sein Reden mit Gott mit einem Schuldbekenntnis zu beginnen.

Für viele Menschen heute ist das völlig unverständlich. Wenn man heute mit Menschen zum Beispiel über die Gebote Gottes spricht, dann sagen sie oft sinngemäß: „Na, ich habe noch keinen Menschen umgebracht!" Und sie meinen, das fünfte Gebot – „Du sollst nicht töten!" – sei ja das wichtigste. Wer das nicht gebrochen habe, der sei auf jeden Fall aus dem Schneider. Denn alle anderen Gebote könnten ja wohl kaum wichtiger sein als eben dieses: „Du sollst nicht töten!"

Das ist falsch! Denn das erste und wichtigste Gebot heißt: „Ich bin der Herr, dein Gott. Du sollst keine anderen Götter neben mir haben!" Und gerade dieses Gebot wird jeden Tag millionenfach gebrochen, ohne dass es noch groß jemandem auffällt.

Da leben Menschen Jahre und Jahrzehntelang vor sich hin und ignorieren Gott komplett. Er spielt in ihrem Leben und in ihren Lebensentscheidungen einfach keine Rolle. Aber wehe, wenn´s dann mal unrund läuft im Leben! Dann sind sie flugs dabei und klagen ihn an. Dann schütteln sie die Faust und sagen: „Womit habe ich das eigentlich verdient, dass Gott mich so straft?"

Wenn es nicht so bitterernst wäre, könnte man fast darüber lachen. Es steckt so viel Scheinheiligkeit in dieser

Frage. Ist das etwa fair, wenn ausgerechnet diejenigen, die Jahre und Jahrzehnte munter ohne Gott gelebt haben und damit ungezählte Male das erste Gebot gebrochen haben, nun Gott anklagen?! Jahrelang haben sie ihn mit äußerster Kaltschnäuzigkeit behandelt, als wäre er Luft. Aber dann, wenn Leid sie trifft, fällt ihnen nichts Besseres ein, als Gott voller Bitterkeit anzuklagen. Sie wollen im Ernst, dass Gott dafür sorgt dass sie ihr gottloses Leben ungestört fortsetzen können. Ist das fair? Nein, das ist grotesk!

Was alle Menschen darum bitternötig brauchen, ist tiefgehende, schmerzhafte Schulderkenntnis vor Gott. Schulderkenntnis, wie sie für einen Nehemia selbstverständlich war. Sonst haben sie trotz gegenwärtig gut laufender Konjunktur keine Zukunft! Nur wer in tiefem Erschrecken seine Sünden vor Jesus bekennt, also wirklich „umkehrt", nur der kann Vergebung erwarten. Auch in Nehemias Gebet wird das deutlich:

„Denk doch an das, was du ihm (Mose) damals gesagt hast: ‚Wenn ihr mir die Treue brecht, dann werde ich euch unter die Völker zerstreuen. Wenn ihr aber wieder zu mir umkehrt und meine Gebote achtet und befolgt, dann werde ich euch wieder zurückholen, selbst die, die ich bis zum fernsten Horizont verstoßen habe. Ich werde sie heimbringen an den Ort, den ich zum Wohnsitz meines Namens erwählt habe.' – Sie sind ja doch deine Diener und dein Volk, das du durch deine große Macht und mit starker Hand befreit hast."
(Nehemia 1,8-10)

Nehemia kennt die Bibel. Und er weiß, Gott hat dort ein Versprechen gegeben: Wer „umkehrt", also kraftvoll mit seinem alten Leben bricht und vor Gott seine Sünden bekennt, den nimmt Gott in großer Gnade und Freundlichkeit wieder an. Nehemia weiß, dass Gott dieses Versprechen gegeben hat. Und das ist wichtig! Denn dieses Versprechen Gottes gibt ihm Sicherheit.

Jeder Mensch kann also ganz genau wissen, wie er mit Gott dran ist. Wer seine Sünde leugnet, der geht verloren. Wer seine Sünden bekennt und mit ihnen bricht, wird von Gott angenommen. Gott sagt in seinem Wort also sehr klar, wie wir Menschen mit ihm dran sind.

Hier ist ein Versprechen Gottes aus dem Neuen Testament. Im 1. Johannesbrief 1,8-9 heißt es: *Wenn wir sagen, dass wir keine Sünde haben, so verführen wir uns selbst, und die Wahrheit ist nicht in uns. Wenn wir aber unsere Sünden bekennen, so ist er treu und gerecht, dass er uns die Sünden vergibt und reinigt uns von aller Ungerechtigkeit.*

Ein starkes Versprechen Gottes. Gott selbst sagt darin sehr genau, was Menschen von ihm erwarten können und was nicht. Gott gibt uns Menschen Sicherheit, indem er sich durch Versprechen selbst festlegt! Wer sich daran orientiert, handelt klug.

EINER STELLT SICH ZUR VERFÜGUNG

„Ach Herr, erhöre mein Gebet und das Flehen deiner Diener, die dir ehrfürchtig dienen wollen. Lass es mir, deinem Diener, doch heute gelingen, dass er bei diesem Mann Erbarmen findet." Ich war nämlich Mundschenk beim König.

(Nehemia 1,11)

Während Nehemia betet, wird ihm die Last für Jerusalem immer stärker aufs Herz gelegt. Er weiß jetzt: Gott gibt mir diese Aufgabe! Nehemia wurde klar, dass er nach Jerusalem reisen sollte, um dort den Wiederaufbau der Stadtmauern in Angriff zu nehmen. Gott hatte die Aufgabe ausgesucht. Gott hatte sie ihm aufs Herz gelegt. Und Nehemia sagte „Ja" dazu. Kein Wort davon, dass Nehemia Einwände vorbrachte. Er akzeptierte die Aufgabe, die Gott ihm stellte, obwohl ihm klar gewesen sein muss, wie massiv die Schwierigkeiten sein würden, die sich ihm in den Weg stellen würden. Er wusste zum Beispiel, dass er zum König gehen und um Beurlaubung bitten musste. Das war gefährlich! Nur ein Wort des persischen Königs entschied über Leben und Tod, auch bei ihm. Was wäre aus Nehemias Plänen geworden, wenn er am falschen Tag vor Artaxerxes hingetreten wäre? Was wäre passiert, wenn er den König krank, übellaunig oder unzufrieden angetroffen und angesprochen hätte? Die Folgen waren kaum kalkulierbar! Nehemia stand also damals einer großen Glaubensprobe gegenüber. Allerdings wusste er auch, dass sein Gott über große Möglichkeiten verfügte und ihm beistehen würde.

Gott sucht auch heute Menschen, denen bestimmte Dinge ein Anliegen sind, Menschen mit einem liebevollen Herz wie Nehemia, die nachfragen, die angesichts der Nöte trauern, Gott um Hilfe bitten und sich dann freiwillig zur Verfügung stellen, um Gottes Auftrag auszuführen.

Sehr oft wird es so sein, dass sie – wenn Gottes Auftrag sie erreicht – zunächst das Gefühl haben, komplett überfordert zu sein, nicht die richtigen Gaben und Fähigkeiten zu haben, zu jung, zu alt oder zu unerfahren zu sein. Das ist völlig normal! Sie dürfen aber darauf vertrauen, dass Gott sie nur an solche Aufgaben stellt, denen sie mit seiner Hilfe auch gewachsen sind. Wem Gott eine Last aufs Herz legt, der tut gut daran, nicht wegzulaufen, sondern zu sagen: „Hier bin ich – sende mich!" Wer vor Gottes Aufträgen wegläuft, verpasst den Segen, den Gott ihm geben wollte. Und das wäre sehr schade.

Wenn also ein kleiner oder großer Auftrag von Gott einen Menschen erreicht, dann ist der gut beraten, mutig zu sein und sich nicht auf mögliche Schwierigkeiten zu fixieren! Er ist dann gut beraten, sich im Vertrauen auf Jesus, den Sohn Gottes zu bewähren. Er wird ihn führen, bestätigen und segnen. Wie Nehemia ...

2.

EIN STEIN
KOMMT INS ROLLEN
Nehemia 2,1-8

Es war ein simples kleines Insekt, genauer gesagt eine Pferdebremse (lat.: Tagaus sudeticus), die im Juni 2005 im Weißen Haus in Washington für erhebliche Turbulenzen sorgte.[5] Das Insekt tauchte nämlich während eines Gesprächs des damalige US-Präsidenten George W. Bush mit dem türkischen Ministerpräsident Recep Tayyip Erdogan unvermittelt und unverfroren im Oval Office auf und schwirrte den Politikern um die Köpfe. Die bei dem Gespräch anwesende US-Außenministerin Condoleeza Rice und ihr türkischer Amtskollege Gül bewaffneten sich daraufhin mit ihren Notizblöcken und bliesen im Oval Office zum Halali auf die Pferdebremse. Die Jagd gestaltete sich recht turbulent, weil sich die Pferdebremse nicht so leicht geschlagen gab und ihren Jägern immer wieder durch unvermutete Flugmanöver entwischte. Am Ende war es Außenminister Gül, der das freche Insekt endlich erlegte. Präsident Bush

---

5   FOCUS online 09.06.2005 / http://www.focus.de/politik/
     ausland/fliegen-jagd-bei-bush_aid_95415.html.

höchstpersönlich beerdigte die tote Bremse anschließend im Papierkorb. Im Oval Office kehrte daraufhin wieder Ruhe ein. Beide Seiten brachten nach erfolgreicher Jagd lebhaft ihre Hoffnung zum Ausdruck, dass die Zusammenarbeit beider Länder in Zukunft so gut funktionieren möge wie beim Kampf gegen die fiese Pferdebremse. Man sieht: Kleine Dinge können manchmal große Wirkungen haben! Als Nehemia Ben Hachalja, Mundschenk und Berater am persischen Königshof, im Jahr 444 v. Chr. Besuch von seinem Bruder Hanani bekam, da war das auch ein äußerst kleines, um nicht zu sagen marginales Ereignis. Und doch setzte ausgerechnet dieses Ereignis eine beeindruckende Kette von weiteren Ereignissen in Bewegung, die ihresgleichen sucht. Nehemia erfuhr durch seinen Bruder von den schwierigen Lebensbedingungen in der Ruinenstadt Jerusalem. Er hörte von der Verzweiflung, dem Elend und der Hilflosigkeit der deprimierten Stadtbewohner. Er hörte zu und fragte zurück. Er ließ sich bewegen von dem Schicksal derer, die versuchten, in Jerusalem zu leben und – zu überleben. Nach einer Zeit des Fastens und des Gebets stand Nehemia klar vor Augen, dass Gott einen Auftrag für ihn hatte, nämlich die Stadt Jerusalem und im Besonderen ihre Mauern und Tore wieder aufzubauen. Diese Aufgabe war gigantisch. Sie war schwierig und mit Widerständen gespickt. Aber Nehemia wusste, dass der lebendige Gott unmöglich scheinende Dinge doch möglich machen kann. In diesem Vertrauen stellte er sich für den großen Auftrag zur Verfügung. Nehemia brachte einen Stein ins Rollen, den alle vor, neben und hinter ihm für gänzlich unverrückbar hielten, und es ist wirklich interessant, wie er das zuwege brachte. Denn es war nicht so, dass er einfach nur „Glück" hatte. Es war auch nicht so, dass er ein verwegener Mann war, ein Hasardeur, der alles auf eine Karte setzte, um *vielleicht* zu gewinnen. Nein, es steckte mehr dahinter! Viel mehr! Und das ist überaus wichtig auch für Christen in der Nachfolge Jesu heute.

NEHEMIA KANN WARTEN

Es war im 20. Regierungsjahr des Königs Artaxerxes, im April. Als der Wein gebracht wurde, füllte ich den Becher und reichte ihn dem König.

(Nehemia 2,1)

Das wichtigste Wort in diesem Vers überliest man so gut wie immer. Es ist das Wort „April"! Natürlich ist die Frage berechtigt, was denn ausgerechnet an dem Wort „April" so wichtig sein könne. Viel, sehr viel, wenn man den Zusammenhang beachtet! Folgende Überlegung zeigt, warum: Wann bekam Nehemia Besuch aus der Ruinenstadt Jerusalem? Im Dezember! Und zwischen Dezember und April liegen mindestens vier, vielleicht sogar fünf Monate. Das ist fast ein halbes Jahr! Im Dezember bekam Nehemia seinen großen Auftrag von Gott. Im Dezember stellte er sich Gott zur Verfügung. Schon im Dezember wusste er, dass er mit dem persischen König sprechen musste. Und dann? Es passierte fünf Monate lang nichts! Bis zum April des Jahres 443 v. Chr. geschah Null-Komma-Nichts! Fünf Monate lang wartete Nehemia. Fünf Monate lang betete Nehemia und bat um Gottes Wegweisung. Nehemia war ein Mann, der warten konnte. Warten auf den richtigen Augenblick. Warten auf Gottes Stunde.

Es gibt Dinge, die können immer und in jedem Augenblick getan werden. Die brauchen keinen besonderen Moment: Die Arbeit im Beruf zum Beispiel, der freundliche, respektvolle Umgang mit den Menschen, die sich im eigenen Lebenskreis bewegen, aber auch so profane Tätigkeiten wie Essen, Trinken, Duschen, Zähneputzen, Wäsche waschen, Staubsaugen, den Müll raustragen usw. All diese Dinge tut man fast automatisch. Man tut sie, weil sie getan werden müssen und einem tagtäglich vor die Hände kommen. Fertig. Aber dann gibt es auch Dinge, die sind besonders! Die haben ihre ganz besondere Zeit, vielleicht sogar ihren ganz besonderen Augenblick.

Hier ist ein Beispiel:

Am Vorabend des Jahres 2012 ist der Busfahrer Steve St. Bernard im New Yorker Stadtteil Brooklyn unterwegs. Plötzlich sieht er, wie ein siebenjähriges Mädchen aus dem Fenster eines Wohnhauses schlüpft und auf eine Klima-Anlage klettert, die vor dem Fenster montiert ist. Das Mädchen balanciert in zehn Metern Höhe auf der Klima-Anlage herum. Passanten, die das Mädchen ebenfalls entdeckt haben, beginnen zu schreien, tun aber nichts. Wenig später verliert die Kleine den Halt und stürzt in die Tiefe. Steve St. Bernard reagiert sofort. Später berichtet er, er habe nur zu Gott gebetet : „Hilf, dass ich sie fange, Herr, hilf, dass ich sie fange!" St. Bernard rast die wenigen Schritte zu dem Haus, und kann das Mädchen im allerletzten Moment auffangen, wobei er sich an beiden Armen verletzt. Das Mädchen aber bleibt unversehrt. Nach der Rettungsaktion bricht St. Bernard in Tränen aus. Er kann sich gar nicht beruhigen. Die Zeitungen feiern ihn als den „Schutzengel von Brooklyn".[6]

St. Bernard war zur richtigen Zeit am richtigen Ort. Wäre er nur wenige Sekunden später an dem Haus in Brooklyn vorbeigekommen, wäre es zu spät gewesen. Er konnte seine mutige Aktion nur zu einem ganz bestimmten Zeitpunkt ausführen.

Es gibt Dinge im Leben mit Gott, die können nur zu einem ganz bestimmten Zeitpunkt ausgeführt werden. Nicht früher, nicht später. Sie haben ihre Gottesstunde.

Genauso ist es auch bei Nehemia. Er weiß: Wenn er den persischen König zu ungelegener Zeit oder in falscher Weise anspricht, kann das dramatische Folgen haben. Nehemia kann seinen Job, aber auch sein Leben verlieren. Artaxerxes hat absolute Macht über das Leben jedes seiner Untertanen. Nehemia muss warten, er muss auf die richtige Zeit,

---

6 Vgl.: SPIEGEL online, 17.07.2012 / http://www.spiegel.de/panorama/gesellschaft/new-york-busfahrer-faengt-maedchen-nach-sturz-aus-fenster-a-844995.html.

den richtigen Zeitpunkt, die richtige Gelegenheit warten. Er muss auf Gottes Zeitpunkt warten. Aber woran erkennt man den? Nehemia verbringt fünf Monate, von Dezember bis April, mit Warten und Gebet. Er wartet und er ist wachsam! Wenn Jesus Menschen heute eine besondere Aufgabe und eine besondere Verantwortung aufs Herz legt und sie wissen nicht, wann und wie sie sie anpacken sollen, dann müssen sie es machen wie Nehemia: Sie können wachsam sein und im Gebet bleiben und auf Gottes Stunde warten. Wachsames Warten im Gebet hat nichts mit Trägheit oder Entschlusslosigkeit zu tun! Es ist im Gegenteil eine höchst aktive Sache! Es kommt der Zeitpunkt, wo Gott einem den Ball zuspielt. Und dann ist klar: Jetzt muss ich handeln! Auch bei Nehemia ist es so.

NEHEMIA IST MUTIG

Es war im 20. Regierungsjahr des Königs Artaxerxes, im April. Als der Wein gebracht wurde, füllte ich den Becher und reichte ihn dem König. Der König hatte mich in seiner Gegenwart noch nie traurig gesehen, deshalb fragte er mich: „Warum siehst du so bedrückt aus? Du bist doch nicht etwa krank? Nein, dich belastet etwas anderes." Ich erschrak heftig ...
(Nehemia 2,1-2)

Fünf Monate wartet Nehemia auf Gottes Zeit. Fünf Monate lang ist er unsicher, wie er Gottes Zeit überhaupt erkennen soll. Aber dann, an einem Tag im April wird schlagartig alles klar: Denn der König selbst spricht ihn an: *Warum siehst du so bedrückt aus?*, fragt er. *Du bist doch nicht etwa krank? Nein, dich belastet etwas anderes.*
    Üblicherweise hielt man damals von dem König eines Landes alles fern, was ihn irgendwie irritieren, belasten oder in schlechte Laune versetzen konnte. Auch Nehemia

wird seine Sorge um die Stadt Jerusalem sorgfältig vor dem König verborgen haben. Aber der König kennt seinen Mundschenk und Berater. Und in seltener Feinfühligkeit fragt er nach: *Warum siehst du so bedrückt aus? Du bist doch nicht etwa krank? Nein, dich belastet etwas anderes.* Dass ein König sich in dieser Weise für einen seiner Diener interessierte, war höchst ungewöhnlich. Nehemia weiß das. Als der König ihn in dieser Weise anspricht, erkennt er blitzartig: Dies ist die Gelegenheit. Dies ist der Zeitpunkt Gottes! Nehemia erschrickt heftig. Ganz plötzlich ist der Augenblick zum Handeln gekommen. Gott hat ihm den Ball zugespielt, und jetzt muss Nehemia ihn fangen. Jetzt in diesem Augenblick steht sehr viel auf dem Spiel!

Und Nehemia zögert nicht! Trotz aller Angst handelt er. Er handelt mutig!

Ich erschrak heftig und antwortete: „Der König möge ewig leben! Wie könnte ich froh sein, wenn die Stadt, in der meine Vorfahren begraben liegen, ein Trümmerhaufen ist und ihre Tore verbrannt sind?" Der König sagte: „Und was ist deine Bitte?" Da betete ich zu Gott im Himmel ...

(Nehemia 2,2-4)

Etwas ist auffällig an Nehemias Antwort. Nehemia antwortet auf die Frage des Königs (*Warum siehst du so bedrückt aus?*) mit einer Gegenfrage: *Wie könnte ich froh sein, wenn die Stadt, in der meine Vorfahren begraben liegen, ein Trümmerhaufen ist und ihre Tore verbrannt sind?*

Warum diese Gegenfrage? Sie soll das Interesse des Königs wecken. Und sie ist sehr clever formuliert. Eine zerstörte Stadt allein hätte das Interesse des Königs kaum geweckt. Darum formuliert Nehemia anders: *Wie könnte ich froh sein, wenn die Stadt, in der meine Vorfahren begraben liegen, ein Trümmerhaufen ist und ihre Tore verbrannt sind?* Nehemia appelliert an das Ehrgefühl des Königs: Die Gräber der Vorfahren kann man doch nicht verwahrlosen lassen!

Das kann Artaxerxes sofort nachvollziehen. Nehemia muss ein sehr guter Menschenkenner gewesen sein! Der König, dessen Interesse nun endgültig geweckt ist, fragt weiter nach: *„Und was ist deine Bitte?"* Da betete ich zu Gott im Himmel ...

Jetzt wird es richtig gefährlich! Nehemia muss „Butter bei die Fische" tun, wie das Sprichwort so treffend sagt. Und „Butter bei die Fische" bedeutet: Nehemia muss mit gewaltigen Forderungen herausrücken. Es ist völlig unkalkulierbar, wie der König darauf reagieren wird! Und deswegen schickt Nehemia jetzt ein stummes Stoßgebet zum Himmel, das etwa so gelautet haben könnte: „Herr, jetzt hilf mir! Jetzt! Es liegt alles in deiner Hand! Hilf mir, dass ich jetzt alles richtig mache! Bitte, greif jetzt ein!"

Die Gottesstunde ist da! Nehemia handelt. Er geht ohne Umwege auf sein Ziel los. Fünf Monate hat er gewartet auf Gottes Zeit. Jetzt ist Gottes Zeit da. Nehemia zögert keinen Augenblick. Er packt es an. Sein Mut ist beeindruckend.

Natürlich stellt sich die Frage: Woher hatte er diesen Mut? – War er vom Typ her ein verwegener Mann, der keine Angst kannte? War er ein Hasardeur, der unbekümmert sein Leben aufs Spiel setzte, weil die Angst ihm fremd war?

Nein, so war es nicht! Nehemia kannte die Angst. Er berichtet ja freimütig davon! Und doch war er mutig! Beeindruckend mutig! Woher aber kam der Mut, wenn doch die Angst groß war? Nehemia war mutig, weil sein Gewissen gebunden war, gebunden im Wort und im Willen Gottes! Das half ihm, seine Angst zu überwinden und das Richtige zu tun. Das machte ihn mutig!

Die wirklich mutigen Leute sind nicht die, die keine Angst kennen. Die wirklich Mutigen sind die, die ihre Angst überwinden, weil ihre Gewissen gebunden sind im Wort und Willen Gottes. Angst ist ein sehr starkes Gefühl. Es veranlasst Menschen entweder zur Flucht oder zum Einlenken, zum Nichtstun oder zur Feigheit. Und es gibt nur eine Instanz, die die Angst überwinden kann: das Gewissen. Wenn das

Gewissen eines Menschen fest an das biblische Wort, das Wort Gottes, gebunden ist, dann können Menschen mutig sein und das Richtige tun trotz aller Angst.

An dieser Stelle erheben sich einige Fragen: Wie steht es mit einem selbst, wenn gefährliche Situationen kommen, wo man Farbe bekennen müsste? Ist das eigene Gewissen dann fest gebunden im Wort und Willen Gottes? Ist das eigene Gewissen geeicht und gestärkt durch das Wort Gottes? Ist man selbst willens und in der Lage, in brenzligen Situationen das Richtige zu tun, weil das Gewissen es einem befiehlt? Oder entscheidet man sich allzu rasch für die Flucht, für das Einlenken, für das Nichtstun oder für das Kopf-Einziehen? Wie fest ist das eigene Gewissen gebunden im Wort und Willen Gottes?

Im Jahr 1944 behandelt ein Studienrat in seiner Oberstufenklasse in Idar-Oberstein die Missionsgeschichte. Er zeigt seinen Schülern, wie durch das Gebot der Feindesliebe unter den Eingeborenen-Völkern die Blutrache verschwindet und die Stammesfehden immer mehr eingeschränkt werden. Daraufhin fragt ihn eine Schülerin, ob denn das Gebot der Feindesliebe auch heute noch gelte. Der Lehrer antwortet: „Ja, denn Jesu Worte gelten immer und überall und unter allen Umständen!" Auch die Frage „Müssen wir denn auch die Engländer lieben?" erwidert er mit einem uneingeschränkten „Ja". – „Aber Dr. Goebbels hat doch gestern erst in seiner Rede dazu aufgerufen, dass wir sie hassen müssen!" Deutlich spürt der Lehrer die Falle, in die er hineingelockt werden soll. Er macht eine kurze Pause, dann sagt er ruhig: „Auch Dr. Goebbels kann das Gebot Jesu nicht aufheben." Kurze Zeit später wird der Lehrer verhaftet. Er stirbt auf dem Weg ins Konzentrationslager Dachau.[7]

---

[7]   BR 24, 15.01.2011 http://www.bt24.de/aktuelles/region/item/ 6536/im_februar_1945_stirbt_der_theologe_georg_maus_auf_ dem_weg_nach_dachau.

Hatte dieser Lehrer Angst, als ihm die Schülerin die verfängliche Frage nach Dr. Goebbels stellte? Aller Wahrscheinlichkeit nach, ja! Aber sein Gewissen war gebunden im Wort und Willen Jesu. Und so konnte er seine Angst überwinden und trotz aller Angst das Richtige tun. Jeder kann das, wenn nur sein Gewissen gebunden ist im Wort und Willen Gottes.

NEHEMIA IST VORBEREITET

Der König sagte: „Und was ist deine Bitte?" Da betete ich zu Gott im Himmel und erwiderte dem König: „Wenn der König es für gut hält und wenn du mir, deinem Diener, vertraust, dann sende mich doch nach Judäa in die Stadt, in der meine Vorfahren begraben liegen. Ich möchte die Stadt wieder aufbauen!" Der König fragte mich – die Königin saß übrigens neben ihm: „Wie lange würde deine Reise dauern? Wann würdest du wieder zurück sein?" Ich nannte ihm eine Zeit. Der König war einverstanden und wollte mich ziehen lassen. Ich sagte noch zu ihm: „Wenn es dem König recht ist, gebe man mir Briefe an die Statthalter der Westeuphrat-Provinz mit, damit sie mich nach Judäa durchreisen lassen, und einen Brief an Asaf, den Verwalter der königlichen Wälder, damit er mir Bauholz für die Tore der Tempelburg liefert, für die Stadtmauer und für das Haus, in dem ich wohnen werde."
(Nehemia 2,4-8)

Nehemia ist vorbereitet, als der König Näheres wissen will: *Wie lange würde deine Reise dauern? Wann würdest du wieder zurück sein?* Nehemia kann antworten. Er kann dem König einen wohl durchdachten Zeitplan präsentieren. Aber nicht nur das! Nehemia weiß, dass er Dokumente braucht, Dokumente mit dem Siegel des Königs. Dokumente, die es ihm erlauben, die Westeuphrat-Provinz des persischen Reiches zu durchqueren. Nehemia weiß: Ohne diese Passierscheine wird er nie in Jerusalem ankommen, sondern irgendwo unterwegs steckenbleiben. Aber er denkt noch weiter. Er weiß, dass er Massen an Baumaterial brauchen wird, vor allem Holz.

Also hat er recherchiert, wer der Verwalter der königlichen Wälder im Raum Israel ist (Asaf), und erbittet nun vom König schriftliche Vollmachten zur Anlieferung von Bauholz.

Nehemia hat sich in seine neue Aufgabe förmlich hineingekniet. Sehr wahrscheinlich hat er in den fünf Monaten zwischen Dezember und April mit Beratern und Spezialisten zusammengesessen und gemeinsam mit ihnen berechnet, wie viel Baumaterial ungefähr er wann und wo brauchen wird. Er hat sich in etwas vertieft, wovon er sehr wahrscheinlich keine Ahnung hatte. Es war bestimmt keine Kleinigkeit, als Mundschenk des Königs plötzlich die Verantwortung für den Wiederaufbau einer Großstadt zu bekommen. Vielleicht hat er zwischendurch öfter mal gedacht: „Wie soll ich das bloß schaffen? Die ganze Materie ist mir doch völlig fremd! Ich verstehe doch nichts von Statik! Ich weiß auch nicht, wie man Millionen Tonnen Trümmersteine beiseite räumt und entsorgt. Ich habe keinen blassen Schimmer, wie die Fundamente für Stadtmauern aussehen müssen und wie man Tore errichtet, die etwas aushalten. Ich bin doch nur ein Mundschenk und kein Architekt." Vielleicht haben solche Gedanken Nehemia bewegt.

Aber, und das ist das Entscheidende, Nehemia klammerte sich nicht an dem fest, was er bisher gemacht hatte. Er war offen für Neues! Er war offen für völlig neue Aufgaben, in die Gott ihn jetzt hineinschickte, und er kniete sich in das Neue hinein.

So ist es oft im Leben mit Gott. Gott schickt seine Leute zuweilen in Aufgaben hinein, die völlig neu für sie sind! Aufgaben, an die sie nicht einmal im Traum gedacht haben. Aufgaben, die ihrem Herzen vielleicht zunächst gänzlich fremd sind. Wer mit Gott lebt, muss damit rechnen, das so

32

etwas geschehen kann! Gott schickt seine Leute zuweilen in Aufgaben hinein, wo die zunächst nach Luft schnappen und sagen: „Wie soll ich das bloß schaffen? Davon habe ich doch keine Ahnung! Das ist doch alles komplett anders als das, was ich bisher gemacht habe!"

Wer mit Gott lebt, muss damit rechnen, dass es nicht immer im alten Trott so weitergeht wie gehabt. Und das Wunderbare ist: Wenn Gott jemand in etwas komplett Neues hineinschickt, dann sorgt er auch dafür, dass er in der neuen Aufgabe bestehen kann. Er ist Herr! Und er bahnt den Weg, sodass man seinen Auftrag auch wirklich ausführen kann.

Darum ist es völlig egal, wie alt man ist. Man kann immer damit rechnen, dass Jesus einen unversehens in völlig neue Aufgaben hineinschickt. Kleine neue Aufgaben oder große neue Aufgaben. Darum ist es gut, offen zu bleiben für Neues, dass Jesus auch durch uns tun will. Wenn so eine neue Aufgabe kommt, sollten wir keine Zeit verlieren, sondern uns in die neue Aufgabe hineinknien, uns mit dem Neuen vertraut machen und uns dabei von Jesus leiten lassen! Er wird die nötige Hilfestellung geben und gutes Gelingen schenken.

Einer, der genau das erlebt hat, ist ein Mann namens Samuel B. Morse, ein US-Amerikaner. Sehr früh entdeckte er eine künstlerische Begabung in sich. Sein Wunschtraum war es, Kunstmaler zu werden und die Geschichte der Vereinigten Staaten in Bildern darzustellen. Er war fest davon überzeugt, dass dies sein Auftrag von Gott war. Nach erfolgreichem Studium an der Kunstakademie in London kam im Jahr 1834 die langersehnte Möglichkeit, seinen Wunschtraum Wirklichkeit werden zu lassen. Im Kapitol in Washington D. C. sollten in der sogenannten „Rotunde" (einem großen, kreisrunden Raum) Szenen aus der amerikanischen Geschichte dargestellt werden. Niemand zweifelte daran, dass Morse den Auftrag bekommen würde. Aber Intrigen bewirkten, dass ein anderer (weniger bekannter) Maler den Zuschlag erhielt. Morse war sehr enttäuscht und gab die Malerei auf.

In dieser Situation begann er aber nun mit ganzer Kraft etwas völlig anderes zu tun, etwas, wovon er eigentlich keine Ahnung hatte. Er entwickelte den elektrischen Telegrafen (Fernschreiber), der bereits 1837 patentreif wurde. Das eigens dafür erdachte Alphabet ist weltbekannt. Es ist das Morse-Alphabet. Morse begann zu ahnen, dass seine ihm von Gott übertragene Lebensaufgabe nicht die Malerei war (obwohl er das lange Zeit gedacht hatte), sondern die Verbesserung der Kommunikation zwischen den Menschen. Überraschend bewilligte ihm der Kongress 30 000 Dollar zur Erprobung seiner Erfindung. Die Wege ebneten sich. Morse konnte seine Erfindung nun im großen Stil produzieren. Es entstand eine Drahtverbindung zwischen Baltimore und Washington D. C. Der erste Satz, den Morse mit seinem neu entwickelten Fernschreiber übermittelte, stammte aus dem 4. Buch Mose, Kapitel 24, Vers 24 und spiegelte sein gefestigtes Vertrauen zu Gott wider: „Gott tut große Wunder!" Sehr bald entdeckten Regierungen, Eisenbahngesellschaften, Zeitungen, Geschäftsleute und Missionsgesellschaften in aller Welt die Vorteile der neuen Technik. Wenig später wurde sogar ein transatlantisches Kabel verlegt, und bald gingen Nachrichten mittels Fernschreiber um die halbe Welt.[8]

Gott kann das Leben seiner Kinder in ganz unterschiedlicher Weise gebrauchen. Es ist klug, offen dafür zu sein. Nehemia war es auch.

---

8 John Hudson Tiner, Samuel F. B. Morse: Artist With A Message, Fenton Michigan, 1987.
Christian Brauner (Hrsg.), Samuel F. B. Morse: Eine Biographie, Basel, Boston, Berlin, 1991.
http://www.blessings4you.de/buecher/gemeinde-gemeindearbeit/sam-und-seine-tollen-drahte.html

NEHEMIA ERLEBT GOTTES HANDELN

Der König gewährte mir alles, weil die gütige Hand meines Gottes über mir war.

(Nehemia 2,8b)

In der Bibel gibt es einen Satz, der gehört genau hierher. Er steht im Buch der Sprüche (21,1) und lautet: *Gleich Wasserbächen ist das Herz des Königs in der Hand des Herrn; er leitet es, wohin immer er will.* Nehemia erlebt, wie sich genau dieses Versprechen aus der Bibel konkret in seiner Lebenssituation erfüllt. Ohne Wenn und Aber. Und er fasst es in die folgenden Worte: *Der König gewährte mir alles, weil die gütige Hand meines Gottes über mir war.* Nehemia erlebt Gottes Handeln, und das kann heute ganz genauso geschehen!

Wer das Vertrauen zu Jesus auch in schwerer Stunde bewahrt – wie Nehemia –, wer warten kann auf Gottes Stunde – wie Nehemia –, wer mutig ist und Gottes Willen tut – wie Nehemia –, wer ein Gewissen hat, das fest an das Wort Gottes gebunden ist – wie Nehemia – und wer offen ist für das, was Jesus durch ihn getan haben will, sei es klein oder groß – wie Nehemia –, der wird auch Gottes Handeln erleben – wie Nehemia. Er wird erleben, dass *die gütige Hand Gottes* auch über ihm ist und alles genial zum Besten lenkt. Er wird das erleben! Und das wird sein Herz mit Freude erfüllen!

Natürlich sieht das Leben heute, im 21. Jahrhundert, völlig anders aus als zu Nehemias Lebzeiten! Die Herausforderungen des Glaubens heute sind andere als damals! Aber der Gott der Bibel, dem Nehemia vertraute, der Vater Jesu Christi, ist derselbe! Er ist immer noch Herr aller Herren und König aller Könige!

Wer erlebt, dass sein Leben von Zeit zu Zeit mit ihm Schlitten fährt, wer manchmal einfach nicht mehr weiß, wie es weitergehen soll, der sollte sich nicht von den

Herausforderungen und Schwierigkeiten seines Lebens einschüchtern lassen, sondern das Vertrauen zu Jesus bewahren und den Willen Gottes tun, so gut er es eben schafft. Er wird dann auch zu gegebener Zeit das Handeln Gottes erleben.

3.

AUFBRUCH
IN DIE ZUKUNFT

Nehemia 2,9-20

Fast 40 Jahre hat er hinter Gittern verbracht, der wegen Mordes verurteilte US-Amerikaner Ricky Jackson.[9] Im Jahr 1975 war Jackson zum Tode verurteilt worden, weil er angeblich zusammen mit einem Komplizen in einem Lebensmittelgeschäft einen Mann erschossen und eine Frau schwer verletzt haben sollte. Später wurde das Urteil in lebenslange Haft umgewandelt. Das Urteil beruhte auf der Falschaussage eines Zwölfjährigen, die dieser im vergangenen Jahr zurücknahm.

Der 57-jährige Ricky Jackson zeigte sich nach seiner Entlassung versöhnlich und hatte Verständnis für die Falschaussage des jungen Zeugen: „Er war ein zwölfjähriges Kind, er wurde von der Polizei unter Druck gesetzt und manipuliert. Sie benutzten ihn, um mich ins Gefängnis zu bringen." Er hege keinen Groll gegen ihn.

---

9   DW 22.11.2014 / http://www.dw.com/de/39-jahre-unschuldig-im-gefängnis/a-18080873.
http://www.focus.de/panorama/welt/12-jaehriger-hatte-gelogen-40-jahre-unschuldig-in-haft-millionen-entschaedigung_id_4559951.html

„Ich bin froh, draußen zu sein", sagte Jackson weiter. „Ich habe eine Achterbahnfahrt der Emotionen hinter mir." Ihm fehlten die Worte, um seine Gefühle zu beschreiben. Noch nie zuvor, sagte sein Anwalt, habe jemand in den USA so lange unschuldig im Gefängnis gesessen. Für Jackson beginnt jetzt ein ganz neues Leben. Plötzlich hat er wieder eine echte Zukunft.

Um Menschen, denen sich plötzlich eine neue Zukunft eröffnet, geht es auch in diesem Abschnitt des Buches Nehemia. Es sind Menschen, die – wie Ricky Jackson – harte Jahre hinter sich haben. Zwar haben sie nicht im Todestrakt eines Gefängnisses gesessen, aber auch sie haben viel Leid, Angst und Hoffnungslosigkeit erfahren. Ohne jede echte Perspektive für die Zukunft haben sie dahingelebt. Aber dann kommt der Tag, wo das Blatt sich wendet. Es kommt der Tag, an dem sie völlig unverhofft in eine neue Zukunft aufbrechen können.

EIN UNERFREULICHER EMPFANG

So kam ich zu den Statthaltern der Westeuphrat-Provinz und überreichte ihnen die Briefe des Königs, der mir übrigens eine Reitertruppe mitgegeben hatte. Der Horoniter Sanballat und der Ammoniter Tobija, sein Beauftragter, gerieten in heftigen Zorn, als sie merkten, dass da ein Mensch gekommen war, der sich für das Wohl der Israeliten einsetzte.

(Nehemia 2,9-10)

Von Susa, dem Ort der Winterresidenz des persischen Königs bis nach Jerusalem sind es ungefähr 1000 Kilometer. Nehemia hat also einen weiten Weg hinter sich, als er am Ziel seiner Reise ankommt. Wie lange er unterwegs gewesen ist, verrät er uns nicht. Klar ist aber, dass die Briefe des Königs ihm ein schnelles Reisen ermöglicht haben.

38

Dokumente mit dem Siegel des Königs machen Eindruck! Außerdem hatte Nehemia noch etwas mit dabei, das ziemlich hilfreich gewesen sein dürfte, nämlich eine bewaffnete Reitertruppe, eine Eskorte. So eine Eskorte macht erst recht großen Eindruck.

Der Bibellehrer und Theologe Ray Stedman hat das selbst erlebt. Er berichtet[10]: „Vor ein paar Jahren war ich in Israel unterwegs und fuhr von Galiläa aus nach Jerusalem durch die West Bank. Damals waren die Spannungen in diesem Abschnitt Israels viel geringer, als sie es heute sind. Auf dem Weg gabelte ich drei israelische Soldaten mit ihren MP´s auf, die per Anhalter nach Jerusalem wollten. Als wir in die Nähe von Nablus kamen, fragte ich sie, ob sie schon jemals in Sychar gewesen wären und den Brunnen Jakobs besucht hätten. Sychar liegt nahe bei Nablus. Die drei waren noch nie dort gewesen und wollten den Brunnen gern sehen. Als wir dort ankamen, war es gegen zwölf Uhr mittags. Um diese Zeit war der Zugang zu dem Brunnen immer geschlossen. Wir stiegen trotzdem aus und klopften an das Tor. Einer der Verantwortlichen für das Gelände kam daraufhin zu uns heraus. Als er sah, dass ich mit einer Eskorte von drei bewaffneten Soldaten vor dem Tor stand, öffnete er sofort und führte uns persönlich durch das Gelände. Es war, als würde ein roter Teppich für uns ausgerollt. So erlebte ich persönlich, wie viel Eindruck eine bewaffnete Eskorte macht. Sie bringt viele Menschen dazu, sofort aktiv zu werden."

Genauso dürfte es auch bei Nehemia gewesen sein. Aber nicht alle sind in gleicher Weise beeindruckt von der Reitereskorte. Als Nehemia in Jerusalem eintrifft, wird er erwartet. Allerdings nicht von Leuten, die ihn willkommen heißen, sondern von ziemlich finsteren Persönlichkeiten, die

---

10   http://www.raystedman.org/old-testament/nehemiah/(eigene Übersetzung aus dem Amerikanischen).

es durchaus nicht gut mit ihm meinen und die ihm wenig später noch viel Kopfzerbrechen bereiten. Nehemia nennt sie uns:

Da ist zum Einen Sanballat, der Horoniter, Nehemias erster und schwierigster Gegenspieler. Sanballat ist Gouverneur des Bezirks Samaria. Er kommt aus der Stadt Beth-Horon und ist ein treuer Vasall des persischen Königs. Er hat beträchtliche Mittel, auch militärische, zu seiner Verfügung.[11]

Der zweite Gegenspieler ist ein Mann namens Tobija aus dem Land Ammon, das ist das heutige Jordanien. Tobija ist mit einigen späteren Mitarbeitern Nehemias verschwägert und hat zahlreiche Freunde unter den Juden im Land (Nehemia 6,17-19). Mit dem amtierenden Priester Eljaschib ist er sogar nahe verwandt (Nehemia 13,47). Tobija und Sanballat arbeiten eng zusammen, wobei Sanballat für die militärischen Operationen verantwortlich ist, während Tobija, sein Beauftragter, Leiter der Geheimdienstabteilung ist und Sanballat mit internen Informationen versorgt.[12]

Ein dritter Gegenspieler wird in Vers 19 genannt. Das ist ein Mann namens Geschem, ein Araber, der später die Feindseligkeiten von Sanballat und Tobija gegen Nehemia mit seinen Leuten kräftig unterstützt.[13]

Nehemia berichtet, dass Sanballat und Tobija in *heftigen Zorn geraten*, als ihnen seine Ankunft gemeldet wird. *In heftigen Zorn* ... Warum? Wahrscheinlich spielt eine Rolle, dass sie um Macht und Einfluss fürchten. Es reizt sie, dass mit Nehemia *ein Mensch gekommen ist, der sich für das Wohl der Israeliten einsetzt.* Sie haben sich in den zurückliegenden Jahren das Volk Gottes gefügig gemacht. Und dabei soll es bleiben. Nehemia stört da nur. So werden sie zu seinen

---

11 Warren W. Wiersbe, Sei fest entschlossen, Lee Vance View, Colorado Springs, Colorado, 1992, S. 31.
12 Ebda., S. 31
13 Ebda., S. 31

erklärten Gegnern – von Anfang an. Sie fordern Nehemia heraus – von Anfang an. Nehemia berichtet in Nehemia 2,19: *Als der Horoniter Sanballat, der Ammoniter Tobija, sein Beauftragter, und der Araber Geschem davon hörten, lachten sie uns aus und spotteten: „Da habt ihr euch ja einiges vorgenommen! Gegen den König wollt ihr euch auflehnen?"* Wer in der Nachfolge Jesu lebt und im Auftrag Jesu unterwegs ist, der kann nicht damit rechnen, dass jedermann ihm immerfort Beifall klatschen wird. Er muss damit rechnen, dass es auch Widerstände geben wird. Dabei spielt es keine Rolle, ob der Auftrag, den er verfolgt, klein oder groß ist. Er muss damit rechnen, dass Menschen auftreten werden, die sich ihm in den Weg stellen und in Wut darüber geraten, dass hier jemand ist, der Jesus liebhat und ihm mit seinem ganzen Leben dient. Menschen, die fern von Gott leben und sich darauf festgelegt haben, halten es manchmal schlecht aus, wenn irgendwo Christen auftauchen, die ihr Christsein engagiert und ohne alle Schüchternheit leben. Sie geraten in Wut wie Sanballat und Tobija. **Hier ist ein Beispiel:**

Der Essener Pfarrer Wilhelm Busch hielt vor Jahren mit vielen jungen Leuten aus Essen regelmäßig eine Bibelstunde in einem Saal ab. Nun war es so, dass Pfarrer Busch etlichen Leuten damals ein Dorn im Auge war. Sie versuchten immer wieder, seine Veranstaltungen zu stören. Bei dieser Bibelstunde nun lief das so, dass seine Gegner einen kräftigen Schlosser in den Raum über dem Saal schickten, wo Busch sich mit den jungen Leuten traf. Und dieser Schlosser drosch nun da oben mit einem Hammer auf den Fußboden, dass es nur so dröhnte. An eine ungestörte Bibelstunde war unten nicht mehr zu denken.

Nach Ende der Veranstaltung ging Pfarrer Busch nach oben, wo er den Schlosser antraf, der gerade gehen wollte. „Einen Moment noch, bitte", sagte Busch, „sagen Sie, wie hoch ist eigentlich ihr Lohn für eine Stunde Arbeit." Der verblüffte Schlosser sagte es ihm. Da zog Busch seine

Brieftasche, entnahm ihr den genannten Betrag, gab ihn dem Mann und sagte: „Ich möchte nicht, dass Sie heute umsonst für uns gehämmert haben. Hier ist Ihr Stundenlohn!" Von diesem Augenblick an hörte das Gehämmere auf und kam nie wieder.[14] Wer Jesus liebhat und ihm in Treue nachfolgt, muss damit rechnen, dass er auch auf Widerstände trifft. Alles andere wäre naiv. Man muss sich darauf einstellen, damit man auf Einschüchterungen, wenn sie denn kommen, eben nicht kopflos reagiert und das Feld räumt. Pfarrer Busch aus Essen hat gezeigt, wie es geht, nämlich nicht mit erwiderter Feindseligkeit, sondern mit Weisheit, Schlagfertigkeit und – Liebe!

Nehemia hat übrigens damals auf die Provokationen seiner Gegner vorbildlich regiert. Mit Klarheit und Festigkeit, aber ohne Feindseligkeit hat er ihre Vorwürfe zurückgewiesen. Er sagte ganz schlicht (Vers 20): *Der Gott des Himmels wird es uns gelingen lassen. Und wir, seine Diener, werden ans Werk gehen und bauen. Euch jedoch geht Jerusalem nichts an. Ihr habt hier weder Grundbesitz noch Anspruch noch irgendein historisches Recht an der Stadt.*

EINE SCHONUNGSLOSE BESTANDSAUFNAHME

Als ich in Jerusalem angekommen war und drei Tage dort zugebracht hatte, machte ich mich nachts mit einigen wenigen Männern auf. Nur ich hatte ein Reittier dabei. Bis dahin hatte ich noch keinem Menschen gesagt, was Gott mir ins Herz gegeben hatte, für Jerusalem zu tun. So ritt ich bei Nacht durch das Taltor in Richtung Drachenquelle bis zum Misttor. Ich

---

14 Vgl.: Wilhelm Busch, Essen, Pastor Wilhelm Busch – ein fröhlicher Christ, Geschichten und Erinnerungen, Gießen und Basel o..J., S. 32.

untersuchte die niedergerissene Mauer und die vom Feuer
vernichteten Tore. Dann zog ich zum Quellentor hinüber und
zum Königsteich. Als dort für mein Tier kein Durchkommen
mehr war, stieg ich bei Nacht zu Fuß die Schlucht hinauf und
untersuchte die Mauer. Dann kehrte ich um und kam durch
das Taltor wieder zurück.

(Nehemia 2,11-15)

Nehemia informiert sich aus erster Hand. Er weiß, wenn
er seinen Auftrag, die Ruinenstadt Jerusalem wieder aufzubauen, erfüllen will, dann muss er zuerst wissen, wie
groß die Schäden sind, die behoben werden müssen. Aber
er spricht mit niemandem über die Pläne, die Gott ihm ins
Herz gegeben hat. Er offenbart sich nicht – noch nicht!
Wahrscheinlich weiß er, dass Tobija über eine stattliche
Anzahl von Spitzeln verfügt. Sehr wahrscheinlich sind Tobijas Spitzel auch der Grund dafür, dass er ausgerechnet
mitten in der Nacht aufbricht, um den Zustand der Mauern
Jerusalems zu erforschen. Nehemia will nicht gesehen werden. Er will seinen Gegnern nicht in die Hände spielen. Er
handelt klug und umsichtig. „Seid klug wie die Schlangen",
hat Jesus einmal gesagt, „jedoch ohne Falsch wie die Tauben!" Ein Satz, der sehr genau zu Nehemias nächtlichem
Erkundungsgang passt.

Und was sieht Nehemia? Er sieht Trümmer: Tausend,
Zehntausend, Hunderttausend Tonnen Trümmer. Trümmer, soweit das Auge reicht. Trümmer bis zum Horizont.
Verbrannte Tore, verbrannte Steine. Kaum etwas, was
man wieder verwenden kann. Es ist ein solches Chaos,
dass er mit seinem Maultier an manchen Stellen gar nicht
mehr durchkommt. Dann muss er absteigen und sich
zu Fuß durch die Trümmerfelder tasten. Während er das
tut, wird ihm die Größe seiner Aufgabe klar. Die Arbeit,
die zu bewältigen ist, scheint schier endlos zu sein. Sie ist
gigantisch. Sie ist von geradezu einschüchternder Größe.
Nehemia zieht durch die Nacht, geht die zerstörten Mauern

der Stadt ab, Meter um Meter. Er stellt sich den deprimierenden Fakten. Er weicht nicht aus. Was muss das für eine Nacht gewesen sein! Eine furchtbare Nacht mit furchtbaren Erkenntnissen.

Hat Nehemia in dieser Nacht ans Aufgeben gedacht? Nein, hat er nicht! Warum nicht? Weil er wusste, dass Gott mit all seiner zwar unsichtbaren, aber höchst realen Macht hinter ihm stand. Man könnte vielleicht einwenden, dass Nehemia natürlich auch die Macht des persischen Königs hinter sich hatte. Aber die half ihm angesichts der sich auftürmenden Schwierigkeiten nicht sehr viel. Entscheidend war, dass er wusste: Der lebendige Gott mit all seinen unbegrenzten Möglichkeiten steht hinter mir! Die Trümmerwüste sieht schlimm aus! Stimmt! Die Aufgabe erscheint riesengroß, ja, scheint eigentlich unlösbar. Stimmt auch! Aber Gott ist da. Er steht hinter mir. Er hat mich beauftragt. Und darum gibt es keinen Grund aufzugeben. Nein, im Gegenteil, es spricht alles dafür, weiterzumachen, dranzubleiben, die Trümmer anzupacken und die Aufgabe zu lösen!

Das Leben vieler Menschen heute ähnelt einer Trümmerwüste, durch die sie sich durchkämpfen müssen. Ihr Leben ist voller Trümmer. Trümmer, soweit das Auge reicht. Trümmer bis zum Horizont. Und genau wie Nehemia kämpfen sie sich durch die Trümmerwüste ihres Lebens und wissen nicht, wie sie sie loswerden können. Da sind die Trümmer zerbrochener Beziehungen und enttäuschter Liebe. Da sind die Trümmer zerbrochener Hoffnungen und nie wahr gewordener Träume. Da sind die Trümmer zahlloser Verletzungen, die ihnen von Menschen zugefügt wurden und die Bitterkeit, die daraus folgte. Da sind auch die Trümmer der Schuld, die Trümmer gebrochener Versprechen und verratener Ideale; und da sind die Trümmer des Misstrauens, der Eifersucht und des Neids. Die Menschen irren durch diese Trümmerwüste, Tag und Nacht, und wissen nicht, wie ihr Leben wieder frei und offen für Neues werden könnte. Nicht wenige geben irgendwann einfach auf.

Einer von ihnen ist Ian Usher. Er bot vor ein paar Jahren sein Leben im Internet zur Versteigerung an. Nach einer enttäuschenden „großen Liebe" schrieb der 44-Jährige auf seiner Website: „Hallo, da draußen, mein Name ist Ian Usher, und ich habe genug von meinem Leben. Ich möchte es nicht mehr, und du kannst es haben, wenn du willst." Dem Höchstbietenden stellte er seine Arbeit, sein Haus, seine Möbel, seine Kleidung und seine Freundschaften zur Verfügung. Nach wenigen Tagen waren die Angebote auf 2,2 Millionen australische Dollar geklettert.

Er habe die Entscheidung, sein gesamtes bisheriges Leben zu versteigern, getroffen, nachdem er von seiner Frau verlassen wurde, schrieb Usher. Alles im Haus erinnere ihn an die wundervolle Vergangenheit. Er wolle nur seine Brieftasche, seinen Pass und die Kleidung behalten, die er bei Abschluss des Geschäftes auf dem Körper trage. Dann wolle er einfach aus der Haustür gehen, einen Zug nehmen und irgendwo ein neues Leben beginnen.[15]

Ja, wenn das nur ginge, ein Leben voller Trümmer einfach versteigern zu können, um dann die Tür hinter sich zuzumachen und irgendwo ganz neu anzufangen! Aber das geht nicht! Denn die zertrümmerte Seele geht mit. Solche „Trümmer" lassen sich nicht einfach verkaufen!

Wer schon lange durch die Trümmerlandschaft seines Lebens irrt und keinen Plan hat, wie sein Leben wieder sauber und offen für Neues werden könnte, sollte darum eines wissen: Gott ist wirklich da. Er interessiert sich für die Trümmerlandschaften unseres Lebens, in denen wir herumirren. Er ist da, und er möchte uns helfen! Er möchte alles tun, damit die Trümmerlandschaft unseres Lebens aufgeräumt wird. Er möchte, dass diese Trümmer verschwinden und dass unser Leben neu wird. Er will es wirklich! Mit ihm ist diese gigantische Aufgabe lösbar. Allein

---

15   Vgl., The Sunday Times, 8. Februar 2009.

wird es niemand schaffen! Das wissen die meisten auch längst! Aber mit Gott wird es gehen! Er will kommen, mitten hinein in die Trümmerwüste unseres Lebens, und aufräumen. Er will bei uns wohnen, damit wir nicht mehr allein sind, sondern geborgen in seiner Liebe. Es hilft nicht, die Trümmer des Lebens zu verdrängen! Es nützt nichts, um sie herumzuschleichen. Es bringt auch nichts, sie zu dekorieren oder poppig anzumalen, damit sie ein bisschen freundlicher aussehen. Was allein hilft, ist eine schonungslose Bestandsaufnahme (wie bei Nehemia), um dann Gott zu bitten, in das eigene, trümmerübersäte Leben zu kommen und aufzuräumen. Gott wird solche Bitten gerne erhören und das Aufräumen in Angriff nehmen, gemeinsam mit dem, der ihn darum gebeten hat.

EINE KRAFTVOLLE ERMUTIGUNG

Die Vorsteher wussten nicht, wohin ich gegangen war und was ich tun wollte. Denn bis dahin hatte ich keinem Juden etwas von meinem Vorhaben erzählt, weder den Priestern noch den Vornehmen, weder den Vorstehern noch den übrigen, die an dem Werk mitarbeiten sollten. Jetzt aber sagte ich zu ihnen: „Ihr seht das Elend, in dem wir uns befinden. Jerusalem liegt in Trümmern und seine Tore sind verbrannt. Kommt, lasst uns die Mauer wieder aufbauen, damit wir nicht länger dem Spott der Leute preisgegeben sind!" Ich erzählte ihnen, wie Gottes gütige Hand über mir gewesen war und was der König mir gewährt hatte. Da sagten sie: „Gut, machen wir uns ans Werk! Bauen wir!" Und sie ermutigten sich gegenseitig, dieses gute Werk zu beginnen.
(Nehemia 2,16-18)

Der nächtliche Erkundungsgang hat Folgen. Jetzt kommt Nehemia aus der Deckung! Er weiß, allein wird er das nicht hinkriegen mit dem Wiederaufbau der Mauern und Tore Jerusalems. Er braucht Menschen, die mitarbeiten. So trommelt er unmittelbar nach seinem nächtlichen Rundgang die Stadtbevölkerung zusammen und offenbart seine Pläne: *„Ihr seht das Elend, in dem wir uns befinden",* sagt Nehemia. *„Jerusalem liegt in Trümmern und seine Tore sind verbrannt. Kommt, lasst uns die Mauer wieder aufbauen, damit wir nicht länger dem Spott der Leute preisgegeben sind!"* *Ich erzählte ihnen, wie Gottes gütige Hand über mir gewesen war und was der König mir gewährt hatte.*

Nehemia ermutigt die Leute angesichts der Trümmer. Er berichtet, dass Gott ihm den Auftrag gegeben hat, diese traurige Trümmerstadt wieder bewohnbar zu machen. Er berichtet, dass der persische König hinter diesem Auftrag steht und dass Steine, Holz und weiteres Baumaterial in Massen zur Verfügung stehen. Er berichtet, wie Gott ihm, Nehemia, die Wege geebnet hat. Er berichtet den eingeschüchterten, gedemütigten und perspektivlosen Bewohnern der Stadt, dass Gott schon machtvoll gehandelt hat und dass sie alle auch in Zukunft mit seiner Hilfe rechnen können. Nehemia sieht die verzagten Menschen mit ihren verzagten Herzen vor sich, und er gibt ihnen das, was sie jetzt als allererstes brauchen: Ermutigung!

Es gibt so viele Menschen, die mit *Ent*mutigung kämpfen. Sie sind entmutigt, weil schon lange Krankheit ihr Leben verdunkelt, oder weil sie um einen Menschen trauern, dessen Leben sich vollendet hat. Sie sind vielleicht entmutigt, weil Gott trotz intensiven Gebets in einer wichtigen Angelegenheit scheinbar untätig bleibt. Oder sie sind entmutigt, weil eines ihrer Kinder ihnen Sorgen bereitet.

Egal, was es ist, es gibt für Christen keinen wirklichen Grund zur Entmutigung! Denn der Gott, der damals in Nehemias Leben so machtvoll gehandelt hat, ist heute immer noch derselbe! Ganz derselbe! Er hat sich kein Stück geändert! Er sieht all die, die ihm vertrauen und auf seine Hilfe warten. Er kennt sie. Er weiß um ihre Not. Er geht mit ihnen seinen ganz persönlichen Weg. Deshalb sollte man das Vertrauen zu Jesus aufrecht erhalten und nicht wegwerfen. Es ist gut, weiter das zu tun, was einem vor die Hände kommt! Es ist gut, eben nicht mutlos zu erschlaffen! Denn Gott wird handeln zu seiner Zeit!

Nehemia hat an jenem Sommertag in Jerusalem die Menschen ermutigt und gestärkt. Aber nicht nur das! Er hat sie auch – herausgefordert: *„Kommt, lasst uns die Mauer wieder aufbauen, damit wir nicht länger dem Spott der Leute preisgegeben sind!"*, sagt er ihnen.

Tatsächlich lassen die Leute sich herausfordern! Keiner sagt: „Ach, das haben wir ja alles schon mal versucht, und es hat nicht geklappt!" – Keiner sagt: „Wir sind zu müde, zu kaputt, zu frustriert. Mit uns läuft sowieso nichts mehr!" – Keiner sagt: „Die Gegenkräfte sind zu stark. Das schaffen wir doch nie!" – Keiner sagt etwas in der Art. Die Leute lassen sich herausfordern. Sie sagen: *„Gut, machen wir uns ans Werk! Bauen wir!"* Und sie ermutigten sich gegenseitig, dieses gute Werk zu beginnen.

Das ist vorbildlich! Jeder, der in der Nachfolge Jesu lebt, erfährt von Zeit zu Zeit – im Großen oder im Kleinen – wie Jesus ihn vor neue Herausforderungen stellt. Jeder, der Jesus liebhat, erfährt von Zeit zu Zeit, dass er in Aufgaben geschickt wird, die ihm auf den ersten Blick viel zu groß erscheinen. Dann ist es gut, wenn man nicht einfach stur sitzenbleibt und nach Schema „F" weiterwurstelt, sondern sich der neuen Herausforderung stellt. **Hier ist ein Beispiel[16]:**

Es ist der 13. Juni 1853. Der Waisenhausgründer Georg Müller in der englischen Stadt Bristol steht vor einer schier unüberschaubaren Herausforderung. Er ist verantwortlich für 1500 Waisenkinder, hat aber kein Geld, sie zu ernähren.

---

16   Answers To Prayer, by George Muller, http://www.wholesomewords.org/biography/bmuller8.html.

Müller schreibt über diesen Tag: „Wir waren nun sehr arm. Ich hatte zwar noch zwölf Pfund in der Kasse. Aber wir mussten dringend Mehl besorgen: 10 Sack brauchten wir allein an Mehl. Es fehlte auch an Seife. Im Haus waren die Handwerker an der Arbeit, um dringend nötige Reparaturen vorzunehmen. Auch die warteten auf ihr Geld. Dazu kamen die üblichen laufenden Ausgaben von 70 Pfund pro Woche. Am Samstag war auch noch der große Heißwasserkessel kaputt gegangen und musste umgehend in Stand gesetzt werden, was wiederum 25 Pfund verschlingen würde. Insgesamt brauchten wir hundert Pfund sofort.

Als ich an diesem 13. Juni, einem Montag, durch die belebten Straßen Bristols zum Waisenhaus ging, sprach ich mit dem Herrn im Gebet. Ich schilderte ihm unsere Lage und bat ihn darum, uns viel Geld zu schicken. Und so kam es auch. Ich bekam an diesem Morgen dreihundert Pfund geschenkt. Es war mehr, als wir brauchten.

Die Freude, die ich empfand, kann ich nicht beschreiben! Ich ging in meinem Zimmer unaufhörlich auf und ab. Tränen der Freude und der Dankbarkeit liefen mir über das Gesicht. Ich lobte Gott von ganzem Herzen und stellte mich ihm neu zum Dienst zur Verfügung. Die Erfahrung der Güte und Freundlichkeit überwältigte mich."

Mit Gott haben Menschen immer Zukunft! Er geht mit ihnen durch ihr Leben, wenn sie ihn nicht daraus ausschließen. Er weiß, was er ihnen zumuten darf. Seine Wege sind immer gut, sie sind immer voller Weisheit und immer planvoll. Nehemia hat das erlebt. Georg Müller in Bristol hat das erlebt. Und jeder, der heute Jesus liebhat, wird es auch erleben, wenn er nur bereit ist, in der Hingabe an Jesus zu leben und zu bleiben.

4.

BAUARBEITER ÜBERALL!

Nehemia 3,1-32

Der US-Amerikaner Loren Wade[17] geht jeden Tag arbeiten. Nun, das ist nichts Ungewöhnliches. Ungewöhnlich aber ist sein Alter: Loren Wade ist nämlich 100 Jahre alt. Warum tut er sich das an? Loren Wade sagt, er ginge darum immer noch arbeiten, damit er seine Frau einmal in der Woche zum Essen in ein Restaurant einladen könne. Jetzt wurde Loren Wade im Beisein von Vertretern der US-Ministerien für Arbeit und Gesundheit als ältester bedeutender Arbeiter des Jahres ausgezeichnet.

Seit 1983 arbeitet Wade in einem Supermarkt in Winfield im US-Bundesstaat Kansas. Dort verkauft er Tierfutter. Zuvor war er bereits Kupferschmied, arbeitete bei der Eisenbahn, in einer Baumschule und baute ein eigenes Unternehmen für Teppichware auf. Ans Aufhören denkt er nicht: „So habe ich etwas zu tun und stehe morgens auf, statt Fernsehen zu gucken." Außerdem könne er es sich so leisten, einmal in der Woche mit seiner 89-jährigen Frau ins Restaurant zu gehen.

---

17 FOCUS online, 13.09.2012 / http://www.focus.de/panorama/welt/aeltester-bedeutender-arbeiter-100-jaehriger-amerikaner-denkt-nicht-ans-aufhoeren_aid_818759.html.

Herr Wade ist ein erstaunlicher Mann! Ein arbeitsamer Typ, der mit 100 Jahren immer noch nicht genug hat. Sehr wahrscheinlich gab es unter den Leuten, von denen das dritte Kapitel des Buches Nehemia berichtet, keine 100-Jährigen. Aber arbeiten konnten die auch. Tatsächlich wurde damals genau dokumentiert, was jeder Mann und jede Frau so an Arbeit bewältigt hat. Das war – wie gleich deutlich werden wird – eine ganze Menge.

Faktisch besteht das dritte Kapitel des Buches Nehemia aus einer Liste, in der Nehemia festgehalten hat, wer damals was angepackt und erledigt hat beim Wiederaufbau der Mauern und Tore der Stadt. Es ist ausgesprochen lohnend, diese Liste Nehemias genau zu studieren. Es sind darin nämlich interessante Details erkennbar.

Nehemias Liste führt genauestens auf, wer damals welche Abschnitte der Stadtmauer wiedererrichtete: 38 Arbeiter werden namentlich genannt, dazu 42 unterschiedliche Gruppen, meist aus den umliegenden Städten. Sogar Frauen tauchen in der Liste auf (s. Vers 12). Die haben also auch mit angefasst und die Maurerkelle geschwungen.

Bevor jedoch die Details der Bauliste Gegenstand der Untersuchung werden, muss eine übergeordnete Frage geklärt werden. Die Frage lautet: Was war eigentlich das Ziel der Bauleute? Mit welcher Zielsetzung packten sie dieses ehrgeizige Projekt an?

DAS ZIEL DES WIEDERAUFBAUS

Es war Nehemia selbst, der für alle das Ziel festgelegt hat: *Kommt, lasst uns die Mauer wieder aufbauen ...!*, forderte er die Leute in der Trümmerstadt Jerusalem auf, *damit wir nicht länger dem Spott der Leute preisgegeben sind.* Und natürlich stellt sich sofort die Frage: Warum war es so wichtig, dass die Stadt Jerusalem nicht mehr ein Anlass für Spott und Häme sein sollte? Die Israeliten nahmen für ihre Hauptstadt in Anspruch, dass sie nicht irgendeine Stadt war, sondern die Stadt des Tempels, die Stadt Gottes. In Psalm 48,3 heißt es über Jerusalem: *Sie ragt schön empor, eine Freude der ganzen Erde.* Und Psalm 87,2 betont, dass Gott diese Stadt mehr als alle anderen Städte Israels liebt. Die Stadt Jerusalem hatte also eine besondere Aufgabe. Sie sollte unbedingt der Verherrlichung Gottes dienen. Das war ihre Bestimmung! Aber das war ein neuralgischer Punkt in der Geschichte Israels. Wenn Gott Jerusalem so sehr liebte, wenn es die Stadt war, die in besonderer Weise der Verherrlichung Gottes dienen sollte, warum waren dann ihre Mauern zertrümmert und ihre Tore verbrannt? Warum konnte es überhaupt dazu kommen, dass über die „heilige Stadt" gespottet wurde? Und weshalb unternahmen die Israeliten nichts dagegen?

Genau diese Fragen müssen Nehemia damals bewegt haben. Seine Antwort lautete: Kommt, lasst uns die Mauern Jerusalems wieder aufbauen, damit die Stadt ihrer eigentlichen Bestimmung wieder näherkommt, nämlich Gott zu verherrlichen.

Damit lässt sich sofort ein Bezug zur Gegenwart herstellen. Denn auch heute wird die Gemeinde Jesu von der Welt mit Verurteilung und Spott überschüttet. „Wenn ihr Gottes Volk seid", so fragen viele, „warum gibt es dann so viele Skandale in der Christenheit? Wenn euer Gott so mächtig ist, wieso ist seine Gemeinde dann so schwach? Und wie kann es sein, dass ihr immer noch daran festhaltet, dass die Bibel Gottes inspiriertes, unfehlbares Wort ist, obwohl viele eurer eigenen Theologen genau das Gegenteil behaupten?" Ob es einem nun gefällt oder nicht, die Gemeinde Jesu wird auch heute angegriffen, verhöhnt und verurteilt. Genau wie damals in Jerusalem.

Weil das so ist, darum sollte man das Ziel im Auge behalten, genau wie Nehemia das damals tat! Es ist wichtig, sich immer wieder vor Augen zu führen, was das Ziel der Gemeinde Jesu heute ist: Sie soll Gott verherrlichen und Licht für ihn sein in der Welt. Nur wenn die Christen dieses Ziel im Auge behalten, haben sie eine Chance, als Gemeinde Jesu zu bestehen.

In der ersten Frage des Kleinen Westminster Katechismus heißt es: „Was ist das Hauptziel des Menschen?" Die Antwort lautet: „Hauptziel des Menschen ist es, Gott zu verherrlichen und sich für immer an Ihm zu erfreuen!" Das sollte man im Gedächtnis behalten! Es gilt auch für jeden, der Jesus nachfolgt. Auch dessen Hauptziel ist es, Gott zu verherrlichen und sich für immer an ihm zu erfreuen! Und für die Gemeinde Jesu insgesamt gilt dasselbe!

Hauptziel der Gemeinde Jesu ist nicht, dass sie ihr äußeres Ansehen als Organisation vergrößert. Hauptziel der Gemeinde Jesu ist auch nicht, dass irgendwelche Führungspersönlichkeiten in ihr berühmt werden und in Talk-Shows herumsitzen oder einem ständig aus der Zeitung entgegenlächeln. Hauptziel der Gemeinde Jesu ist, dass sie Jesus ehrt und verherrlicht mit allem, was sie tut, lässt, sagt, denkt und fühlt.

Es wäre darum sicher angebracht, das eigene Leben einmal zu überprüfen, zu durchforsten und zu fragen: Passt dieses große Ziel meines Lebens eigentlich mit dem Klein-Klein meines Alltags zusammen? Bin ich ein Mensch, der Jesus verherrlicht mit dem, was er tut, lässt, sagt, denkt und fühlt? Wer dann bei sich selbst auf Dinge stößt, die nicht zu seinem Leben mit Jesus passen, weil sie eigenwillig, stur, gemein, oder ganz einfach falsch und böse sind, dann wäre es gut, daran etwas zu ändern! Wer dann ratlos ist und nicht weiß, wie er das anstellen kann, der darf sich Rat bei einem Seelsorger oder einer Seelsorgerin suchen! Es lohnt sich, das eigene Leben zu überprüfen und herauszufinden, ob die Prioritäten darin noch richtig gesetzt sind.

Ein gutes Beispiel dafür ist ein Mann namens James L. Kraft.[18] Er war der Gründer des bekannten Nahrungsmittelkonzerns „Kraft". Eines Tages hatte Kraft den Pastor der größten Baptistenkirche im Süden der USA zu Gast. Die beiden kamen ins Gespräch, und Kraft erzählte dem Pastor aus den Südstaaten ein paar Takte aus seinem Leben. Kraft sagte: „Als junger Mann hatte ich vor allem einen Wunsch: Ich wollte der weltweit berühmteste Hersteller und Verkäufer von Käse werden. Ich wollte reich und prominent sein. Als junger Mann begann ich darum, Käse herzustellen. Mit einem kleinen Pony und einem Wagen zog ich durch die Straßen Chicagos und verkaufte meine Waren. Monat für Monat verstrich, und ich begann zu verzweifeln, denn ich arbeitete viel und verkaufte wenig.

Eines Tages setzte ich mich neben mein Pony an den Straßenrand und sagte zu ihm: „Paddy, etwas ist falsch. Wir machen das nicht richtig! Wir haben die Dinge auf den Kopf gestellt und die Prioritäten in unserm Leben falsch gesetzt. Ich glaube, wir sollten von jetzt an Gott dienen und ihn an erste Stelle in unserem Leben setzen." Und so geschah es. Kraft fuhr nach Hause und versprach Gott, dass er ihm für den Rest seines Lebens dienen und ihm die erste Stelle seines Lebens freihalten wolle. Darüber hinaus wolle er zukünftig so arbeiten, wie Gott ihn führen werde. Kraft sagte: „Mein wichtigster Job ist, Jesus zu dienen, und sonst gar nichts."

Kraft war ein Mann, der sich Rechenschaft über die Ziele seines Lebens gab. Und darin ist er vorbildlich. Genau wie Nehemia.

---

18   Michael Green (Hrsg.), Illustrations for Biblical Preaching, Grand Rapids, Michigan,1990, S. 331f (Übersetzung durch den Autor).

DIE WESENSMERKMALE
DES WIEDERAUFBAUS

Nehemia baute nicht allein an den Mauern Jerusalems. Bei ihm liefen aber die Fäden zusammen. Die Knochenarbeit an Mauern und Toren machten andere. Es war eine bunte Truppe! Fürwahr, sehr bunt! Schaut man in den biblischen Bericht, bekommt man einen Eindruck davon. Zunächst mal beteiligten sich natürlich all die, die sowieso schon in Jerusalem wohnten. Da waren zum Beispiel die Tempelpriester (Vers 1). Die bekamen von Nehemia den Auftrag den *Mauerabschnitt bis zum Turm der Hundert und dem Hananel-Turm* und das *Schaftor* wieder aufzubauen. Wieso gerade den Mauerabschnitt mit dem Schaftor? Ganz einfach: Durch dieses Tor wurden die Schafe für die Schlachtopfer im Tempel getrieben. Die Priester waren darum hochmotiviert, diesen Mauerabschnitt und das dazugehörige Tor sehr sorgfältig wieder zu errichten.

Dann gab es verschiedene *Goldschmiede* in der Stadt (Vers 8.31-32). Die schlossen sich zu einem Team zusammen und bauten gemeinsam. Dasselbe galt für die *Salbenmischer*, also die Apotheker (Vers 8). Die bildeten ebenfalls eine Arbeitsgruppe.

Nicht zu vergessen die *Händler*, also all die Ladenbesitzer und Geschäftsleute in der Stadt (Vers 32). Die kannten sich ja, schon allein aus beruflichen Gründen, und wussten voneinander, wer von ihnen was besonders gut konnte.

Dann gab es noch eine größere Gruppe: Das waren die *Hausbesitzer*. Sie werden in den Versen 10, 23 und 28-30 erwähnt. Nehemia hatte die geniale Idee, ihnen jeweils den Mauerabschnitt zuzuteilen, der ihren Häusern *gegenüber lag*. Natürlich waren sie hochmotiviert, ihren jeweiligen Mauerabschnitt besonders stabil wieder herzurichten.

Schließlich beteiligten sich dann auch noch die Bürger ganzer Städte. Sie kamen aus dem näheren und weiteren Umland herbei und machten auch mit. Nehemia erwähnt in seiner Liste die Bürger *Jerichos* (Vers 2), *Tekoas* (Vers 5), *Gibeons* (Vers 7), *Mizpas* (Vers 7.15) *und Keilas* (Vers 17-18).

Selbst die vielen *Priester*, die in der Region lebten und nur zeitweise im Tempel ihren Dienst verrichteten, stellten sich unter Nehemias Führung und mauerten mit (Vers 22). Das war wirklich eine sehr bunte Truppe, die da Steine transportierte, Mörtel anrührte, Bäume fällte, Balken sägte und zu Toren zusammenfügte. Ohne diese bunte Truppe wäre Nehemia völlig hilflos gewesen. Er konnte diese gigantische Arbeit nicht alleine tun. Er war auf andere angewiesen. Das hervorstechende Wesensmerkmal des damaligen Wiederaufbaus war es, dass sich viele Menschen bereitstellten, um unter Nehemias Leitung zusammenzuarbeiten.

Auch hier lassen sich die Ereignisse von damals sehr gut auf die Gemeinde Jesu heute übertragen. Denn auch die Gemeinde Jesu ist eine bunte Truppe. Sehr bunt sogar. Schon hier in der Bundesrepublik ist sie recht bunt! Und wenn man an die vielen, vielen Gemeinden in Europa, Asien, Afrika, Amerika und Australien denkt, dann wird es immer bunter!

Daraus ergibt sich nun ein ganz einfacher Gedanke: In Jerusalem, damals, im Jahr 443 v. Chr., bauten alle mit. Naja, fast alle, es gab auch ein paar Verweigerer, die sind gleich noch das Thema. Aber alle anderen brachten ihre Arbeitskraft, ihre Fähigkeiten, ihre Begeisterung ein und bauten mit. Nehemia übernahm die Bauleitung.

In der Gemeinde Jesu ist es ähnlich. Sie ist ein Arbeits-Team, ein Organismus, ein „Leib" (1Kor 12,12-31). Alle, die durch ihre Hingabe an Jesus zu diesem Arbeitsteam, zu diesem Organismus dazugehören, wirken und arbeiten mit am Aufbau des Leibes Christi. Auch sie bringen ihre Arbeitskraft, ihre Fähigkeiten und ihre Begeisterung ein. Und die Leitung jeder Gemeinde Jesu vor Ort? Ja, die gibt es auch, und auch sie gehört zum geistlichen Organismus des Leibes Christi. Arbeitsteam und Leitung ordnen sich gemeinsam Christus, dem Haupt des geistlichen Leibes, unter. Keiner kann die Arbeit des Gemeindeaufbaus alleine tun. Jeder ist auf die anderen angewiesen – wie bei Nehemia!

Genau da bleiben viele Gemeinden hinter den Vorgaben der Bibel zurück, denn nicht immer ist es so, dass all die Christen in der Gemeinden Jesu sich mit ihrer Kraft, ihren Fähigkeiten und ihrer Begeisterung konsequent vor Ort einbringen und sich den Leitern unterordnen. Manche vielleicht. Aber alle? Eher nicht!

Der bekannte Evangelist Dwight L. Moody hat einmal gesagt[19]: „Sehr viele Menschen haben eine falsche Vorstellung hinsichtlich der Gemeinde. Wer sich auf seinen angenehm gepolsterten Stuhl setzt, für karitative Zwecke spendet, dem Pastor zuhört und seinen Teil dazu beisteuert, dass die Gemeinde nicht in große finanzielle Schwierigkeiten kommt, hat ihrer Ansicht nach alles Notwendige getan. Der Gedanke, dass es Arbeit für sie gibt – ja, dass tätige Hände in der Gemeinde gebraucht werden –, kommt ihnen nie in den Sinn."

Wie schade! Denn jeder, der an Jesus glaubt und ihm treu nachfolgt, hat von Gott Gaben und Fähigkeiten erhalten, die er/sie in den Aufbau der Gemeinde Jesu vor Ort einbringen soll. Gaben und Fähigkeiten, die unerlässlich und unersetzbar sind! Jeder hat solche Gaben und Fähigkeiten erhalten! Jeder!

Das Problem dabei ist: Viele haben keine Vorstellung davon, was für Gaben und Fähigkeiten sie einzubringen hätten. Sie denken: *Ich kann eigentlich nichts.* Und dabei bleiben sie stehen. Sie machen keinen Versuch, herauszufinden, welche Fähigkeiten Gott ihnen geschenkt hat. Und das ist jammerschade!

Man stelle sich vor, wie sich wohl Eltern fühlen, die zur Bescherung an Weihnachten ihren Kindern sorgfältig

---

19   Warren W. Wiersbe, Sei fest entschlossen, Lee Vance View, Colorado Springs, Colorado, 1992, S. 41.

ausgewählte Geschenke geben und die Kinder nehmen die Geschenke, sagen „Danke" und legen sie zur Seite, ohne sie auszupacken, um zu sehen, was darin ist. Wie würden sich die Eltern dieser Kinder wohl fühlen? Nun, wahrscheinlich ziemlich elend, oder? So ähnlich muss sich auch Gott fühlen. Er hat jedem Menschen Gaben und Fähigkeiten gegeben, die für ihn eingesetzt werden sollen. Wie mag es auf ihn wirken, wenn er wieder und wieder mit ansehen muss, wie seine Kinder, die Christen, keinerlei Anstalten machen, überhaupt mal herauszufinden, was Gott ihnen gegeben hat, sondern stattdessen dasitzen und sagen: „Ich kann eigentlich gar nichts!" Und dabei bleibt´s.

Man sollte es also lieber nicht so machen wie der berühmte Geiger Nicolo Paganini:

Paganini verfügte nämlich in seinem Testament, dass seine wundervolle Geige, mit deren Spiel er so viele Menschen in Begeisterung versetzt hatte, nach seinem Tod *nie wieder* gespielt werden sollte. Er vermachte das Instrument testamentarisch der Stadt Genua, die sie wegschließen und aufbewahren sollte.[20] Und so geschah es dann auch.

Bei Jesus ist das anders. Er hat jedem, der an ihn glaubt, ganz bestimmte Gaben und Fähigkeiten gegeben. Aber nicht, damit sie weggeschlossen und nie benutzt werden, sondern damit sie in der Gemeinde Jesu zum Einsatz kommen und dort immer wieder benutzt werden, zu seiner Ehre!

---

20 Michael Green (Hrsg.), Illustrations for Biblical Preaching, Grand Rapids, Michigan,1990, S. 352 (Übersetzung durch den Autor).

DIE ARBEITER AM WIEDERAUFBAU

Einige von ihnen sollte man etwas näher kennen lernen, damit sie nicht nur blasse Namen oder Berufsbezeichnungen bleiben. Da wäre als erster der Priester Eljaschib zu nennen. Nehemia berichtet in Kapitel 3,1, dass er zusammen mit seinen Mitpriestern am Wiederaufbau kräftig beteiligt war. Das hört sich gut an und war auch gut. Aber später machte Eljaschib Fehler. Nehemia 13,4-9 berichtet, dass einer von Eljaschibs Enkeln die Tochter von Nehemias schärfstem Gegner Sanballat heiratete. Das veränderte Eljaschibs Einstellung zu Nehemia. Er begann, heimlich gegen ihn zu intrigieren. Eljaschib fing also gut an. Aber irgendwann stolperte er.

Damit muss man immer auch in der Gemeinde Jesu rechnen, dass Christen zwar gut anfangen, aber später stolpern und Fehler machen. Das ist nichts Ungewöhnliches! Es ist auch klar, warum: Die Gemeinde Jesu, das sind „ganz normale Sünder", die von Jesus begnadigt und angenommen wurden. Und Sünder haben eben diese unerfreuliche Eigenschaft, bisweilen Sünden zu begehen und Fehler zu machen. Das gilt für jeden Christen. Man braucht nur ein bisschen an der Oberfläche zu kratzen, und was findet man? Immer findet man einen „ganz normalen Sünder".

Man erwartet zu viel, wenn man darauf setzt, in der Gemeinde Jesu immer nur Liebe und Fairness zu erleben. Man wird dann zwangsläufig enttäuscht. Man sollte aber nicht bitter oder mutlos werden, wenn man in seiner Gemeinde groben Fehlern und handfester Sünde begegnet. Das ist leider normal. Was wir brauchen, das ist Geduld mit den Sündern. Jesus hat sie auch!

Doch zurück zu Nehemias Liste. Da tauchen in Vers 5 ein paar Leute auf, die in der Stadt Tekoa wohnten und dort zur „Upper Class", zur höheren Gesellschaft, gehörten. Nehemia schreibt (Vers 5): *Die Männer von Tekoa besserten das anschließende Stück aus. Doch die Vornehmen dieser*

Stadt weigerten sich mitzuarbeiten und gehorchten dem Statthalter nicht.
In jeder Gemeinde gibt es Leute, die meinen, sie seien etwas Besseres. Damals wie heute! Sie schauen auf andere herunter, die nicht so viel Geld haben wie sie oder nicht so viel Bildung. Sie lassen sich gerne von anderen bedienen. Sie sind zu faul, um selbst mit anzupacken, und lassen alle Arbeit andere tun. In der Stadt Tekoa gab es auch Leute dieser Prägung. Während die Normalbürger der Stadt sich Schwielen an die Hände arbeiteten, legten die Vornehmen der Stadt die gepuderten Füßchen am Pool hoch und schlürften einen Cocktail. Mehr brachten sie nicht zustande.

Über solche Leute ärgert man sich und man muss mit ihnen Klartext reden. Aber man sollte sich nicht wundern, dass sie einem immer wieder einmal über den Weg laufen. Es gibt Menschen, die begreifen einfach etwas langsamer, dass bei Gott alle seine Kinder gleich sind und dass niemand bei ihm höher aufsteigen kann. Es fällt solchen Menschen schwer, das zu akzeptieren, weil es ihr Stolz und ihre Einbildung einfach nicht zulassen.

Aber zurück zu den „ganz normalen Leuten" von Tekoa. Das waren richtig gute Leute. Nehemias Liste weist aus, dass sie gleich zwei Mauer-Abschnitte übernahmen. In Vers 5 heißt es, dass die Männer von Tekoa den Mauerabschnitt ausbesserten, der sich an Zadok Ben-Baanas Teilstück anschloss. Aber sie taten noch mehr. Vers 27 berichtet, dass sie auch noch den Mauer-Abschnitt vom vorspringenden Turm bis zur Mauer am Ofel reparierten. Das war alles in allem ein mächtiges Stück Arbeit. Daran kann man sehen: Die Einwohner von Tekoa brannten innerlich für den Wiederaufbau von Jerusalem. Die brannten innerlich für die Ehre Gottes. Darum taten sie mehr als andere, ohne zu klagen und auch ohne von anderen denselben außergewöhnlichen Einsatz zu fordern.

Jetzt schauen Sie mal nach in Vers 20. Dort ist von einem gewissen Baruch Ben-Sabbai die Rede. Von ihm berichtet

Nehemia als einzigem, er sei *mit großem Eifer* an der Arbeit gewesen. *Nach ihm* [Eser, Vers 19], schreibt Nehemia, *besserte Baruch Ben-Sabbai* mit großem Eifer *den Mauerabschnitt zwischen dem Winkel und dem Eingang zum Haus des Hohen Priesters Eljaschib aus.* Auch Baruch dürfte also ein Mensch gewesen sein, der vor allem eines wollte, nämlich Gott verherrlichen und ihm dienen – und das mit ganzer Kraft. Ein vorbildlicher Arbeiter für Gott.

Jetzt ist es an der Zeit, gedanklich Bilanz zu ziehen, was die Arbeiter am Wiederaufbau betrifft. Es war eine gemischte Truppe. Es gab Fleißige und Faule, Arrogante und Demütige, solche, die sich große Fehler leisteten und solche, die um große Fehler einen großen Bogen machten. Aber sie alle hielten aneinander fest. Sie zerstritten sich nicht. Sie ließen keinen Neid aufkommen. Sie verhedderten sich nicht in Kleinkriegen, sondern hielten aneinander fest und arbeiteten gemeinsam auf das eine große Ziel hin, die Stadt Gottes wieder aufzubauen und so Gott die Ehre zu geben. Und so gelang ihr Vorhaben.

In Kalifornien (USA) gibt es riesige Mammutbäume. Mehr als hundert Meter ragen diese Giganten in den Himmel. Manche sind über 4000 Jahre alt. Nun sind die Mammutbäume Flachwurzler, haben also keine Pfahlwurzeln. Sie kippen aber trotz ihrer enormen Höhe nie um. Woran liegt das? Das Geheimnis ist: Die Mammutbäume wachsen immer in Gruppen. Ihre Wurzeln verflechten sich untereinander so fest und sind so elastisch, dass die Baumgiganten sich gegenseitig halten und so auch dem härtesten Sturm trotzen.[21]

Das weist abschließend noch einmal auf das Geheimnis der Gemeinde Jesu hin. Die Gemeinde Jesu besteht aus begnadigten Sündern. Die sind alle nicht perfekt. Aber sie

---

21   Heinz Schäfer (Hrsg.), Hört ein Gleichnis, Stuttgart 1988, S. 254f.

halten aneinander fest wie die Mammutbäume in Kalifornien. Sie verflechten sich förmlich miteinander. Denn sie wissen: Jesus hat uns alle begnadigt, obwohl wir das nicht verdient haben. Wie könnten wir da einander loslassen! Nein, wir ertragen einander in Liebe und Geduld, auch da, wo es uns schwerfällt. Wir wollen Jesus verherrlichen mit unserm Leben und ihm allein dienen! Es gibt keine Alternative!

5.

DIE PAPIERKUGELN DES GEHIRNS

Nehemia 3,32-38

„Wer den Schaden hat, braucht für den Spott nicht zu sorgen." Diese Erfahrung sammelten im Jahr 2011 zwei Polizisten in der Stadt Breisach. In Ausübung ihres Dienstes hatten sie ihren Streifenwagen in der Nähe eines Schwimmbads auf einer Wiese geparkt. Dies sollte sich als folgenschwerer Fehler erweisen, war das Gras doch äußerst nass. Es kam, wie es kommen musste: Die Räder drehten durch, das Polizeiauto steckte fest. Auch Schieben half nicht. Nun war guter Rat teuer.

Da erinnerte sich einer der Polizisten an die Empfehlung eines Bekannten. Dieser hatte in vergleichbarer Lage einfach einen Feuerlöscher auf das Gaspedal seines Wagens gestellt, damit der Motor auf Touren kam und der Fahrer mit anschieben konnte. Was bei dem Bekannten geklappt hatte, würde doch sicherlich auch bei ihnen funktionieren, dachten die beiden Polizeibeamten. Tatsächlich! Die Sache lief ganz ausgezeichnet. Etwas zu gut allerdings, wenn man es genau nimmt. Denn die Kraft von zwei schiebenden Polizisten zusammen mit dem Feuerlöscher auf dem Gaspedal führte dazu, dass sich der Streifenwagen viel schneller in Bewegung setzte, als es die Beamten erwartet hatten.

Obwohl die beiden im Schweinsgalopp hinter ihrem Wagen herrannten, gelang es ihnen nicht, ihn einzuholen. Sie mussten mit ansehen, wie ihr Polizeiflitzer direkt auf einen Baum zusteuerte, diesen streifte, dann mit unverminderter Geschwindigkeit seine Fahrt fortsetzte und wieder auf die Wiese zusteuerte. Dort blieb das Auto dann ein zweites Mal stecken, nun allerdings auch aufgrund diverser Schäden: Ein Kotflügel, die Vorderachse und sogar das Blaulicht hatten etwas abbekommen. Ende! Der Dienstwagen musste nun mit großem Aufwand geborgen und abgeschleppt werden. Die beiden Polizisten beziehungsweise deren Versicherung mussten für die Reparatur aufkommen. Viel schmerzlicher für sie war jedoch der Spott, der nach dem Vorfall von Kollegen, Stadtbewohnern und Zeitungen über sie ausgekippt wurde. Eine ganze Stadt wieherte vor Lachen über die beiden Unglücksraben.[22]

Das war bestimmt nicht angenehm. Allerdings nun auch wieder nicht so furchtbar schlimm! Der Vorfall entbehrt schließlich nicht einer gewissen Komik. Der Spott der Stadtbewohner dürfte eher gutmütig als feindselig gewesen sein.

Aber so ist das durchaus nicht immer! Spott kann wehtun und sehr verletzend sein. Der britische Literaturkritiker und Autor Thomas Carlyle nannte den Spott die „Sprache des Teufels"[23]. Und der Dichter William Shakespeare hat die Spottrede einst als die „Papierkugeln des Gehirns"[24] bezeichnet, die leider keineswegs harmlos sind, sondern Menschen tief treffen und verwunden können.

---

22 Vgl.: Badische Zeitung, 5. Februar 2011. / http://www.badische-zeitung.de/breisach/rheingefluester-wenn-ein-auto-der-polizei-in-der-wiese-steckt--40916334.html.
23 Warren W. Wiersbe, Sei fest entschlossen, Lee Vance View, Colorado Springs, Colorado, 1992, S. 53.
24 Ebda., S. 53.

Nehemia 3,33-38 berichtet von Menschen, die mit Spott in seiner übelsten und aggressivsten Form zu tun bekamen. Welche konkrete Gestalt dieser Spott hatte und wie sie damit umgingen, enthüllt Nehemia in seinem Bericht.

VERLETZENDER SPOTT

Als Sanballat hörte, dass wir die Stadtmauer wieder aufbauten, wurde er wütend und ärgerte sich sehr. Er spottete über die Juden und sagte vor seinen Vertrauten und dem Heer von Samaria: „Was machen diese elenden Juden da? Wollen sie einfach drauflos mauern? Wollen sie Opfer bringen und es an einem Tag schaffen? Wollen sie diese verbrannten Steine aus dem Schutt wieder zum Leben erwecken?" Der Ammoniter Tobija neben ihm sagte: „Sie sollen nur bauen! Wenn ein Fuchs an ihre Mauer springt, wird er sie wieder einreißen."

(Nehemia 3,33-35)

Lange Zeit hatte Sanballat die Bewohner Jerusalems unterdrücken können. Viele Jahre hatte er mit ihnen umspringen können, wie er wollte. Oftmals hatte er sie ausnutzen, schuhriegeln, demütigen und herumkommandieren können. Das war ganz nach seinem Geschmack gewesen. Und Tobija hatte ihn darin nach Kräften unterstützt. Aber jetzt war plötzlich Schluss damit. Da wurde Sanballat *wütend und ärgerte sich sehr*, berichtet die Bibel. Nehemias Anwesenheit und Aktionen setzten seinem Treiben Grenzen.

Zielsicher greifen Sanballat und seine Kumpane in dieser Situation nach einem Mittel, das schon oft seine unheilvolle Wirksamkeit bewiesen hat: verletzender Spott. Und damit es auch richtig wirkt, stellen sie erstmal Öffentlichkeit her. Sanballat hat seine Truppen in Samaria stehen. Die lässt er nun mit Mann und Maus antreten. Dazu lädt er all die

Leute ein, die ihn schon in der Vergangenheit unterstützt haben, einflussreiche Leute, *seine Vertrauten.* Und vor dieser feinen Gesellschaft zieht er jetzt mächtig vom Leder. *Was machen die elenden Juden da?*, fragt Sanballat spöttisch. Wörtlich übersetzt steht da eigentlich: *Was machen die vertrockneten Juden da?* Dabei ist an Schnittblumen zu denken, die langsam in der Vase vertrocknen. Sanballat stellt also heraus, dass die Bewohner Jerusalems keinerlei Unterstützung haben, hoffnungslos auf sich allein gestellt und isoliert sind und darum keinen Erfolg haben können!

Damit wird sofort ein erstes Kennzeichen verletzenden Spotts fassbar: Er greift immer irgendetwas auf, das real ist, also zum Beispiel die Schwäche eines Menschen. Die bläht er dann auf, stellt sie boshaft zur Schau und macht sich lustig darüber. So funktioniert der Spott. Und die Wirkung? Diejenigen, die die Zielscheibe des Spotts sind, fühlen sich bloßgestellt, gedemütigt, klein gemacht. Sie verlieren u. U. den Mut und ziehen sich schnell irgendwohin zurück, wo sie keiner kennt. Damit sind sie kaltgestellt und zum Schweigen gebracht.

Dann langt Herr Sanballat gleich noch einmal zu. *Wollen sie einfach drauflos mauern?*, fragt er feixend. *Wollen sie diese verbrannten Steine aus dem Schutt wieder zum Leben erwecken?* Er will damit sagen: „Das sind doch Dilettanten! Die haben doch keine Ahnung, wie man eine ordentliche Stadtmauer herrichtet. Das sind doch alles bloß Ladenbesitzer und Apotheker und irgendwelche Goldschmiede und Normalbürger. Die haben doch keinen Schimmer vom Bauen! Die kriegen ja noch nicht mal eine schlichte Gartenlaube ordentlich zusammengeschraubt. Und der Herr Nehemia erst: Das ist doch ein Wein-Verkoster. Der versteht vielleicht was von Alkohol, mag ja sein, aber von Mauern und Toren hat der doch keine Ahnung! Das ist ´ne Gurkentruppe da in Jerusalem! Die kriegen nichts gebacken! Und überhaupt: Die Steine sind doch durch Feuer irreparabel geschädigt. Die können sie doch nicht zum Bau der

Stadtmauer wiederverwenden. Die werden ihnen schlicht in den Händen zerfallen!", so sagt er sinngemäß. Und seine Zuhörer lachen und klatschen Beifall und erzählen es später weiter, bis es im ganzen Land herum ist.

Es ist nicht völlig falsch, was Sanballat sagt: Baufachleute sind wirklich dünn gesät unter Nehemias Leuten. Sanballat greift etwas auf, was durchaus real ist. Aber er übertreibt auch! Denn die Stadtmauern Jerusalems waren ja keineswegs durch Feuer zerstört worden. Der Tempel wurde verbrannt. Ja, der schon. Aber die Mauern der Stadt Jerusalem wurden lediglich eingerissen. Man konnte ihre Steine also sehr wohl wieder verwenden. Da lag Sanballat also falsch.

Dies ist ein zweites Kennzeichen des verletzenden Spotts. Er enthält immer zumindest Übertreibungen, oft aber auch blanke Lügen, die verunsichern und das Selbstbewusstsein und den Willen der Menschen schwächen sollen.

Auch bei Tobija ist das so. Er sagt: *Sie sollen nur bauen! Wenn ein Fuchs an ihre Mauer springt, wird er sie wieder einreißen.* Das ist eine falsche Behauptung, eine Unterstellung. Es ist anzunehmen, dass Tobija das sehr wohl wusste. Denn die Mauern, die in Jerusalem neu errichtet wurden, waren alles andere als wackelig. Sie wurden tatsächlich mit höchster Sorgfalt erstellt. Und am Ende lieferten die Truppen Sanballats höchstpersönlich den Beweis dafür, wie stabil diese Mauern waren, denn sie wagten später nie den direkten Angriff auf die Mauern der Stadt Jerusalem. Sie wussten, dass sie scheitern würden.

Jetzt aber spotten sie. Und weil der Herr Gouverneur Sanballat gerade so schön in Fahrt ist, setzt er noch einen oben drauf: *Wollen sie Opfer bringen und es an einem Tag schaffen?* Dieser Satz hat es in sich. Faktisch ist er eine Verhöhnung Gottes. „Wie?", fragt Sanballat scheinheilig. „Wollen Nehemias Leute etwa ein spezielles Opfer im Tempel bringen, in der Erwartung, dass Gott ihnen dann hilft? Das ist ja wohl der Gipfel der Dummheit. Die können doch nicht im Ernst erwarten, dass Gott ihnen, ausgerechnet ihnen, beim Bau einer Stadtmauer hilft. Wie sollte Gott das denn machen?! Das kann der doch gar nicht! Das ist doch lächerlich!"

So höhnt Sanballat. Es reicht ihm nicht, Menschen zu verspotten. Er will auch den Glauben der Juden verspotten und den Gott der Bibel dazu. Er zählt dabei darauf, dass dies die Bewohner der Stadt Jerusalem sehr verletzen wird. Er zieht ihr Heiligstes in den Schmutz.

Damit wird ein drittes Kennzeichen des verletzenden Spotts erkennbar. Der Spötter nimmt aufs Korn, was anderen wertvoll und kostbar und heilig ist und zieht es in den Dreck, macht es lächerlich und schmutzig. Diejenigen, die Zielscheibe dieses Spotts sind, fühlen sich dann beschmutzt, entehrt und der Lächerlichkeit preisgegeben. Solcher Spott hat eine tief verletzende und demoralisierende Wirkung.

Auch Christen heute werden leicht zur Zielscheibe verletzenden Spotts. Sie erleben z. B., dass man sie lächerlich macht, nur weil Sie dazu stehen, dass die Bibel Gottes inspiriertes, unfehlbares Wort ist. Man lacht sie aus, nur weil Sie Sie sich anmaßen, darauf hinzuweisen, dass jeder Mensch von Natur aus ein verlorener Mensch ist und von Jesus gerettet werden muss, wenn er in den Himmel kommen will. Sie werden verlacht, wenn sie ihrer Überzeugung Ausdruck geben, dass die gewaltige Vielfalt des Lebens auf der Erde weder durch Jahrmillionen noch durch Evolution noch durch Zufall, sondern durch Gottes Schöpfung entstanden ist. Sie werden als ewig gestrig verunglimpft, nur weil Sie den Mund aufmachen und verkünden, dass Abtreibung Mord an den Wehrlosesten, den Ungeborenen ist. Sie erleben immer wieder, dass man Verachtung und Hohn über Sie auskippt.

Das Fatale daran ist nun, dass das alles leider völlig normal geworden ist! Wo Menschen den Glauben an Jesus offensiv und selbstbewusst leben, werden Sie über kurz oder lang angegriffen. Sie erleben, wie sich verletzender Spott gegen sie richtet. Wo Christen ihren Glauben offensiv und selbstbewusst leben, sprechen sie offenbar Reste von Selbstzweifeln in Menschen an, die Gott nicht kennen. Diese fühlen sich dann in Frage gestellt und reagieren mit verletzendem Spott. Und der tut weh!

Verletzender Spott ist eine furchtbare Waffe. Es gibt Menschen, die handhaben ihn elegant wie ein Florett, mit höchster Zielgenauigkeit. Sie verletzen und verstören damit Menschen um sich herum. Christen sollten sich hüten, eine solche Waffe selbst in die Hand zu nehmen!

Jetzt wird es Zeit, herauszufinden, wie Nehemia und seine Leute damals mit diesem verletzenden Spott umgegangen sind.

ZIELGERICHTETES GEBET

Doch ich betete: „Du, unser Gott, hör doch, wie sie über uns spotten! Lass ihren Spott auf sie selbst zurückfallen! Gib sie der Plünderung und der Gefangenschaft preis! Deck ihre Schuld nicht zu! Lösch ihre Sünde vor dir nicht aus! Denn durch die Beleidigung der Bauenden wollten sie dich treffen!"
(Nehemia 3,36-37)

Nehemia reagiert auf den verletzenden Spott der Herren Sanballat und Tobija mit der Hinwendung ins Gebet. Normalerweise sieht die menschliche Reaktion auf verletzenden Spott anders aus. Wenn verletzender Spott einen trifft, neigt man unwillkürlich dazu, sich viel mit ihm zu beschäftigen. Die Worte des Spotts stecken wie Pfeile in der Seele. Man befasst sich immer wieder mit ihnen, bewegt sie in den Gedanken hin und her. Wahrscheinlich redet man auch mit anderen darüber. Man ist empört, verletzt, wütend.

Die verletzenden Worte des Spotts dringen tiefer und immer tiefer in die eigene Persönlichkeit ein. Ihr Zerstörungswerk erreicht immer tiefere Schichten der Seele. Sie wirken wie ein Gift, das sich langsam in der Seele ausbreitet, weiter und weiter. So kommt es zu immer tieferen Verletzungen der Seele. Das schädigt dann das Selbstbewusstsein, das seelische Gleichgewicht, oft auch das Vertrauen auf Gott nachhaltig. Aber es muss nicht so kommen! Man kann reagieren wie Nehemia, sofort ins Gebet gehen und die Zwiesprache mit Gott suchen.

Wenn also verletzender Spott das nächste Mal angeflogen kommt und trifft, ist man gut beraten, die Worte des Spotts nicht in der Seele zu bewegen! Viel besser ist es, die Angelegenheit (wie Nehemia) sofort im Gebet vor Gott zu bringen! Zum Beispiel mit diesen Worten: *Jesus, hör doch, wie sie über mich spotten!* Es ist ausgesprochen hilfreich, die bösen Worte des Spotts sofort bei Jesus abzuladen und ihn zu bitten, sich dieser hässlichen Sache anzunehmen. Wenn man das tut, haben die verletzenden Worte des Spotts keine Chance, in die Persönlichkeit einzudringen und dort Zerstörung anzurichten.

Es lohnt sich, Nehemias Gebet noch etwas genauer anzuschauen. Nehemia betet: *Du, unser Gott, hör doch, wie sie über uns spotten! Lass ihren Spott auf sie selbst zurückfallen! Gib sie der Plünderung und der Gefangenschaft preis! Deck ihre Schuld nicht zu! Lösch ihre Sünde vor dir nicht aus!* Manche zucken vielleicht innerlich zusammen, wenn sie die Worte dieses Gebets lesen. Ja, kann man denn so beten?, fragen sie. Ist das nicht reichlich stark, wenn Nehemia hier darum bittet, dass die Feinde des jüdischen Volkes der *Plünderung* und der *Gefangenschaft preisgegeben* werden sollen?

Eine berechtigte Frage, der man sich stellen sollte. Dabei ist es wichtig, die Lage zu berücksichtigen, in der Nehemia sich befand: Platt gesagt, Nehemia sah sich Menschen gegenüber, die seinen Tod wollten. Nichts sonst! Er sah sich

Menschen gegenüber, die über geballte militärische Macht verfügten. Er dagegen hatte maximal eine kleine Leibwache. Ansonsten hatte er Zivilisten um sich, viele Zivilisten, Männer, Frauen, Kinder, die vom Kampf keine Ahnung hatten! Menschen, für die er aber Verantwortung trug. Wenn seine Gegner ernst machten und die Stadt angriffen, würde es Tote geben, viele Tote. Es ging also um das Leben sehr vieler Menschen!

Was Nehemia in diesem Gebet tut, ist eigentlich folgendes. Er überträgt Gott die Wahrnehmung seiner Rechte und der Rechte seines Volkes. Genauer gesagt: Er bittet Gott, das Unrecht zu richten, das ihnen angetan wird. Das ist sehr wichtig, unmittelbar wichtig, gerade auch für Christen heute, wenn verletzender Spott sie trifft und Menschen ihnen in dieser Weise Unrecht zufügen. Dann ist es keine Lösung zu sagen: „Naja, das war ja eigentlich gar nicht so schlimm! Schwamm drüber!" Viel besser ist es, das zu tun, was auch Nehemia damals getan hat: Nämlich Gott darum zu bitten, die eigenen Rechte wahrzunehmen und es ihm zu überlassen, das Unrecht zu richten.

Man kann mit diesen Worten beten: „Herr, ich kann mein Recht nicht selbst durchsetzen. Es geht einfach nicht. Ich habe nicht die Mittel dazu! Und darum bitte ich dich: Sei du der Richter zwischen mir und dem anderen, der mich angreift. Richte du zwischen ihm und mir! Denn du bist der Richter, der immer gerecht richtet."

Wer in dieser Weise betet, gibt die Wahrnehmung seiner Rechte an Gott ab. Er weiß dann: Mein Recht ist jetzt bei ihm in guten Händen. Dann kann er innerlich loslassen, denn es ist ja jetzt jemand da, der für sein Recht streitet. So wird er innerlich frei.

Wenn das geschafft ist, kann man sogar noch einen Schritt weitergehen. Allerdings ist dieser Schritt nur denen möglich, die von Gott den Heiligen Geist bekommen haben, als sie sich zu Jesus bekehrten. Für alle anderen, die ihr Leben fern von Gott führen, wäre das eine komplette

Überforderung. Man kann seine Feinde segnen. Jesus hat einmal gesagt (Mt 5,44): *Liebt eure Feinde und betet für die, die euch verfolgen.* Im Römerbrief, Kapitel 12, Vers 14, wird das näher erläutert. Dort heißt es: *Segnet die, die euch verfolgen; segnet und flucht nicht!* „Segnen" heißt, den anderen ins Licht Gottes stellen, auch den Feind. Und wenn man seine Feinde segnet, kann man das zum Beispiel mit diesen Worten tun: „Herr, ich stelle jetzt meinen Feind (hier kann man seinen Namen nennen!) in dein Licht und segne in so. Ich stelle ihn in dein Licht und segne ihn so!"

Es ist eine sehr heilsame Sache für die Seele, wenn man seine Feinde in dieser Weise segnet. Schlimme Verletzungen der Seele beginnen zu heilen, einfach dadurch, dass man seine Feinde in das Licht Gottes stellt und sie so segnet. So wird man allmählich bereit – das ist ein Weg! Das geht nicht sofort! – sogar den Feinden zu vergeben. Der Geist Gottes macht so etwas möglich und überwindet dabei auch natürliche menschliche Widerstände.

Hier ist ein Beispiel:

Die Niederländerin Cornelia ten Boom verbrachte während der Zeit des Zweiten Weltkriegs mehrere Jahre zusammen mit ihrer Schwester Betsie im Konzentrationslager Ravensbrück. Kurz vor Kriegsende wurde sie entlassen. Nach der Kapitulation Deutschlands begann sie eine große Versöhnungsarbeit zwischen Niederländern und Deutschen. Aber dann, eines Tages, geschah es. Cornelia ten Boom berichtet: „In einem Gottesdienst in München sah ich ihn, den früheren SS-Mann, der vor dem Duschraum in Ravensbrück Wache gestanden hatte. Er war der erste unserer wirklichen Kerkermeister, den ich seit damals wiedersah. Und plötzlich war das alles wieder lebendig – der Raum voll spottender Männer, die Kleiderhaufen, Betsies von Schmerz gezeichnetes Gesicht. Als die Kirche sich lehrte, kam er strahlend und sich verbeugend auf mich zu: ‚Wie dankbar bin ich Ihnen für Ihre Botschaft, Fräulein', sagte er. ‚Mir vorzustellen, dass Jesus, wie Sie sagen, meine Sünden abgewaschen hat!' Er streckte die Hand aus, um meine zu schütteln. Aber ich, die ich den Menschen so oft gepredigt hatte, dass sie vergeben müssten, ließ meine Hand herunterhängen. Selbst als die bitteren Rachegedanken in mir kochten, erkannte ich, dass das Sünde war. Jesus Christus war für diesen Mann gestorben; wollte ich mehr verlangen? ,Herr Jesus', betete ich, ,vergib mir und hilf mir, ihm zu vergeben.'

Ich versuchte zu lächeln. Ich bemühte mich krampfhaft, meine Hand zu heben. Ich konnte es nicht. Ich fühlte nichts, nicht den kleinsten Funken Wärme oder Erbarmen. Und so hauchte ich wieder ein stummes Gebet. ,Jesus, ich kann ihm nicht vergeben. Schenke mir deine Vergebung.' Und als ich seine Hand nahm, geschah etwas ganz Unglaubliches. Von meiner Schulter herunter, an meinem Arm entlang und durch meine Hand schien ein Strom von mir auf ihn überzugehen, während in meinem Herzen eine Liebe zu diesem Fremden aufloderte, die mich fast überwältigte. Und so entdeckte ich, dass die Heilung der Welt weder von unserer Vergebung noch von unserer Güte abhängt, sondern allein von Gottes Vergebung. Wenn er uns sagt, dass wir unsere Feinde lieben sollen, dann schenkt er uns mit dem Gebot die Liebe selbst."[25]

Nun noch ein Blick auf den letzten Satz in Nehemias Gebet. Er lautet: *Denn durch die Beleidigung der Bauenden wollten sie dich treffen!*

Nehemia war ein kluger Mann. Er hat Sanballat und seine Helfershelfer glatt durchschaut. Er wusste, hinter den beleidigenden Worten gegen die Bauleute in Jerusalem steckte etwas anderes. Der Angriff auf die Bauleute in Jerusalem war in Wahrheit ein Angriff auf Gott selbst. Und das tat Nehemia unsagbar weh. Es tat Nehemia weh, wenn der lebendige, heilige Gott von seinen Geschöpfen beschimpft,

---

25   Corrie ten Boom, Die Zuflucht, Wuppertal 1976, S. 237.

beschmutzt, der Lächerlichkeit preisgegeben und dem Spott ausgeliefert wurde. Nehemia war ein Mensch, der ein Empfinden für die Ehre Gottes hatte. Darum hat er in diesem Gebet Gott flehentlich darum gebeten, doch bitte seine Ehre wiederherzustellen, die Sanballat und andere in übelster Weise in den Dreck gezogen hatten. Nehemia lebte für die Ehre Gottes. Gott zu ehren, war das klare und einzige Ziel seines Lebens.

Wer in der Nachfolge Jesu lebt, dem müsste das vertraut sein. Wer in der Hingabe an Jesus lebt, müsste auch das klare und vorrangige Ziel haben, zur Ehre Gottes zu leben. Sehr wahrscheinlich kennt er auch den Schmerz, wenn Menschen in seiner Nähe die Ehre Gottes in den Dreck ziehen und mit Füßen treten.

Die Antwort auf den verletzenden Spott ist das Gebet. So viel ist jetzt klar geworden. Aber Nehemia belässt es nicht beim Gebet.

UNENTBEHRLICHE AUSDAUER

Trotz allem bauten wir an der Mauer weiter, und schon bald war sie bis zur halben Höhe geschlossen, denn alle waren mit Eifer an der Arbeit.

(Nehemia 3,38)

Die wichtigsten Worte in diesem Satz sind die ersten beiden: *trotz allem. Trotz allem bauten wir an der Mauer weiter* ... Nehemia war ein Mann der Ausdauer. Ausdauer ist unentbehrlich in der Nachfolge Jesu. Wenn Menschen uns verspotten und verhöhnen, wenn sie uns das Gefühl geben, dass wir ganz allein dastehen und sowieso keine Chance haben, dann kommt er schnell, der Gedanke ans Aufgeben. Auch Nehemia wird ihn gekannt haben. Er war ja kein Übermensch! Nehemia wusste, dass er keine militärische

Macht zur Verfügung hatte! Ja, es war ein gigantisches Unterfangen, die endlos lange Stadtmauer Jerusalems wieder aufzubauen! Ja, es stimmte, er bekam keinerlei Unterstützung von den Mächtigen im Lande! Ja, er war in einer isolierten Situation! All das stimmte! Aber er wusste auch, dass er den Auftrag zum Wiederaufbau der Stadt Jerusalem von Gott bekommen hatte. Er wusste, dass Gott hinter allen stand, die hier ihr Leben wagten und nach Leibeskräften an der Erneuerung der Stadtmauer mitwirkten. Er wusste: Menschlich gesehen hatten sie keine Chance! Aber Gott mit seiner Macht und seinen Möglichkeiten stand hinter ihnen! Darum hatte er diese unentbehrliche Ausdauer, die ihn zum Weitermachen antrieb.

In der Nachfolge Jesu gibt es Zeiten der Entmutigung. Keiner, der Jesus liebhat, bleibt davon verschont! Es kommen Zeiten, wo alles aussichtslos und sinnlos erscheint. Die eigenen Gefühle sagen in diesen Phasen: Gib auf! Hat doch alles keinen Sinn! Zieh dich zurück und versuch halt, dein Leben zu genießen! Es ist nicht zu schaffen! – Wenn man solchen Gefühlen und Gedanken nachgibt, dann gibt man auf! Sehr bald sogar! Und das ist falsch!

Wer sich für Gottes Ziele und für Gottes Projekte einsetzt, wer dort arbeitet, wo auch Gott am Arbeiten ist, der kann nicht verlieren, egal wie hoffnungslos die Lage aussehen mag! Darum ist Ausdauer gefragt! Unentbehrliche Ausdauer! Ein Arbeiter mit Ausdauer sagt: „Trotz allem mache ich weiter! Trotz allem gebe ich nicht auf! Trotz allem bleibe ich dran! Denn ich tue Gottes Arbeit! Ich bin Gottes Mitarbeiter!"

Die Ausdauer gehört zur Nachfolge Jesu unbedingt dazu! Wer in der Nachfolge Jesu durch Zeiten geht, in denen alles sinn- und hoffnungslos erscheint und er gefühlsmäßig schlecht drauf ist, braucht dringend Ausdauer! Sie ist unentbehrlich! Er wird aber auch erleben, wie Jesus seine Ausdauer segnet. Er wird erleben, wie Gott ihn gerade in der Ausdauer geistlich wachsen lassen wird. Er wird erleben, dass sich Ausdauer lohnt und dass anschließend vieles leichter wird. Ein unbekannter Autor hat einmal die folgenden Zeilen geschrieben, die am Ende dieses Kapitels stehen sollen. „Wenn alles schief geht, wie so manches Mal ... Wenn der Weg, auf dem du trottest, scheinbar nur aufwärts führt ... Wenn das Geld ausgeht und die Schulden steigen, wenn du lächeln möchtest und nur ein Seufzer kommt ... Wenn Kummer dich bedrückt, dann raste, wenn du willst, doch gib nicht auf! Das Leben ist schon wunderlich mit seinen Windungen und Kurven, wie jeder von uns zu Zeiten lernt, und häufiges Versagen - stellen wir später fest – wäre nicht passiert, wenn wir nur dran geblieben wären. Gib nicht auf, auch wenn das Tempo langsam scheint. Erfolg mag dich schon krönen beim nächsten Atemzug. Das Ziel ist oft näher als es den Müden, Zweifelnden erscheint. Oft gab der Kämpfer auf, wenn er fast den Siegespokal gewonnen hätte. Zu spät erfuhr er, als die Nacht sich senkte, wie nahe er der goldenen Krone war. Und wie der Zweifelwolken Silberschein weißt du nie genau, wie nahe dran du bist. Obwohl so nah, scheint es dir fern, drum kämpfe weiter, wenn du am schwersten getroffen bist. Gerade dann, wenn es schlimmer nicht geht, gib nicht auf."[26]

---

26 „Originaltitel: „Don´t Quit" – Verfasser unbekannt. / http:// www.inspirational-quotes-and-poems.net/perseverance-poems. html (Übersetzung durch den Autor).

6.

DIE FURCHT BEZWINGEN

Nehemia 4,1-9

Sie hatte gerade mit ihren Kindern Jonathan und Joshua die krankengymnastische Praxis in San Francisco in den USA verlassen und ging mit ihnen zum Auto, als die Physiotherapeutin ihr nachrief, sie solle doch noch einmal zurückkommen, ihr Mann sei am Telefon.

„Joshua", sagte sie zu ihrem 11-jährigen Sohn, „könntest du bitte Jonathan im Auto in den Kindersitz setzen. Ich bin gleich wieder bei euch!" – „Natürlich, Mom!", sagte Joshua. Barbara ging in die Praxis zurück und nahm den Telefonhörer in die Hand. In diesem Augenblick sah sie voller Entsetzen, dass ihr weißes Auto sich in Bewegung gesetzt hatte und rückwärts die abschüssige Zufahrt zur zweispurigen Hauptstraße hinabrollte. Auf der anderen Seite der Straße befand sich ein drei Meter breiter Sandstreifen, ein schmaler Puffer vor dem 10-Meter-Absturz in das kalte Wasser der San Francisco Bay. Auch die Physiotherapeutin hatte bemerkt, was geschah. Sie schrie auf und rief: „Barbara lauf! Dein Auto rollt den Berg hinunter!"

Als Barbara aus dem Haus stürzte, sah sie, dass der kleine Jonathan bereits im Wagen saß. Der elfjährige Joshua dagegen stemmte sich gegen den schweren Wagen, konnte ihn aber nicht halten und rannte darum rasend schnell rückwärts mit. Als das Auto an Geschwindigkeit gewann, sah es aus, als würde er jeden Augenblick zerquetscht werden. Die Angst, von der Barbara in diesem Augenblick förmlich überwältigt wurde, würde sie nie wieder vergessen. „Joshua, lass es laufen!", schrie sie. „Geh weg von dem Auto!" Aber Joshua hatte Angst um seinen Bruder und wollte ihn in dieser Gefahr nicht allein lassen. Er stemmte sich weiter gegen das rollende Auto. Und wieder schrie seine Mutter: „Joshua, du musst mir gehorchen! Du musst das Auto laufen lassen!" Da endlich sprang der Junge hinter dem fahrenden Auto hervor. Dann war es ganz still. Unheimlich still. Alle hielten den Atem an. Das Auto schien zu zögern, die Hinterräder verschoben sich etwas. Plötzlich bewegte es sich in einem anderen Winkel auf die Ecke der Zufahrt zu, verlor an Schwung und kam schließlich an einer alten Kiefer quietschend zum Stehen.[27]

Ein Moment großer Angst für eine Mutter in schier auswegloser Lage. Man schaudert. Nein, in eine solche Situation möchte man lieber nicht geraten!

Auch die vielen Leute, die ums Jahr 443 v. Chr. unter Nehemias Leitung die Mauern und Tore der Stadt Jerusalem wieder aufbauten, mögen so empfunden haben. „In was für eine Situation sind wir bloß geraten!", mögen sie gedacht haben. „Kein Ausweg! Nur Angst. Kalte, nackte Angst. Und Hilfe? Nicht in Sicht!" Ja, die Bauleute von Jerusalem, sie kannten den Würgegriff der Angst. Wie konnte es dazu kommen?

Wenn Menschen anfangen, ihr Leben konsequent auf Gott auszurichten und ihm den ersten Platz in ihrem Leben frei zu räumen, bleibt das nicht lange verborgen. Denn wenn Jesus anfängt, im Leben eines Menschen zu wirken, entsteht Bewegung. Und diese Bewegung bringt immer Veränderung. Gott ist kein Gott des Stillstands. Das ist er nie

---

27   ENTSCHEIDUNG 01/2004, S. 18f.

gewesen. Ziemlich rasch werden andere Menschen dann aufmerksam und fragen: „Was ist im Leben dieses Menschen passiert? Er/sie hat neue Ziele, neuen Schwung und neue Begeisterung, die ihm/ihr aus den Augen blitzen!"

Auch bei den Bauleuten in Jerusalem war das so. Als sie anfingen, ernsthaft mit Gott zu rechnen und ihm zu vertrauen, entstand Bewegung. Diese Bewegung führte dazu, dass die zerstörten Mauern und Tore ihrer Stadt wieder aufgebaut wurden! Und das ging viel schneller, als die Gegner kalkuliert hatten! Die rieben sich die Augen. Wie konnte das passieren?, fragten sie sich und formierten sich zum Angriff auf die Stadt. Das ging leider auch sehr schnell. Im Handumdrehen standen die Bauleute in Jerusalem vor einer kolossalen Bedrohung.

AKUTE BEDROHUNG

Als Sanballat und Tobija, die Araber, die Ammoniter und die Leute von Aschdod erfuhren, dass der Wiederaufbau der Mauern Jerusalems Fortschritte machte, denn die Lücken schlossen sich allmählich, gerieten sie in Wut. Sie verbündeten sich, um bewaffnet gegen Jerusalem zu ziehen und dort Verwirrung zu stiften.

(Nehemia 4,1-2)

Vier verschiedene Gruppen finden zusammen, um die Arbeiten an der Stadtmauer Jerusalems zum Stillstand zu bringen. Im Norden sind das Sanballat und seine samaritischen Truppen. Im Osten stehen Tobija und die ammonitischen Verbände bereit. Im Süden lauern Geschem und seine arabischen Reiterscharen. Und die Stadt Aschdod mit ihren Streitkräften schließt den Kessel um Jerusalem im Westen. Aschdod war zu diesem Zeitpunkt wahrscheinlich die wichtigste Stadt im Westen des Landes überhaupt. Sie wurde von den Nachkommen der Philister bewohnt, die schon von jeher absolut kein Interesse am Wiedererstarken der Stadt Jerusalem hatten. Bis heute wiederholt sich dieser Vorgang immer wieder. Seit Gründung des modernen Staates Israel im Jahr 1948 haben sich immer wieder die verschiedensten Nationen im Nahen Osten zusammengefunden, um die Bevölkerung dieses kleinen Landes zu terrorisieren, einzuschüchtern und wenn möglich zu vertreiben. Der frühere iranische Präsident Mahmud Ahmadinedschad, um nur ein Beispiel zu nennen, forderte in seinen Reden seine Zuhörer immer wieder auf, von Herzen „Tod dem Land Israel!"[28] zu rufen. Er leugnete den Holocaust, bezeichnete Israel als „Krebsgeschwür", das von der Landkarte getilgt werden müsse, und zitierte damit Worte des Ayatollah Chomeini, dem Staatsgründer des islamischen Republik Iran, der sich ganz genauso geäußert hatte.

Woher kommt dieser Hass? Er entsteht sicher nicht allein wegen gegensätzlicher politischer, wirtschaftlicher oder militärischer Interessen, die es natürlich auch gibt. Im Letzten und Tiefsten ist es ein religiöser Konflikt, der verantwortlich ist für diesen Hass. Dieser entzündet sich daran, dass das jüdische Volk Gottes erwähltes Volk ist, Gottes erste Liebe gewissermaßen. Gott erwählte das kleine Volk Israel. Wozu? Als sein Werkzeug, damit die Welt den wahren und einzigen Gott, die Heilige Schrift und den Retter Jesus Christus erkennen sollte. Jesus selbst hat das einmal in dem Satz zusammengefasst: *Das Heil kommt von den Juden!* (Joh 4,22). Bis heute nun finden viele Menschen diese Tatsache völlig unannehmbar! Und darum ist das jüdische Volk bis heute ein bedrohtes und manchmal auch

---

28 FOCUS online 27.10.2005 / http://www.focus.de/politik/ausland/israel-ausradieren_aid_100801.html.

ein gehasstes Volk, das immer wieder mit Waffengewalt terrorisiert und dessen bloßes Existenzrecht bestritten wird. Doch zurück zu Nehemia und den Bauleuten in Jerusalem. Ihnen entgeht nicht, dass ein Ring von Feinden sich um sie geschlossen hat. Sie sind eingekreist. Die völlig natürliche Folge dieser Tatsache ist Angst. Angst, die den Leuten in Jerusalem die Luft abschnürt! Das Wort „Angst" ist mit dem lateinischen Wort „angustus" bzw. „angustia" verwandt, und das bedeutet eigentlich „Enge", „Bedrängnis", „Beengung". „Angst" hat also mit „Enge" zu tun. Angst beschreibt die natürliche menschliche Reaktion, wenn man in die „Enge" getrieben und bedrängt wird.

Angst ist also kein Makel, der nur den ängstlichen Typen anhaftet, sie betrifft alle Menschen. Sie ist so vielfältig, wie das Leben selbst. Kinder, deren Eltern sich scheiden ließen, leiden oft an Verlustängsten. Geschiedene wagen es oft nicht mehr, sich noch einmal fest zu binden, weil sie Angst haben, wieder verlassen zu werden. Ein Mensch, den man entführt und in einem viel zu kleinen Raum gefangen gehalten hat, leidet seither an Platzangst. Prüfungsangst blockiert häufig die Fähigkeit, erlerntes Wissen abzurufen. Es gibt Realängste, die sich auf eine klar erkennbare Situation beziehen. Es gibt aber auch unbestimmte Ängste, die das Lebensgefühl insgesamt dämpfen und ganz unterschiedliche Ursachen haben können.

Angst lässt sich nicht über den Willen steuern. Sie ist eine Stressreaktion des Körpers. Sie überfällt einen einfach! Der Mund wird trocken. Der Puls jagt hoch. Im Körper wird durch die Ausschüttung bestimmter Hormone Adrenalin gebildet und gelangt ins Blut. Wenn es ganz schlimm kommt, lassen sich sogar Blase und Darm nicht mehr kontrollieren. Angst kann auch krankhafte Züge annehmen. Dann ist die Hilfe von Ärzten, Psychologen und Seelsorgern wertvoll. Angst ist aber grundsätzlich etwas Natürliches. Sie ist eine Art Überlebensstrategie. Sie bewirkt, dass man etwas

Gefährliches lieber nicht tut, also zum Beispiel eine gefährliche Straße lieber nicht überquert. Was aber ist, wenn die Angst einem signalisiert: „Du befindest dich in einer ausweglosen Lage!" Was dann? Was tut man dann? Wie gingen die Bauleute in Jerusalem damit um?

TIEFE ENTMUTIGUNG

Wir aber flehten zu unserem Gott und stellten Tag und Nacht Wachen gegen sie auf. Doch dann sagten die Juden: „Die Kraft der Träger reicht nicht mehr, der Schutt ist viel zu viel! Wir schaffen es nicht mehr, an der Mauer zu bauen!" Unsere Feinde aber sagten sich: „Sie sollen nichts merken und nichts von uns sehen, bis wir mitten unter ihnen sind. Dann schlagen wir sie tot und machen diesem Unternehmen ein Ende." Und die Juden, die in ihrer Nähe wohnten, sagten uns vielleicht zehnmal: „Wohin ihr euch auch dreht, überall sind sie gegen uns."

(Nehemia 4,3-5)

In einem kleinen, kurzen Satz fasst Nehemia die einzig richtige Reaktion auf die Angst zusammen: *Wir aber flehten zu unserem Gott und stellten Tag und Nacht Wachen gegen sie* (nämlich die Feinde) *auf.* Wenn die Angst kommt, muss zuerst überlegt werden, was jetzt sofort und ganz praktisch gegen die Bedrohung getan werden kann, die uns jagt. Dann müssen wir dem Gefühl der Lähmung widerstehen, das meistens im Gefolge der Angst nach uns greift. Wir müssen dann sehr bewusst den inneren Blick auf den Vater im Himmel richten, der uns sieht.

Damals wurde dieses grundlegende geistliche Prinzip ganz offensichtlich schon bald sträflich vernachlässigt. Totale Entmutigung greift um sich: *Die Kraft der Träger reicht nicht mehr!*, sagen einige. *Der Schutt ist* auch *viel zu viel!*, fügen andere hinzu. *Wir schaffen es nicht mehr, an der Mauer zu bauen!*, melden sich weitere zu Wort. Und dann stimmen auch noch die Pendler, die in der Nähe Jerusalems wohnen, in diesen Chor der Entmutigung ein und wiederholen gebetsmühlenartig: *Wohin ihr euch auch dreht, überall sind sie gegen uns.*

Angst steckt an, ebenso Entmutigung. Beide zusammen üben eine lähmende Wirkung auf uns aus. Genau darum gebraucht der Teufel exakt diese beiden Werkzeuge sehr gern, um Christen auszumanövrieren und in der Nachfolge Jesu kalt zu stellen. Weil das so ist, ist es unerlässlich, diesem unerfreulichen Gespann (der Furcht und der Entmutigung) ein bisschen auf den Pelz zu rücken und seine Taktik durchsichtig zu machen.

Angst und Entmutigung werden einem im Laufe des Lebens immer und immer wieder begegnen. Trotz zunehmender Lebenserfahrung, trotz vieler Erfahrungen im Glauben bleiben Christen doch angreifbar. Das hängt damit zusammen, dass sie verletzliche Menschen sind. Sie haben eben nicht alles im Griff. Das Leben hält zahlreiche Unsicherheitsfaktoren für sie bereit. Immer wieder. Das Gefühl des Ausgeliefert-Seins, des In-die-Enge-getrieben-Seins ist (leider) normaler Bestandteil des Lebens in der Nachfolge Jesu. Der Glaube an Jesus schirmt einen nicht grundsätzlich vor Furcht und Entmutigung ab. Zu allen Zeiten haben Menschen, die mit Gott lebten, zeitweise mit Angst zu kämpfen gehabt. Solche Superhelden, die den Dingen stets und ständig heroisch gegenüberstehen, gibt es in der Bibel nicht. Wir tun uns darum keinen Gefallen, wenn wir Angst und Entmutigung verdrängen und nicht zu ihnen stehen.

Jetzt rückt die Wirkung dieser beiden unangenehmen Gäste in den Fokus. Angst und Entmutigung haben vor allem *eine* Wirkung. Sie fixieren den Blick auf begrenzte menschliche Möglichkeiten. Sie provozieren einen Tunnelblick und bringen Menschen dazu, nur noch auf sich selbst zu blicken. Sie konzentrieren sich auf ihre Möglichkeiten und wissen: Die helfen mir nicht. Die reichen nicht. Die reichen hinten und vorne nicht. Dann verstärken sich die Angst und der Tunnelblick. Dann schauen sie noch mehr und noch ausschließlicher auf ihre begrenzten Möglichkeiten und kommen zu dem Schluss, dass alles ausweglos ist. Die Angst wird immer stärker und sie geraten in eine Spirale, die sich immer weiter nach unten dreht, wenn nichts dagegen unternommen wird.

Auch bei den Bauleuten in Jerusalem war es so. Sie sahen auf sich und ihre Möglichkeiten. Sie hatten einen Tunnelblick. Sie waren auf sich selbst fixiert; die Spirale der Angst zog sie immer weiter nach unten. Sehr menschlich ist das, aber leider auch sehr schädlich.

Eine junge Frau berichtet: „Angst regierte mein Leben. Eigentlich waren wir eine glückliche Familie, obwohl unser Leben nicht immer einfach war. Mein Mann verlor mehrmals seine Anstellung, und in unserem 300 Jahre alten Haus schien die Arbeit nie aufzuhören. Manchmal kam ich mir sehr nutzlos vor, deshalb arbeitete ich in der Schule und bei der Gemeinde mit, denn schließlich war ich erst knapp über 30 Jahre alt. Die Menschen um mich herum erkannten auch sehr schnell, dass ich anscheinend immer Zeit hatte, und so wurde ich mit vielen Aufgaben bedacht. Doch die Arbeiten, die ich noch vor Monaten mit Freude erledigt hatte, fielen mir immer schwerer. Mir war dauernd schwindlig, ich hatte Kopf- und Herzschmerzen. Mein Puls lag den ganzen Tag bei um die 90, ich fühlte mich aufgewühlt und erschöpft. Manchmal fing ich einfach an zu zittern, bekam Atemnot und mein Herz begann zu rasen. Ich hatte Todesangst. Ich wurde von einem Arzt zum anderen überwiesen. Keiner konnte mir helfen. Aber die Symptome wurden schlimmer. Ich konnte nur mit Mühe einkaufen, meine Kinder versorgen, Wäsche waschen und so weiter. Nachts lag ich schlaflos im Bett, und wenn die Müdigkeit mich übermannte, hatte ich Alpträume. In meinem Kopf spukten Gedanken, die ich nie denken wollte. Ich war mir sicher: Jesus kann mich nicht mehr lieben. Verzweifelt suchte ich Hilfe: im Internet, bei einer Seelsorgerin, einfach überall.

Eine Bekannte gab mir ein Buch, in dem ein Mann seine Panikattacken beschrieb. Da fiel es mir wie Schuppen von den Augen: Das war es! Das waren die Anfälle von Zittern, Herzrasen und Todesangst. Ich forschte nun weiter auf dem Gebiet und stieß auf ein weiteres Buch über Panikattacken. Es gab also Menschen, die das Gleiche erlebten wie ich. Ich war nicht mehr allein auf der Welt mit meinen Symptomen. Angst hieß die Krankheit, die ich hatte."[29]

Angst und Entmutigung können das Leben von Menschen einspinnen wie bei einem Kokon. Sie sehen dann nur noch auf ihre begrenzten Möglichkeiten. Sie kriegen einen Tunnelblick. Sie drehen sich in einer Spirale der Angst immer weiter nach unten. Ihr Leben wird beherrscht und gelähmt von Angst und Entmutigung.

Gott sei Dank muss das nicht so laufen. Nehemia hat sich der Angst seiner Leute entgegengestellt.

ENTSCHLOSSENES HANDELN

Da stellte ich alle wehrfähigen Männer an den offenen Stellen, wo die Mauer niedriger war als der Platz dahinter, nach Sippen geordnet und mit Schwertern, Speeren und Bogen bewaffnet auf. Nachdem ich mir alles angesehen hatte, sagte ich zu den führenden Männern, den Vorstehern und dem übrigen Volk: „Habt keine Angst vor ihnen! Denkt vielmehr daran, wie groß und mächtig der Herr ist! Und kämpft für eure Brüder, eure Söhne und Töchter, eure Frauen und euren Besitz!" Als unsere Feinde hörten, dass wir gewarnt waren

---

29   ENTSCHEIDUNG 01/2009, S. 9.

und Gott ihren Plan vereitelt hatte, konnten wir alle zu unseren Arbeitsplätzen an der Mauer zurückkehren.

(Nehemia 4,7-9)

Die lähmende Wirkung von Angst und Entmutigung ist tückisch. Sie lässt Menschen in eine Art Starre fallen. Eine Prüfung, eine ernste Diagnose, ein Unfall mit herben Folgen oder ganz einfach Neues türmen sich vor ihnen auf wie ein unüberwindlicher Berg. Plötzlich werden ihre Stimmung, ihr Lebensgefühl, ihre Beziehungen und alles andere davon geprägt. Sie sitzen nur noch da und grübeln und tun – nichts. Und das ist falsch!

Gott hat uns Menschen einen Verstand gegeben, um Herausforderungen und Gefahren angemessen zu begegnen. Wer Angst vor einer bestimmten Krankheit hat, kann vorbeugende Maßnahmen ergreifen. Wer Angst vor der Überforderung im Beruf hat, kann sich weiterbilden oder geplant einen Wechsel seines Arbeitsplatzes in die Wege leiten. Wer Angst hat, dass seine Ehe Schiffbruch erleidet, kann sich überlegen, was er tun könnte, um sie zu verbessern.

Wenn also die Angst und Entmutigung kommen, dann bringt es überhaupt nichts, sich der Lähmung hinzugeben, die einen überwältigen will. Man muss stattdessen überlegen, welche praktischen Schritte jetzt dran sind, um der Bedrohung zu begegnen, die einem Angst einjagt. Manchmal wird es vielleicht auch nötig sein, einen anderen Menschen zu bitten, beim Überlegen zu helfen, wenn man es alleine nicht schafft.

Auch Nehemia hat das so gemacht. Er ließ sich nicht von der Angst seiner Leute anstecken. Er überlegte, wie er der Rundum-Bedrohung praktisch begegnen könnte. Dann sammelte er alle wehrfähigen Männer und stellte sie mit den verfügbaren Waffen an die Stellen der Mauer, die besonders gefährdet waren. Vielleicht war die Truppe der Kämpfer, die Nehemia zur Verfügung hatte, ziemlich klein im Vergleich zu den Massen an Kämpfern, die aus allen vier Himmelsrichtungen gegen sie verrückten. Mag sein! Aber Nehemia tat einfach das, was er in diesem Augenblick tun konnte. Mehr konnte er nicht machen. Er ließ sich aber nicht lähmen von Angst und Entmutigung.

Immer wenn Angst und Entmutigung kommen, ist es gut, an Nehemias Beispiel zu denken! Man sollte auf keinen Fall zu sich selber sagen: „Ach, ich bin ganz arm dran! Ich kann ja gar nichts machen!" Das ist eine Ausrede. Besser ist es zu überlegen, was man ganz praktisch tun könnte, um der Bedrohung zu begegnen, und es dann auch zu tun, selbst wenn es vielleicht nicht viel ist und man sich nicht besonders gut dabei fühlt. Es ist gut, diejenigen praktischen Schritte zu tun, die man jetzt tun kann, egal wie man sich dabei fühlt. So lässt man die lähmende Wirkung der Angst hinter sich.

Wenn das getan ist, nimmt man sich Zeit und bringt seine Not vor Gott. Nehemia hat das auch getan. *Habt keine Angst!*, sagte Nehemia seinen Leuten. *Denkt vielmehr daran, wie groß und mächtig der Herr ist! Und kämpft für eure Brüder, eure Söhne und Töchter, eure Frauen und euren Besitz!*

Wenn man in Angst und Entmutigung gerät, ist es unerlässlich, dass man von dem wegsieht, was einen ängstigt, und den Blick stattdessen darauf richtet, *wie groß und mächtig der Herr ist.* Wer seine Not vor Gott bringt, sollte dabei innerlich auf ihn sehen und nicht auf die Schwierigkeiten. Genau an dieser Stelle geht oft etwas schief.

„Ich hab ja meine Not vor Gott gebracht!", sagen manche. „Aber hinterher ging es mir noch viel, viel schlechter als vorher. Die Angst ist stärker geworden und die Entmutigung auch." Tja, wie ist das zu erklären? Ganz einfach, man kann seine Not vor Jesus bringen und dabei die ganze Zeit in der eigenen Not förmlich herumwühlen und sie in allen Einzelheiten aufrühren und darstellen. Anschließend wird es einem bedeutend schlechter gehen, denn man hat eben nicht *daran gedacht, wie groß und mächtig der Herr ist.* Man hat eben nicht den Blick auf den Allmächtigen gerichtet, der immer einen Weg aus der Not heraus kennt. Man hat stattdessen den Blick auf das eigene Elend gerichtet und ist darin versunken.

Wenn man in der Nachfolge Jesu in Bedrängnis kommt und Angst und Entmutigung einem zusetzen, dann sollte man während des Gebets bloß nicht in der dunklen Brühe der eigenen Not herumwühlen, bis man selbst ganz dunkel und düster geworden ist. Wichtig ist, Gebet mit Dank zu beginnen. Man kann sinngemäß sagen: „Vater im Himmel, ich danke dir, dass du da bist. Ich danke dir, dass mein unüberwindlich scheinendes Problem für dich keine besondere Herausforderung darstellt. Ich danke dir, dass du immer einen Weg für mich hast! Ich danke dir, dass das tatsächlich so ist und auch für mich wirklich gilt." So richtet man den Blick darauf, *wie groß und mächtig der Herr ist.* Dann erst schildert man Gott sein Problem. Klar und eindeutig. Kurz und bündig. Und dann dankt man ihm wieder, dass er sich jetzt dieser Sache annehmen wird, die einen so quält. Man beginnt das Gebet mit Dank und man beschließt es mit Dank. So hält man den Blick darauf gerichtet, *wie groß und mächtig der Herr ist.* Gott wird zu seiner Zeit und in seiner Weise handeln. So kann die Angst bezwungen werden.

In einem Artikel führt jemand Folgendes dazu aus: „Gebet ist mehr als eine Methode, die wir der Angst entgegensetzen. Es ist Ausdruck einer Lebenshaltung. Ich rechne mit Gott und erwarte, dass er erfahrbar eingreift. Einmal bin ich selbst an meine Grenzen gestoßen: Unbezähmbare Panik erfasste mich, als sich in einem vollbesetzten Lift die Türen schlossen, das Licht erlosch und nichts mehr ging. Ich zwang mich zu einem überlegten Handeln, merkte aber, dass ich auf der Grenze zu einem Ausraster balancierte. Für mehr als einen stummen Hilfeschrei zu Gott reichte es nicht. Aber das genügte. Als wir kurz darauf ins Freie traten, hatte ich einen inneren Kampf gewonnen. Die Angst hatte mir mächtig zugesetzt, aber sie hatte mich nicht überwältigen können."[30]

Das gleiche Muster finden wir bei Nehemia. Die Angst und die Entmutigung setzten den Leuten zunächst mal mächtig zu. Aber sie ließen sich nicht von ihnen überwältigen. Gott handelte auch damals. Er vereitelte die Pläne der Feinde von Jerusalem. Genauer gesagt, er entmutigte *sie*. Als die Gegner nämlich erkannten, dass die Bauleute in Jerusalem kampfbereit waren und eben nicht wehrlos, verließ sie der Mut. Gott benutzte die praktischen Maßnahmen, die Nehemia eingeleitet hatte, und versetzte die Feinde Nehemias in Angst und Schrecken (Nehemia 6,16).

Als unsere Feinde hörten, dass wir gewarnt waren und Gott ihren Plan vereitelt hatte, konnten wir alle zu unseren Arbeitsplätzen an der Mauer zurückkehren.

(Nehemia 4,9)

Die Bedrohung erschien den Leuten Nehemias zunächst unüberwindlich. Sie fühlte sich auch so an. Aber sie war nicht unüberwindlich! Durch konkrete, praktische Schritte und durch Gebet, das ihren Blick auf den allmächtigen Gott gerichtet hielt, wurde die Angst überwunden und die Bedrohung am Ende auch.

Gott hat sich nicht verändert seit den Tagen Nehemias! Keine Spur! Er begleitet seine Kinder durch die dunklen Wegstrecken ihres Lebens. Er lässt sie eben gerade nicht im Stich! Gott kennt immer einen Ausweg!

---

30   ENTSCHEIDUNG 05/2010, S. 13.

7.

DER HERAUSFORDERUNG STANDHALTEN (1)

Nehemia 4,10-12

Er liebt die großen Herausforderungen: Andreas Fath, Chemieprofessor aus Furtwangen in Baden-Württemberg. Drei Länder hat er durchquert, 1280 Kilometer zurückgelegt und das in nur 28 Tagen – schwimmend. Am 28. Juli 2014 stieg er in den eiskalten Toma See im schweizerischen Graubünden. Danach schwamm er den gesamten Rhein in Etappen bis zur Mündung in die Nordsee beim niederländischen Hoek van Holland.

Der Schwimm-Marathon war alles andere als einfach. Eigentlich hatte Fath gedacht, dass nach der Hälfte der Strecke alles leichter werden würde. Aber das erwies sich als falsch. Stattdessen kamen Regen, Hagel, Kälte und starke Strömungen, die ihm sehr zu schaffen machten. Oft gelangte er an seine körperlichen Grenzen. Hinzu kam auch noch ein Magen-Darm-Virus. „Das war schrecklich", erinnert er sich.

Aber dann tauchten immer wieder Menschen am Flussufer auf, jubelten ihm zu und feuerten ihn an. Einmal winkte sogar eine ältere Frau am Flussufer, forderte ihn auf,

Pause zu machen und herauszukommen. Sie brachte ihm eine Riesentasse heißen, starken, süßen Kaffee, der ihm unsagbar gut tat. Ende August 2014 erreichte der Rheinschwimmer dann endlich sein Ziel. „Ich bin erleichtert und sehr, sehr glücklich", sagte der 49-Jährige.[31] Vor Herausforderungen steht jeder Mensch an jedem Tag seines Lebens. Manche sind klein, manche groß. Aber sie alle wollen bewältigt sein. Und das ist manchmal alles andere als leicht.

Auch die Einwohner der Stadt Jerusalem standen ums Jahr 443 v. Chr. vor einer handfesten Herausforderung. Unter der Leitung von Nehemia Ben Halachalja, Israelit und ehemals Mundschenk und politischer Berater des persischen Königs (Artaxerxes) hatten sie sich an die gigantische Aufgabe gewagt, die Stadtmauern und Tore der zerstörten Stadt Jerusalem wieder zu errichten. Von Anfang an stießen sie dabei auf Widerstand, der ihnen das Leben schwer machte. Richtig gefährlich aber wurde es, als die Mauern der Stadt die halbe Höhe erreichten. Jetzt wurden die Gegner richtig nervös und planten einen militärischen Großangriff aus allen vier Himmelrichtungen. In dieser Lage waren die Bauleute Jerusalems gezwungen, ihre Stadt mit Waffengewalt zu verteidigen. Eine sehr kritische Situation!

Tatsächlich war es damals so, dass die Bewohner der Stadt Jerusalem ums Überleben kämpfen mussten. Trotzdem bekamen sie noch das beachtliche Kunststück fertig, die anstehenden Bauarbeiten weiterzuführen.

Christen heute müssen keine Stadt verteidigen. Sie sind auch ganz generell nicht dazu berufen, zu irgendwelchen Waffen zu greifen. Jesus hat das sehr eindeutig formuliert:

---

31 http://www.zeit.de/news/2014-08/24/umwelt-rheinschwimmer-andreas-fath-am-ziel-angekommen-24130602.
http://www.swp.de/ulm/nachrichten/vermischtes/Rheinschwimmer-am-Ziel-Nordsee erreicht;art4304,2762088.

Ich sende euch wie Schafe mitten unter die Wölfe (Lk 10,3), hat er einmal gesagt. Die Situation heute ist also eine ganz andere als die der Bauleute damals in Jerusalem. In der Nachfolge Jesu heute spielen Waffen aus Stahl keine Rolle. Da stellt sich die Frage: Was hat denn dieser biblische Bericht denjenigen zu sagen, die heute in der Nachfolge Jesu leben? Sehr viel! Denn vor Herausforderungen stehen wir alle – jeden Tag. Die sehen natürlich etwas anders aus als die Herausforderungen, vor denen die Bauleute in Jerusalem damals standen. Aber echte Herausforderungen sind es auch. – Die Bibel, Gottes Wort, stellt zur Bewältigung dieser Herausforderungen eine ganz wunderbare Ausrüstung zur Verfügung. Die Bibel nennt sie die „Waffenrüstung Gottes". Diese „Waffenrüstung" besteht aus fünf verschiedenen Teilen. Es ist keine gewöhnliche Waffenrüstung, sondern eine geistliche Waffenrüstung, die nicht mit Gewalt verbunden ist und trotzdem hochwirksam ist. Drei Teile dieser Ausrüstung sind Thema dieses Kapitels. Es handelt sich um einen sehr praktischen „Gürtel", ein besonderes Paar „Schuhe" und eine Art von schusssicherer „Weste". Alle drei Ausrüstungsgegenstände werden im sechsten Kapitel des Epheserbriefes genannt.

DER GÜRTEL DER WAHRHEIT

Greift darum zu den Waffen Gottes, damit ihr standhalten könnt, wenn der böse Tag kommt, und dann, wenn ihr alles erledigt habt, noch steht!

(Epheser 6,13)

... wenn der böse Tag kommt ... – Wer kennt sie nicht, die *bösen Tage* im Leben? Tage, wo irgendwie alles schiefläuft und sich scheinbar alles gegen einen verschworen hat ... Tage,

die man am liebsten ganz schnell abhaken und vergessen würde. Ich vermute, solche Tage sind vielen wohlbekannt. Manchmal liegt schon morgens ein Schatten auf solchen Tagen, ein Schatten, den man irgendwie nicht abschütteln kann. Vielleicht gerät man mit einem Menschen aneinander, den man eigentlich ganz gern mag. Böse, verletzende Worte fliegen hin und her, und das Gespräch bricht ab. Belastet geht man in den Tag. Dann kreuzen vielleicht Menschen unseren Weg, die uns ganz einfach keine Beachtung schenken oder die uns auslachen oder beleidigen. Dann klappt irgendetwas nicht, was man sonst mit links erledigt hat, und man fühlt sich wie ein Versager. Dann kommt man nach Hause – zerschlagen und zerknautscht – und niemand ist da, mit dem man seinen Frust teilen könnte. Man fühlt sich sehr einsam.

Das sind die kleinen Herausforderungen. Aber es gibt auch größere. Der Chef im Betrieb schnauzt einen an und verteilt Demütigungen. Oder man wird gewahr, dass man seinen Ehepartner nicht mehr liebt, und ist ratlos. Oder eines der Kinder lässt sich scheiden, und es gibt nichts, was man dagegen tun könnte. Oder man verliert seine Arbeit und findet partout keine neue. Oder eine Aufgabe liegt vor einem wie ein Berg und man weiß nicht, wie man sie bewältigen soll. Man wird gejagt von Angst.

Das sind die größeren Herausforderungen. Aber es gibt auch ganz große. Man wird plötzlich krank und die Lebenszeit scheint sich ihrem Ende zuzuneigen. Oder man steht am Grab eines Menschen, den man sehr geliebt hat, und ist tief erschüttert und hoffnungslos verzweifelt. Oder die eigenen Gefühle spielen plötzlich verrückt. Man kommt nicht mehr klar, sucht Hilfe in der Psychiatrie, weiß aber nicht, wie alles enden wird. Oder man muss sich einer Operation unterziehen, wieder und wieder, und nichts wird besser. Man verbringt Monate im Krankenhaus, das Leben gerät völlig aus den Fugen, alles erscheint einem komplett sinnlos. Das sind die ganz großen Herausforderungen im Leben.

Das sind die Zeiten, „wenn die bösen Tage kommen". Man muss ihnen standhalten. Fragt sich nur, wie.

Die Bibel fordert uns auf: „Nutze doch bitte die Ausrüstung Gottes!" Mit dieser Ausrüstung lassen sich alle Herausforderungen des Lebens bewältigen: die kleinen, die größeren und die ganz großen. Gott stellt seinen Kindern diese Ausrüstung zur Verfügung. Sie bewährt sich in allen, wirklich allen Lebenslagen!

Allerdings ist eines merkwürdig. Die Ausrüstung Gottes wird von den Christen nur selten genutzt. Ja, die bekannten Marken für die Outdoor-Ausrüstung, die kennen viele: The Canada Goose, Fjällräven, The North Face, Mountain Equipment, Tatonka, Sherpa Adventure Gear, 66 North und natürlich Jack Wolfskin. Dafür wird viel Geld ausgegeben. Aber die Überlebens-Ausrüstung Gottes für die *bösen Tage*, die kennen nur wenige. Und die, die sie kennen, nutzen sie oft nicht, sondern lassen sie ungenutzt zwischen den Seiten ihrer Bibel verstauben. Warum? Weil sie glauben, dass Gottes Ausrüstung für die *bösen Tage* nichts taugt und nutzlos ist. Wie schade! Denn das ist ein großer Irrtum. Mit Gottes Ausrüstung für die *bösen Tage* im Leben kann man tatsächlich allen Herausforderungen trotzen.

Das fängt gleich mit dem ersten Bestandteil von Gottes Ausrüstung an. Es handelt sich um den Gürtel. Im Epheserbrief, Kapitel 6, Vers 14, wird er beschrieben. Dort heißt es: *Steht also bereit: die Hüften umgürtet mit Wahrheit.*

Römische Legionäre trugen als wichtigstes Kleidungsstück normalerweise eine Tunika. Das war ein rechteckiges Stück Tuch, in das man für Kopf und Arme Löcher geschnitten hatte. Dieses Tuch fiel normalerweise weit und lose über den Körper und war angenehm zu tragen. Aber wenn man rennen wollte, eine schwere körperliche Arbeit zu verrichten hatte oder aber in den Kampf zog, dann störte dieses weite, schlabbrige Kleidungsstück gewaltig! Man muss sich vor Augen führen, dass römische Soldaten vor allem direkte Mann-gegen-Mann-Kämpfe führen mussten.

Wenn sie bestehen wollten, dann mussten sie vor allem eines haben: optimale Bewegungsfreiheit! Genau dazu diente der Gürtel. Vor jeder kriegerischen Auseinandersetzung banden römische Soldaten ihre Tunika hoch. Jedes noch so kleine lose Ende ihrer Kleidung wurde in den Gürtel gesteckt. Erst dann waren sie bereit für ihren Kampf.[32]

Wenn man den kleinen und großen Herausforderungen des Lebens standhalten will, dann braucht man den Gürtel der Wahrheit. Natürlich stellt sich sofort die Frage: Was hat man sich denn unter diesem Gürtel der Wahrheit vorzustellen?

Nun, es gibt nur einen Ort, wo man die Wahrheit über die Menschen, ihr Leben und ihre Zukunft findet: in der Bibel – und zwar von der ersten bis zur letzten Seite. Dort steht schwarz auf weiß die Wahrheit, woher wir Menschen kommen, was wir tun, während wir hier auf der Erde sind, und wohin wir einmal gehen. Die Bibel hat auch eine Mitte, das ist eine Person: Jesus. Der hat einmal von sich selbst gesagt (Joh 14,6): *Ich bin der Weg und die Wahrheit und das Leben. Niemand kommt zum Vater außer durch mich.*

Der Gürtel der Wahrheit, das ist also die Bibel mit Jesus als ihrer Mitte. Wie legt man denn nun diesen Gürtel der Wahrheit um? Wie geschieht das praktisch? Nun, das geschieht so, dass man jeden Morgen, wenn man die Augen aufschlägt, einen Entschluss fasst. Der Entschluss lautet: „Ich will auch heute mein ganzes Leben mit all seinen Bereichen und Ecken und Winkeln der Wahrheit Gottes unterordnen. Und Jesus soll auch heute die Mitte meines Lebens sein." Wenn man diesen Entschluss fasst (jeden Morgen neu!), dann legt man den Gürtel der Wahrheit an. Das heißt, man ordnet sein Leben, sein Reden und sein Verhalten so, dass es der Wahrheit Gottes (Jesus) entspricht.

---

32 John MacArthur, New Testament Commentary Ephesians, Chicago 1986, S. 348f.

Welches sind denn die Stellen im eigenen Leben, wo man der Wahrheit Gottes am häufigsten ausweicht und Kompromisse macht? Manche tragen vielleicht eine Bitterkeit gegen einen Menschen mit sich und können sie nicht loslassen. Andere schleppen alte Schuld mit sich herum, die nie vor Jesus bekannt wurde. Wieder andere sind abhängig von einem Menschen und können sich nicht lösen. Oder sie haben sich einen Menschen gefügig gemacht und das Joch auf ihn gelegt und wollen ihn nicht freigeben. Noch andere haben jemanden belogen, ein Versprechen gebrochen oder ein Geheimnis nicht bewahrt. Welches sind die Stellen im eigenen Leben, wo man der Wahrheit Gottes ausweicht und Kompromisse macht? Wenn man den Gürtel der Wahrheit anlegen will, muss man genau an diese Stellen ran und sie konsequent ändern. Es ist nicht schlimm, wenn man das nicht gleich umfassend schafft. Wichtig ist aber, dass man dranbleibt und Stück für Stück all diese Bereiche des Lebens der Wahrheit Gottes unterordnet. So legt man den Gürtel der Wahrheit an.

Wer das tut, wird sehr schnell merken, dass in ihm Kräfte frei werden. Er wird auch merken, dass er sich viel weniger verzettelt. Er wird spüren, dass sein Leben weniger kompliziert und vor allem von vielen, vielen alten Lasten frei wird. Das ist eine sehr schöne Erfahrung. Wer sich entschließt, sein Leben der Wahrheit Gottes unterzuordnen, braucht natürlich Mut. Aber sein Leben insgesamt wird viel leichter, befreiter und beweglicher! So kann er neuen Herausforderungen viel besser begegnen.

Man ist gut beraten, es genau wie jene Ballonfahrer zu machen, die im August 1978 mit dem Heliumballon Double Eagle II zu einer gewagten Mission aufstiegen. Am 11. August 1978 begannen sie ihre Reise auf den Kartoffelfeldern im US-Bundesstaat Maine. Der Himmel war wolkenlos und klar. Ihr Reiseziel Paris, Frankreich, war weit entfernt. Sechs Tage war die Crew unterwegs, bevor sie das europäische Festland erreichte. Ein Besatzungmitglied notierte

damals in das Logbuch: „Im Laufe der Reise haben wir eine ganze Menge an Ballast abgeworfen, um den Ballon in der richtigen Höhe zu halten. Aber nun, wo wir das europäische Festland erreichen, sind alle Ballastsäcke verbraucht. Und immer noch sind wir zu schwer. Nun werfen wir Dinge ab, die gut und teuer sind, die uns aber am Erreichen unseres Zieles hindern: Kassettenrecorder, Radios, Schlafsäcke, Filmkassetten, Stühle, fast das gesamte Wasser und sogar unser Kühlschrank. Alles wird jetzt über Bord geworfen."[33]
Wer den Gürtel der Wahrheit anlegt, wird frei von altem, nutzlosem Ballast. Nur so wird er frei, neue Herausforderungen zu bewältigen.

DER PANZER DER GERECHTIGKEIT

Steht also bereit: die Hüften umgürtet mit Wahrheit; den Brustpanzer der Gerechtigkeit angelegt.

(Epheser 6,14)

Für „Panzer" steht im Griechischen Text des Neuen Testaments das Wort *thoraka*. Davon kommt im Deutschen das Wort „Thorax" – Brustkorb. Und in der Tat war der *thoraka* des römischen Legionärs nicht irgendein Panzer, sondern ein spezieller, der die Brust und die inneren Organe, also Lunge, Herz, Leber, Magen usw. schützte. Er bestand entweder aus Leder oder aus schwerem Leinenstoff, der mit Metallschienen oder den Hufen von Tieren besetzt war. Manchmal war der Brustpanzer auch ganz aus Metall gefertigt und bestand dann aus gehämmertem Eisen.[34] Heute

---

33 Michael Green (Hrsg.), Illustrations for Biblical Preaching, Grand Rapids, Michigan,1990, S. 70 (Übersetzung durch den Autor).
34 John MacArthur, New Testament Commentary Ephesians, Chicago 1986, S. 351.

kommt der Brustpanzer in der normalen Lebenswelt nicht mehr vor. Es gibt ihn nur noch als Bestandteil der großen Ritter-, Römer- und Piratenkiste. Aber die kugelsichere Weste, die kennen viele! Darum kann man für den *Brustpanzer* auch ganz gut „Schutzweste" sagen. Die ist dem heutigen Leser schon eher vertraut.

Als der Apostel Paulus den Epheserbrief schrieb, galt das Herz ganz allgemein als Sitz des Willens, und die inneren Organe des Menschen als Sitz des Gefühls. Heute drückt man das noch ganz ähnlich aus. Man spricht vom sogenannten „Bauchgefühl". Das drückt treffend aus, was es mit dem Brustpanzer bzw. mit der Schutzweste der Gerechtigkeit auf sich hat: Sie schützt den Bereich des Willens und vor allem auch den Bereich der Gefühle, also der Emotionen.

Was aber ist mit dem sperrigen Begriff „Gerechtigkeit" gemeint, auch das müssen wir begreifen, sonst wird das nichts mit dem Anziehen dieses Teils der Ausrüstung Gottes für *böse Tage*.

Normalerweise versteht die Bibel unter „Gerechtigkeit", dass Gott uns Menschen durch eine Art Filter betrachtet. Dieser Filter filtert alles Böse, Hässliche, Schuldhafte weg, das einem anhängt. Gott sieht seine Kinder also durch diesen Filter an. Und was sieht er? Er sieht Reinheit, Schönheit, Hingabe, Liebe. Sonst nichts. Alles andere ist weggefiltert. Der Filter, das ist Jesus Christus.

Ein Vater wollte einmal seinen kleinen Sohn testen, ob der im Kindergottesdienst auch ordentlich aufgepasst hatte, und er fragte ihn: „Sag mal, gibt es eigentlich irgendetwas, das Gott nicht kann?" Natürlich erwartete er als Antwort ein deutliches „Nein!". Aber sein Sohn überraschte ihn. „Selbstverständlich, Papa, gibt es etwas, das Gott nicht kann!", sagte er. Sein Vater war verblüfft. „Und was ist das?", fragte er. Der Sohn antwortete: „Er kann unsere Sünden nicht sehen durch Jesus Christus."

Eine baumstarke Antwort, oder?! Es ist tatsächlich so: Wenn Menschen Jesus als ihren Erlöser annehmen, ihm ihre Schuld bekennen und dann mit Vergebung förmlich überschüttet werden, dann stehen sie fortan (bis zum Ende ihres irdischen Lebens) vor Gottes Augen da, als hätten sie nie auch nur eine einzige Sünde begangen. Das meint die Bibel normalerweise mit dem Wort „Gerechtigkeit".

Diese „Gerechtigkeit" braucht man allerdings nicht immer wieder anzuziehen. Man bekommt sie einmal geschenkt und hat sie dann für immer! Damit ist klar: Diese Art von „Gerechtigkeit" kann hier im Epheserbrief nicht gemeint sein. Denn die Bibel sagt doch eindeutig, dass man die Schutzweste der Gerechtigkeit immer wieder bewusst anziehen soll. Was also ist dann gemeint?

Die Bibel benutzt den Begriff „Gerechtigkeit" auch noch in einem anderen Sinne. Sie spricht auch von „Gerechtigkeit", wenn Menschen das neue Leben, das sie durch die Bekehrung zu Jesus bekommen haben, mit ganzer Kraft ausleben. Das folgende Beispiel soll verdeutlichen, worum es geht.

Ein amerikanischer Student berichtet: „Vor ein paar Jahren lief ich bei einer Staffel namens ‚The Orange County Invitational Relays', an der 35 Universitäten teilnahmen. Ich sollte damals die 4-mal-400m-Staffel mitlaufen. Wir liefen gegen acht andere Universitäten im Finale. Der erste Läufer unserer Staffel lag sofort an der Spitze. Ich übernahm den Staffelstab und lief als Zweiter, hielt die Führung und übergab den Staffelstab an den Dritten. Wir hatten eine gute Chance, zu gewinnen. Der Dritte musste lediglich möglichst weit vorne bleiben, das war alles, denn unser vierter und letzter Läufer war unglaublich schnell. Er würde einen kleinen Rückstand sofort wettmachen können.

Der Dritte startete, und lief um die halbe Bahn. Aber dann hielt er plötzlich an, ging von der Bahn und setzte sich ins Gras. Ich werde das nie vergessen. Ich lief völlig perplex zu ihm hin und dachte, er hätte sich vielleicht etwas eingetreten oder die Achillessehne sei verletzt oder sonst etwas. Ich sagte zu ihm: ‚Ted, was ist passiert?' Und dann antwortete er (ich werde das nie vergessen!): ‚Ich weiß nicht, mir war einfach nicht nach Laufen.'"[35]

Unfasslich, oder? Der dritte Läufer war gesundheitlich völlig in Ordnung. Er hatte trainiert. Er lief in einem Spitzenteam. Aber nach einer halben Runde gab er auf und setzte sich hin. Seine Begründung: „Mir war einfach nicht nach Laufen!"

Man darf vermuten, dass sich die drei anderen Läufer seiner Staffel an den Kopf gefasst haben. Das war ja völlig widersinnig! Das war einfach vollkommen unakzeptabel.

Genauso widersinnig und unakzeptabel ist es, wenn Menschen, die durch Jesus geliebte Kinder Gottes geworden sind, dieses neue Leben als Kinder Gottes nun nicht praktisch ausleben, sondern sich einfach hängenlassen und sinngemäß sagen: *Mir ist heute einfach nicht danach, als Kind Gottes zu leben!* Normal ist das nicht! Normal wäre es, das neue Leben in der Nachfolge Jesu mit vollem Schub voran auszuleben. Jeden Tag! Und wenn Menschen das tun, dann sagt die Bibel von ihnen, dass sie in „Gerechtigkeit" leben. – Es gibt also eine „Gerechtigkeit", die bekommt man geschenkt, wenn man Jesus als Erlöser annimmt. Und es gibt eine „praktische Gerechtigkeit", die darin besteht, dass man das neue Leben, das man durch Jesus bekommen hat, praktisch auslebt.

Wie sieht das nun aus, wenn man morgens die Schutzweste der Gerechtigkeit anlegt? Das sieht so aus, dass man sehr entschlossen, sehr offensiv und mit vollem Schub voran, all das auslebt, was einem als Kind Gottes zur Verfügung steht. Man denkt gleich morgens daran, dass man Gemeinschaft mit Jesus hat, freut sich darüber und rechnet mit ihm und seiner Kraft. Man denkt daran, wie gut es ist,

---

35 John MacArthur, Grace to you, Growing Strong in Christ, Selected Scriptures February 2, 1990
http://www.gty.org/resources/sermons/TMC68/growing-strong-in-christ.

den Heiligen Geist zu haben, und lebt in seiner Kraft. Man denkt daran, dass Gott wirklich für seine Leute da ist, und lebt in der großen Freiheit der Kinder Gottes. Man denkt an die vielen Verheißungen der Bibel und nimmt sie für sich in Anspruch. Man denkt an die Maßstäbe der Bergpredigt und an die Gebote Gottes, sagt innerlich „Ja" zu ihnen und lebt sie aus, so gut es geht. Man denkt an all die großen Wahrheiten, die die Bibel präsentiert, sagt „Ja" zu ihnen und lebt sie aus: offensiv und mit vollem Schub voran.

Wer das tut, merkt sehr bald, dass das gute Auswirkungen hat! Wille und Gefühle richten sich dann auf Jesus aus. Wir empfinden dann das als schön, was auch er als schön empfindet. Der eigene Wille will immer mehr das, was Jesus will. Sowohl der Wille als auch das eigene Gefühlsleben werden immer stärker von der Gegenwart Gottes geprägt. Das wirkt wie ein unsichtbarer Schutz. Wenn dann böse Tage oder böse Stunden kommen, sind wir geschützt. Schlimme Erfahrungen, böse Erlebnisse, die vielleicht während des Tages auf uns einstürzen, können uns dann nicht mehr so einfach runterziehen und deprimieren. Wille und Emotionen bewegen sich voller Hingabe in der Gegenwart Gottes. So können wir viel souveräner mit negativen Dingen umgehen. Sie können uns nicht mehr so leicht verwunden. Und das Beste ist: Je länger wir in der „praktischen Gerechtigkeit" leben, umso stabiler und heiler wird die ganze innere Gefühlswelt. Wer mit Hingabe und Entschlossenheit das neue Leben mit Jesus lebt, wird innerlich allmählich heil. Wir tun also gut daran, die Schutzweste der „praktischen Gerechtigkeit" anzulegen. Sie wird uns den ganzen Tag vor gefühlsmäßigen Abstürzen schützen.

DIE SCHUHE DES EVANGELIUMS

Steht also bereit: Beschuht an den Füßen mit der Bereitschaft des Evangeliums des Friedens!

(Epheser 6,15)

Für römische Legionäre war die Frage der Fußbekleidung eine Überlebensfrage. Sie mussten – oft tage- und wochenlang – über heiße Straßen und unwegsames Gelände marschieren oder schroffe Felsen und dornige Wegstrecken überwinden. Wer sich Blasen lief oder auf andere Weise seine Füße verletzte, hatte keinen festen Stand mehr im Kampf und konnte sehr leicht in Lebensgefahr geraten. Römische Soldaten trugen darum sehr haltbare Ledersandalen, die an den Sohlen mit Eisenstiften versehen waren (vergleichbar mit Spikes). So hatten sie festen Halt in jedem Gelände und konnten auch im Kampf ihren Platz behaupten.[36]

Auch in den täglichen Herausforderungen, egal ob klein oder groß, ist ein fester Stand von entscheidender Bedeutung. Wer ohne festen Stand ist, läuft Gefahr, zu stolpern und hinzufallen.

In diesem Zusammenhang wird Epheser 6,15 wichtig: *Seid beschuht an den Füßen mit der Bereitschaft des Evangeliums des Friedens!* Das *Evangelium des Friedens* hat auf die, die es annehmen, eine sofortige Wirkung: Es schafft eine *Bereitschaft* in ihnen. Wo immer Menschen der suchenden, werbenden Liebe Gottes nachgeben und sich durch Jesus versöhnen lassen mit Gott, da wächst eine *Bereitschaft* in ihnen, nämlich die *Bereitschaft des Evangeliums des Friedens*. Was für eine Bereitschaft ist das? Es ist die Bereitschaft, fest zu stehen für den lebendigen Gott, fest

---

36   John MacArthur, New Testament Commentary Ephesians, Chicago 1986, S. 354.

zu stehen für Jesus, den Herrn aller Herren und König aller Könige.

Das *Evangelium des Friedens* ist die eine große Wahrheit, dass Menschen durch Jesus Frieden mit Gott haben können. Es ist die eine große Wahrheit, dass nichts mehr zwischen ihm und ihnen steht. Es ist die eine große Wahrheit, dass sie nichts, aber auch wirklich gar nichts mehr von Gott trennen kann. Es ist die eine große Wahrheit, dass ihr Leben, egal wie sich ihre Lebensumstände gestalten, sicher aufgehoben und völlig geborgen ist in den Händen und im Herzen Gottes. Das ist das *Evangelium des Friedens*. Und jeder Mensch, dessen Leben Jesus gehört, steht in diesem *Evangelium des Friedens* wie in einem Paar unverwüstlicher Stiefel. Darum sollte niemand versäumen, gleich morgens, wenn er aufwacht, sehr bewusst diese Stiefel anzuziehen.

Wie funktioniert das praktisch? Man sagt: „Auch heute ist Gott für mich da. Ich bin ja sein Kind. Ich gehöre ihm für Zeit und Ewigkeit. Wo nötig, wird er heute sogar für mich kämpfen. Selbst, wenn ich mich heute mal ganz allein fühlen sollte, bleibt er doch in unwandelbarer Treue an meiner Seite. Er sieht mich. Er gibt auf mich Acht. Er hat alles an diesen Tag schon für mich vorbereitet. Und wenn böse Dinge kommen oder dornige Wegstrecken oder raues Gelände, dann hat er das längst vorausgesehen und wird mich sicher hindurch geleiten. Wenn der Tag heute anstrengend wird oder mühsam, was soll's?! Jesus ist da. Er ist der Herr. Er ist größer, als alles, was mir an Schwerem begegnen kann.“

Wenn man so weit gekommen ist, fügt man vielleicht noch hinzu: „Ich ziehe jetzt die Schuhe des Evangeliums an. Ich will heute Gott dadurch ehren, dass ich fest stehe und das Vertrauen zu ihm bewahre. Er ist treu; ich will es auch sein. Ich will fest stehen und mich nicht einschüchtern lassen von den kleinen oder großen Herausforderungen, die heute auf mich zukommen. Ich stehe in seinem Frieden.“

Und dann steht man auf und marschiert in den Schuhen des Evangeliums des Friedens durch den Tag. Man bietet dem Tag die Stirn, egal, wie er läuft. Die Gewissheit, dass Jesus jeden Schritt mitgeht, macht mutig! Man bewahrt das Vertrauen zu ihm und wird erleben, dass er dieses Vertrauen nicht enttäuscht!

Die Bauleute in Jerusalem standen vor der Herausforderung, ihre Stadt mit Waffengewalt gegen aggressive Angreifer zu verteidigen. Christen heute stehen in der Nachfolge Jesu vor der Aufgabe, die geistliche Outdoor-Ausrüstung Gottes anzuziehen und so den Herausforderungen des Lebens standzuhalten. Mit dem Gürtel der Wahrheit, der Schutzweste der praktischen Gerechtigkeit und den unverwüstlichen Schuhen des Evangeliums des Friedens wird es gelingen.

8.

DER
HERAUSFORDERUNG
STANDHALTEN (2)
Nehemia 4,10-12

Vor einer Herausforderung besonderer Art stand vor ein paar Jahren ein 78 Jahre alter Tourist aus Norwegen. Er suchte verzweifelt sein Auto, das er am 3. August in Hannover abgestellt hatte, wiederzufinden. Eigentlich hatte er nur kurz Zwischenstation in Hannover machen wollen. Dafür parkte er seinen Wagen, notierte sich die Straße und machte sich zu Fuß auf den Weg zur nächsten Bank, um Geld abzuheben. Das klappte dann aber zunächst nicht, und er musste zu einer anderen Bank. Irgendwo auf dem Weg verlor er den Zettel mit dem Namen der Straße, wo sein Auto stand. Drei Wochen lang suchte er den Wagen. Die örtliche Zeitung schaltete sich ein, rief ihre Leser auf, nach dem Auto zu suchen. Auch die Polizei suchte mit. Vergeblich.

Auf den Tag genau nach drei Wochen meldete sich dann eine Frau bei der Zeitung. Ihr war ein blauer Mercedes in der Max-Eyth-Straße wegen seines ungewöhnlichen Nummernschildes aufgefallen. Es war das gesuchte Gefährt. Der überglückliche Norweger konnte seinen Wagen noch am selben Tag wieder in Empfang nehmen und seine Reise fortsetzen.[37]

Vor besonderen Herausforderungen stehen auch die Menschen im Jerusalem zu den irdischen Lebzeiten Nehemias. Seine Gegner bereiten gegen sie eine militärische Offensive vor, und zwar aus allen vier Himmelrichtungen gleichzeitig. In dieser Lage sind die Bauleute Jerusalems gezwungen, ihre Stadt mit Waffengewalt zu verteidigen. Eigentlich hatte Nehemia mit seinen Leuten in Jerusalem keine Chance gegen die durchtrainierten und kampferprobten Einheiten seiner Gegner. Die Leute, die er zur Verfügung hatte, waren ganz normale Menschen mit ganz normalen Berufen, aber bestimmt keine Kämpfer! Trotzdem hat er sich damals der Herausforderung gestellt. Denn die einzige Alternative wäre die Kapitulation gewesen. Und die hätte alles, was sie bereits aufgebaut hatten, zunichte gemacht. Nein, das ging nun wirklich nicht! Und so setzten sie unbeirrt die Arbeiten an der Stadtmauer Jerusalems fort, mit der Maurerkelle in der Hand und den Waffen in Griffweite. So hielten sie der Herausforderung stand.

Die Situation der Christen heute ist eine andere, als die der Bauleute damals in Jerusalem. In der Nachfolge Jesu heute spielen Waffen aus Stahl keine Rolle! Christen sind ganz generell nicht dazu berufen, zu irgendwelchen Waffen zu greifen. Jesus hat das sehr klar gemacht, als er einmal sagte: *Ich sende euch wie Schafe mitten unter die Wölfe* (Lk 10,3). Trotzdem hat uns Nehemias Bericht eine Menge zu sagen. Denn haarsträubende Herausforderungen gibt es natürlich auch heute für alle, die Jesus liebhaben und ihm nachfolgen. Diesen Herausforderungen müssen sie standhalten. Damit das auch funktioniert, hat Gott eine

---

37   http://www.haz.de/Hannover/Aus-der-Stadt/Uebersicht/ Mann-findet-geparktes-Auto-in-Hannover-nicht-wieder. http:// www.haz.de/Hannover/Aus-der-Stadt/Uebersicht/Frau-findet-Auto-des-Norwegers.

Ausrüstung zur Verfügung gestellt, die reichlich ungewöhnlich ist. Die ersten drei Ausrüstungsgegenstände waren im vorangegangenen Kapitel das Thema. Es handelte sich um den Gürtel der Wahrheit, sodann um die Schuhe des Evangeliums und schließlich um eine Art von schusssicherer Weste, den Brustpanzer der Gerechtigkeit. Überflüssig zu sagen, dass man diese Ausrüstungsgegenstände natürlich nirgendwo kaufen kann. Es ist eine geistliche Ausrüstung; es geht um bestimmte innere Haltungen, die Menschen im Vertrauen auf Jesus einnehmen. Diese inneren Haltungen sind eine zuverlässige Hilfe, um mit den Herausforderungen in der Nachfolge Jesu fertig zu werden.

Hier sind drei weitere Ausrüstungteile, die Gott seinen Leuten zur Verfügung stellt: Es ist der „Großschild des Glaubens", der „Helm des Heils" und schließlich das „Schwert des Geistes".

DER GROSSSCHILD DES GLAUBENS

Greift vor allem zum Großschild des Glaubens, mit dem ihr die Brandpfeile des Bösen auslöschen könnt.

(Epheser 6,16)

Römische Legionäre benutzten damals zwei verschiedene Arten von Schilden: Zum einen stand ihnen ein eher kleiner, runder Schild mit etwa 60 Zentimetern Durchmesser zur Verfügung. Er wurde mit Lederschlaufen am Arm festgebunden, war leicht und diente dazu, Schwerthiebe des Gegners im Nahkampf abzuwehren. Zum anderen gab es den *thureos*. Das ist der Schild, um den es hier in diesem Kapitel geht. Der *thureos* war so groß, dass ein Mann sich vollständig hinter ihm verbergen konnte. Er war aus massivem Holz gefertigt, mit geölten Leder bespannt und ziemlich schwer. Wenn die römischen Legionen in den Kampf zogen, gingen diejenigen, die die schweren *thureos*-Schilde trugen, immer in der ersten Reihe. Jeder, der hinter einem thureos-Schild stand, war unerreichbar für gegnerische Angriffe. Selbst Brandpfeile – der Apostel Paulus erwähnt sie hier eigens (*die feurigen Pfeile des Bösen*) – blieben wirkungslos.[38]

Es lohnt sich, den Großschild des Glaubens ein bisschen näher anzusehen. Von besonderem Interesse sind dabei die *Brandpfeile des Bösen*, die man mit diesem Schild abwehren kann. *Brandpfeile des Bösen* kommen immer unerwartet. Ganz plötzlich sind sie da. Sie tun weh, sehr weh, wenn man nicht hinter dem Großschild des Glaubens in Deckung geht. Was für Brandpfeile können das sein? Wie sehen sie aus? Hier sind ein paar:

Da gibt´s einen Anruf am Arbeitsplatz, vom Chef. Der ist aufgebracht, wütend und staucht einen zusammen. Er knallt den Hörer auf und man sitzt da – verwirrt, verletzt, völlig von der Rolle.

Oder es steht ein schwieriges Gespräch an. In zwei Tagen soll es stattfinden. Man fühlt sich hilflos und überfordert. Angst kommt auf. Nachts liegt man wach und ist am Tag reizbar und belastet. Die Stimmung ist schlecht.

Oder es gab Krach mit dem Ehepartner. Die Fetzen sind geflogen und ziemlich böse Worte dazu. Man ist verletzt, fühlt sich elend und weiß nicht, wie alles enden wird. Man schweigt sich gegenseitig an. Der Tag wird trübe werden.

Oder man wurde übergangen. Die Kollegen auf der Arbeit haben irgendwas beschlossen, was einen auch betrifft. Aber man wurde nicht gefragt, sondern einfach vor vollendete Tatsachen gestellt. Wut schäumt auf. Man ist verletzt. Fühlt sich unwichtig und klein. Das interessiert aber

---

38   John MacArthur, New Testament Commentary Ephesians, Chicago 1986, S. 357–359.

niemanden. Man zieht sich zurück. Der Tag schleppt sich dahin. Am liebsten würde man alles hinschmeißen.

Das sind *feurige Pfeile des Bösen*. Höchst alltägliche *feurige Pfeile des Bösen*. Die brennen sich ein und tun weh! Wohl jeder hat schon mal Bekanntschaft mit ihnen gemacht und weiß, wie sie sich anfühlen. Wenn nun so ein *Brandpfeil des Bösen* heranrauscht, dann erkennt man ihn meist nicht als solchen. Man erkennt nicht gleich, dass es ein *feuriger Pfeil des Bösen* ist, der da auf einen zuschwirrt. Denn sonst würden man ja hinter dem Großschild des Glaubens in Deckung gehen und den Pfeil damit *wirkungslos machen*. Nein, man sitzt da und lässt den *feurigen Pfeil des Bösen* auf sich zufliegen. Man bleibt passiv. Und – zack! – der Brandpfeil trifft einen genau da, wo es am meisten wehtut.

Dann stürzt man ab in heftige, düstere Gefühle. Schmerz, Elend, Trauer, Einsamkeit, Wut und Enttäuschung machen sich breit. Gefühle der Minderwertigkeit überwältigen einen und ziehen einen immer weiter runter. Man stürzt ab. Währenddessen steckt der Brandpfeil des Bösen weiter fest und brennt und brennt und brennt. Die düsteren Gefühle werden stärker und stärker und stärker. Man stürzt immer tiefer. Am Ende ist man völlig lahmgelegt, dreht sich nur noch um sich selbst und den erlittenen Schmerz. Man ist – bis auf Weiteres – erst einmal untauglich geworden für das Leben in der Nachfolge Jesu. Der Brandpfeil des Bösen hat einen außer Gefecht gesetzt.

Sehr oft erkennt man die Brandpfeile des Bösen nicht oder zumindest nicht sofort. Und infolgedessen reagiert man nicht, wenn sie geflogen kommen. Man bleibt – oft genug – passiv. Man sagt nicht: „Aufgepasst, da kommt ja ein feuriger Pfeil des Bösen! Schnell in Deckung! Wo ist mein Großschild des Glaubens? Her damit!" Oft genug sitzt man da wie festgenagelt. Dann kommen die Brandpfeile des Bösen geflogen und finden ein leichtes Ziel. Zack! sind sie da, und brennen und brennen und brennen. Viele Christen sind im Umgang mit Brandpfeilen des Bösen ungeübt.

Wie *greift* man denn nun zum *Großschild des Glaubens?* Wie macht man das ganz praktisch? Mal angenommen, der Chef hat einen gerade am Telefon „zur Minna gemacht", oder man hat gerade einen hässlichen Streit hinter sich, fühlt sich elend, einsam und gedemütigt, und der Schmerz breitet sich aus. Dann sollte man eines auf keinen Fall tun: Nämlich in düsteren Gefühlen baden! Es ist wichtig, sich nicht von Schmerz und Wut und Bitterkeit überwältigen zu lassen! Damit begibt man sich nur auf eine Gefühlsspirale nach unten! Besser ist es zu sagen: „Ich erhebe jetzt den Großschild des Glaubens! Ich vertraue darauf, dass Jesus viel größer und viel mächtiger ist als der Brandpfeil des Bösen, der jetzt gerade im Begriff ist, bei mir einzuschlagen." Dann kann man mit folgenden Worten beten: „Jesus, mein Herr, du bist der Herr meines Lebens. Du bist auch der Herr dieser fiesen Situation. Du hast alle Möglichkeiten, mir zu helfen und mich aus dieser schwierigen Lage herauszulotsen. Für dich ist dieser Brandpfeil keine große Sache! Denn du bist der Herr aller Herren und der König aller Könige. Ich bete dich an als den Herrn, der mich jetzt sieht und mir hilft!"

Wenn man so betet, stürzt man gar nicht erst ab in düstere Gefühle und dreht sich nicht nur noch um sich selbst und den eigenen Schmerz. Man gerät gar nicht erst auf diese nach unten drehende Spirale verletzter Gefühle. Man hat stattdessen Jesus, den Retter, im Blick. Innerlich ist der Blick fest auf ihn gerichtet. So kommen die aufgeregten Gefühle zur Ruhe und machen einem Gefühl der Geborgenheit Platz. Man atmet befreit auf. Man nimmt sich noch mehr Zeit für die Anbetung Gottes. Irgendwann merkt man: Der Brandpfeil des Bösen ist verloschen. Er hat seine Kraft verloren. Man blickt zurück und sagt sich: „Wie gut, dass ich den Großschild des Glaubens gleich hochgerissen habe! Der Brandpfeil des Bösen konnte mich nicht verletzen!"

Den Großschild des Glaubens ergreifen heißt also, sofort Gott anzubeten. An der Anbetung Gottes ersticken die Brandpfeile des Bösen.

Hier ist ein Beispiel:

Am 5. August 2010 wurden 33 Bergleute in der Atacama-Wüste in Chile in 700 Meter Tiefe durch eine Gasexplosion verschüttet.[39] Der Bergmann José Henriquez berichtet: „Allmählich begannen wir unsere Situation zu begreifen. Der Zugangstunnel war durch eine riesige Menge Felsen und Schutt blockiert. Wir führten mehrere Erkundungsgänge durch, um einen Fluchtweg zu finden. Wir versuchten auch durch die Belüftungsschächte zu entkommen. Aber uns fehlte die Ausrüstung (Leitern oder Seile), um senkrecht nach oben zu gelangen. Außerdem waren unsere Lampen beschädigt. So gaben wir schon am ersten Tag jede Hoffnung auf ein Entkommen auf. Wenn wir überleben wollten, mussten wir auf eine Rettungsmannschaft von außen hoffen. Wir hatten keine Ahnung, wie lange das dauern könnte."

Es hätte für die 33 Bergleute sehr nahegelegen, jetzt in Gefühle der Angst, der Hoffnungslosigkeit und der Entmutigung abzugleiten. Aber das geschah nicht. Denn die 33 Bergleute erhoben sofort den Großschild des Glaubens. José Henriquez berichtet weiter: „Im schattenhaften Dunkel der Mine wurde uns schnell klar, dass Gott unsere einzige Hoffnung und unsere einzige Kraftquelle war. Schon ganz am Anfang äußerte ich meinen Freunden gegenüber diesen Gedanken. Sie sagten zu mir: ‚José, wir möchten, dass du uns im Gebet anleitest.' So begann meine Aufgabe als Gebetsleiter.

In den folgenden Tagen beteten wir gemeinsam, und ich verkündete das Wort Gottes. In meinen Predigten stellte ich ihnen Christus vor, und dann beteten wir zusammen, ohne Rücksicht auf Konfessionen oder religiöse Vorlieben; wir beteten einfach in der Hoffnung, eine Antwort vom Herrn zu erhalten. Das Gebet wurde zu unserer wichtigsten Kraftquelle. Das Interesse an unseren Gebetszeiten wuchs im Laufe der Zeit und die Beteiligung wurde intensiver. Wir

---

39   IDEA Spektrum 06/2012, S. 24–26.

begannen auch, persönliche Gebete zu sprechen, sodass jeder von uns mit eigenen Worten teilnahm. Wir baten Gott, die ganze Situation in die Hand zu nehmen, denn es war sonst niemand da, der uns hören konnte."

So sieht das aus, wenn die Nachfolger Jesu den Großschild des Glaubens ergreifen und hochreißen. Die Brandpfeile des Bösen verlöschen dann. Genauso erlebten es die 33 Bergleute. Am Ende kamen übrigens alle unversehrt aus dem Bergwerk heraus.[40]

DER HELM DES HEILS

Und nehmt den Helm des Heils ...

(Epheser 6,17)

Der Helm römischer Legionäre bestand meistens aus Leder, das mit Metallplatten versehen war. Oder er war ganz und gar aus Metall gefertigt. Sein Zweck war der Schutz des Kopfes vor Verletzungen. Dabei kam die größte Gefahr nicht von vorn, also von Gegnern, die man direkt vor sich hatte, sondern von oben: Berittene gegnerische Truppen griffen die römischen Soldaten meistens vom Pferd aus an, also von oben, und zwar mit dem *rompaia*, einem wuchtigen Langschwert. Dabei trafen sie natürlich vor allem die Schädelpartie und das Gesicht. Vor solchen Angriffen zu schützen, das war die vorrangige Aufgabe des Helms.[41]

Der Kopf galt damals und gilt auch heute vor allem als Sitz der Gedanken. Diesen Bereich der Gedanken und Überzeugungen schützt nun der Helm des Heils. Der Helm des

---

40 Ebda., S. 26.
41 John MacArthur, New Testament Commentary Ephesians, Chicago 1986, S. 360.

Heils ist die Gewissheit, dass jeder, der Jesus als den Herrn seines Lebens bekennt, eine ewige Zukunft bei Gott hat. Menschen brauchen Zukunft! Menschen sehnen sich nach Zukunft! Wenn das Leben keine Zukunft hat, dann verlieren Menschen den Antrieb, überhaupt noch etwas anzupacken. Dann werden sie hoffnungslose, passive Leute. Nichts macht daher das Leben so hell, so strahlend wie die Gewissheit: „Ich habe Zukunft!" Menschen brauchen also Zukunft!

Vor ein paar Jahren wurde in einem Tal in den USA ein Staudamm gebaut. Nun gab es natürlich Leute, die in diesem Tal wohnten; diese – so viel war klar – würden das Tal verlassen müssen, wenn es soweit war, denn ihre Stadt würde untergehen. Nachdem der Beschluss über den Bau des Staudamms gefasst war, geschah etwas sehr Interessantes: Die Stadt begann zu verfallen. All die Häuser, die vorher von ihren Bewohnern so liebevoll gepflegt worden war, verkamen jetzt. Aus einer schönen, kleinen Stadt wurde ein Schandfleck in der Landschaft. Warum geschah das? Einer der Bewohner fasste es in folgende Worte: „Wenn keine Zukunft mehr da ist, dann – passiert auch in der Gegenwart nichts mehr."[42]

Wenn man im Alltag in Schwierigkeiten gerät, wenn alles schiefgeht, wenn eine ernste Krankheit zufasst und der Arzt einen mit bedenklichem Gesicht ins Krankenhaus einweist, wenn die Verhältnisse am Arbeitsplatz schier unerträglich sind, wenn man in einer akuten Überlastungssituation in die Psychiatrie eingewiesen wird, oder wenn man am Grab eines lieben Menschen steht, dann fühlt sich das oft so an, als ob nun alles aus sei. Man hat dann schnell das Gefühl, dass nun alles dunkel und hoffnungslos ist und man keine Zukunft mehr hat. Dann fällt man leicht in einen

---

42   Michael Green (Hrsg.), Illustrations for Biblical Preaching, Grand Rapids, Michigan,1990, S. 194 (Übersetzung durch den Autor).

Erstarrungszustand und wird passiv und hoffnungslos. Spätestens dann muss man den Helm des Heils ergreifen und aufsetzen.

Wie geht das praktisch? Man fängt an zu danken und sagt: „Jesus, du hast mir den Weg zum Himmel freigemacht, als ich dir meine Schuld bekannte und dich als den Herrn meines Lebens annahm. Ich danke dir, dass ich auch jetzt, gerade jetzt, Zukunft habe bei dir. Meine Zukunft ist nicht aussichtlos, dunkel oder ungewiss! Sie ist gewiss und ganz sicher. Du garantierst sie. Denn du bist bei mir. Du siehst meine Lage. Du bist der Herr! Und auch wenn es jetzt bedenklich aussieht, meine Zukunft bei dir ist sicher! Ganz sicher werde ich eines Tages bei dir im Himmel ankommen. Ganz sicher wird dann all das vergessen sein, was mir jetzt die Sicht verdunkelt. Ganz sicher werde ich dann im strahlenden Licht des Himmels leben. Ganz sicher werde ich dich dann sehen. Ganz sicher werde ich dann beim ewigen Fest im Himmel dabei sein. Ich danke dir, dass meine Zukunft bei dir und mit dir garantiert ist! Danke Herr! Danke!"

Mit solchen Worten greift man nach dem Helm des Heils und setzt ihn auf. Immer dann also, wenn man in eine Lage kommt oder schon in so einer Lage ist, in der die Zukunft wie abgeschnitten erscheint, ist es unerlässlich, sich nicht den trüben Gedanken hinzugeben, die einem im Kopf herumspuken, sondern nach dem Helm des Heils zu greifen und ihn aufzusetzen, indem man Jesus dafür dankt, dass er die Zukunft garantiert!

Hier ist ein Beispiel:

Im Juli 2012 liegt der 24-jährige Paul Beßler[43] auf der Krebsstation der Uniklinik Halle. Er ist ein begabter Sportler. Bei den Weltmeisterschaften im Drachenbootfahren hat

---

43   IDEA Spektrum, Sonderdruck o. J., „Ich bin dann im Himmel", S. 2-6.

er 2005 Silber- und Goldmedaillen gewonnen. 2007 kehrt sein Team von den Weltmeisterschaften in Frankreich mit sechs Titeln als erfolgreichste Mannschaft nach Halle zurück. Aber dann stellt man einen Gehirntumor bei ihm fest. Er wird mehrmals operiert, bekommt Chemotherapien und Bestrahlungen. Trotzdem breitet sich der Krebs rasend schnell in seinem Körper aus. Er ist total verzweifelt. Er klagt: „Ich bin noch zu jung, um schon zu sterben."

Eine Ärztin auf der onkologischen Station kümmert sich besonders um ihn. Sie erzählt Paul von ihrem christlichen Glauben, der ihr Sinn und Halt im Leben gibt. Paul merkt auf. Er fragt immer wieder nach und die Ärztin antwortet. Dann ist es soweit. „Wollen wir nicht einmal zusammen beten?", fragt die Ärztin. Paul erwidert: „Wie soll das denn gehen? Was muss ich denn da sagen?" Die Ärztin erwidert: „Sag einfach, was du auf dem Herzen hast. Was wünscht du dir eigentlich von Gott?" – „Ich möchte einmal das Gefühl haben, dass ich gehalten werde, dass ich geborgen sein kann", sagt Paul.

Eines Tages, als Paul wieder einmal große Angst hat, fragt sie ihn: „Paul, möchtest du nicht dein Leben Jesus Christus anvertrauen?" Berührt von der Frage, sagt Paul: „Ja, ich will!" Und er spürt, dass er tatsächlich von Gott gehalten wird.

Am 18. Juli verschlechtert sich Pauls Zustand. Die junge Ärztin informiert einen befreundeten Pastor: „Kannst du bitte schnell auf die Intensivstation kommen? Ein Patient möchte sich taufen lassen. Der Pastor kommt und tauft inmitten von Apparaturen, dem Ticken und Piepsen der Geräte mit Wasser aus einer Nierenschale. Im ganzen Klinikum geht es wie ein Lauffeuer umher: Ein sterbenskranker junger Mann wurde bei uns getauft.

Wenig später ist Paul zum Sterben zu Hause. Er lädt täglich Freunde zu sich ein. Er bittet sie, ihm aus der Bibel vorzulesen, auch wenn er schlafe. Und er betet mit ihnen und – für sie. Paul möchte, dass sie zu seiner Beerdigung kommen –

unter einer Bedingung: „Erscheint nicht in Schwarz, sondern in Bunt. Denn ich bin ja dann im Himmel, wo es mir gutgeht." Paul weiter: „Ich bin jetzt ein Kind Gottes. Jetzt will ich mit meinem Vater im Himmel zusammen sein. Ich feiere oben, ihr feiert unten." Als seiner Ärztin Tränen über das Gesicht laufen, sagt Paul zu ihr: „Warum weinst du? Ich gehe doch zu Gott! Dort werde ich dich einmal mit offenen Armen empfangen." Als seine Mutter ebenso weinen muss, nimmt Paul ihre Hand: „Sei nicht traurig, ich bin weiter tief in deinem Herzen, auch wenn ich bei Gott bin." Wenige Tage später ist Paul tot. Eine anwesende Palliativ-Ärztin sagt: „Ich habe schon viele Menschen sterben sehen, aber so einen friedvollen Tod habe ich noch nie erlebt."

Was hat Paul durch die Zeit seiner Krankheit und die Phase des Sterbens getragen? Es war die Gewissheit seiner Zukunft bei Gott. Unsichtbar trug er den Helm des Heils. So konnte er seinen schweren Weg im Frieden gehen. Wer also über raue Lebenswege geht, sollte nicht vergessen, den Helm des Heils zu ergreifen und aufzusetzen. Jeden Morgen neu!

DAS SCHWERT DES GEISTES

Vor allen Dingen aber ergreift ... das Schwert des Geistes, welches ist das Wort Gottes.

(Epheser 6,17)

Das Schwert, das Paulus hier nennt, ist nicht irgendein Schwert. Es handelt sich um die *machaira*, ein römisches Kurzschwert, das vor allem zur Verteidigung, weniger zum Angriff diente. Es hatte eine Länge zwischen 15 und 45 Zentimetern und wurde an der Hüfte getragen, um jederzeit griffbereit zu sein, wenn es die Situation erforderte. Eine Besonderheit hatte die *machaira*: Sie eignete sich nicht als

„Hau-drauf-Waffe", sondern musste gezielt und überlegt eingesetzt werden, um ihren Zweck zu erfüllen.[44]

Der Apostel Paulus, Verfasser des Epheserbriefes, schreibt, dass das Wort Gottes, also die Bibel, dieses Schwert des Geistes ist. Der Geist Gottes ist die Quelle des Wortes Gottes. Er ist die Quelle der Bibel. Er hat sie hervorgebracht. Hinter all den verschiedenen Menschen, die an der Bibel geschrieben haben, steht also Gott als der eigentliche Verfasser der Bibel. Er gab ihnen ein, was sie aufschreiben sollten. Er benutzte dabei ihren Verstand, ihren Wortschatz, ihre Persönlichkeit, ihr Wissen, ihre Ausdrucksmöglichkeiten und ihre Erfahrungen. Die Bibel enthält also nicht menschliche Gedanken über Gott, die begrenzt und fehlbar wären. Vielmehr ist sie Gottes eigenes Wort an uns Menschen und deshalb zuverlässig und unfehlbar. Sie liefert genau die Informationen, die Gott über sich selbst geben wollte, damit wir Menschen ihn finden und kennenlernen können.

Nun gibt es da ein Problem. Viele Menschen sagen: „Warum sollte ich das glauben, dass Gott selbst der eigentliche Urheber der Bibel ist? Das kann ja jeder behaupten!" Das ist eine berechtigte Frage. Aber es gibt auch eine gute Antwort darauf:

Die Bibel ist das einzige religiöse Buch der Welt, das Prophezeiungen enthält, also Zukunftsvorhersagen. Mehrere hundert Zukunftsvorhersagen. Viele dieser Zukunftsvorhersagen haben sich schon erfüllt. Einige werden heute vor unseren Augen Wirklichkeit. Und einige wenige stehen noch aus. An diesen Zukunftsvorhersagen kann man erkennen, dass Gott selbst der Urheber des biblischen Wortes

---

44   John MacArthur, New Testament Commentary Ephesians, Chicago 1986, S. 367f.

ist. Eine der biblischen Prophezeiungen findet sich im Buch des Propheten Jesaja 41,17-20. Sie lautet:

Die Elenden und Armen suchen Wasser und es ist nichts da, ihre Zunge verdorrt vor Durst. Aber ich, der Herr, will sie erhören; ich, der Gott Israels, will sie nicht verlassen. Ich will Wasserbäche auf den Höhen öffnen und Quellen mitten auf den Feldern und will die Wüste zu Wasserstellen machen und das dürre Land zu Wasserquellen. Ich will in der Wüste wachsen lassen Zedern, Akazien, Myrten und Ölbäume; ich will in der Steppe pflanzen miteinander Zypressen, Buchsbaum und Kiefern, damit man zugleich sehe und erkenne und merke und verstehe: Des Herrn Hand hat dies getan, und der Heilige Israels hat es geschaffen.

Eine kühne Ankündigung: In den Wüsten Israels sollen Quellen und Wasserstellen entstehen. Es soll geradezu Wasser im Überfluss geben. Pflanzen sollen dort wachsen. Sogar Bäume – Zedern, Akazien, Myrten, Oliven zum Beispiel. Die Wüste soll grün werden. Das ist eine gewagte Vorhersage, jedenfalls dann, wenn man davon ausgeht, dass diese Worte bloß religiöse Poesie sind! Da müsste schon ein Wunder geschehen, damit diese atemberaubende Prophezeiung Wirklichkeit werden kann.

Als im Jahr 1948 der Staat Israel gegründet wurde, begann man ziemlich bald damit, in der Negev-Wüste nach Öl zu suchen. Leider blieben alle Anstrengungen ohne Erfolg. Unter dem heißen, sandigen Boden der Negev-Wüste gab es nämlich kein Öl. Allerdings fand man in 1000 Meter Tiefe etwas anderes, nämlich ein riesiges Wasserreservoir. Wer nun aber gedacht hatte, dass damit alle Probleme gelöst seien, sah sich getäuscht. Das Wasser unter der Negev-Wüste enthielt nämlich viel zu viele Mineralien. Es war ungeeignet für die Landwirtschaft.[45] Was für eine Enttäuschung!

Aber dann machte ein findiger Kopf völlig unerwartet eine Aufsehen erregende Entdeckung: Das mineralreiche Wasser aus der Tiefe war nämlich bestens geeignet zur Fischzucht, und zwar sowohl für Salzwasser- als auch für Süßwasserfische.[46] So entstanden mitten in der Wüste große Fischzuchtanlagen, eine nach der anderen. Mitten in der Wüste gab es nun plötzlich Seen voller Fische! Und damit nicht genug. Zur selben Zeit machten zwei Wasseringenieure eine zukunftsweisende Erfindung. Sie fanden heraus, dass man riesige Flächen mit relativ wenig Wasser bewässern konnte, wenn man den Pflanzen das Wasser nur tröpfchenweise zuführte.[47]

Als man diese Erfindung in der Negev-Wüste ausprobierte, machte man noch eine weitere überraschende Entdeckung: Wenn man Pflanzen das Wasser nur tröpfchenweise zuführte, waren sie in der Lage, es trotz des hohen Mineralgehalts aufzunehmen. Das lag daran, dass der Mineralgehalt der Pflanzen höher war als in der geringen Wassermenge. Dadurch konnten die Pflanzen das Wasser aufnehmen und wachsen. Gleichzeitig waren die Früchte aus der Wüste wegen ihres hohen Mineralgehalts sehr wohlschmeckend.[48]

So entstanden riesige Ländereien mitten in der Wüste. Man pflanzte und erntete Tomaten, Paprika, Peperoni und viele andere Früchte. Es entstanden Olivenhaine, es wuchsen verschiedene Bäume, die der Hitze standhalten konnten. Da in der Wüste auch im Winter sommerliche Temperaturen herrschen, wuchsen das ganze Jahr über Gemüse, Gewürzpflanzen, Datteln, Oliven und natürlich Obst. 70 %

45   Dany Walter, Biblische Prophetie, Jerusalem 2014, S. 57-66.
46   Ebd.
47   Ebd.
48   Ebd.

des landwirtschaftlichen Exports Israels kommen heute aus der Negev-Wüste.[49] Gottes Prophezeiung ist also wahr geworden. Sie erfüllte sich – buchstäblich – vor aller Augen! Und das ist nur eine von vielen, vielen erfüllten Prophezeiungen.

Diese erfüllten Prophezeiungen können nicht menschlicher Weisheit entsprungen sein. Denn sie erfüllten sich alle bis ins letzte Detail. Es gibt nur einen denkbaren Urheber: Gott höchstpersönlich. Es ist, als habe Gott all diese erstaunlichen erfüllten Prophezeiungen eigens dazu gegeben, damit die Menschen glauben können, dass er der eigentliche Urheber der Bibel ist.

Darum hängt viel davon ab, ob wir die Bibel, das Schwert des Geistes, immer wieder zur Hand zu nehmen und lesen! Denn es ist Gott selbst, der durch sie spricht. Wer sich auf ihre Worte verlässt, dessen Leben steht auf festem Grund! Er wird die Herausforderungen des Lebens in der Nachfolge Jesu bestehen. Er wird auch Orientierung für sein Leben finden und eines Tages sicher und wohlbehalten im Himmel ankommen.

---

49   Dany Walter, Biblische Prophetie, Jerusalem 2014, S. 57-66.

9.

IM WIDERSTAND

Nehemia 4,13-17

Gabriele Schmidt[50] steht auf ihrem Acker und bewegt sich nicht. Eigentlich ist das keine Nachricht, aber Frau Schmidt gehören 4000 Quadratmeter des begehrtesten Stück Landes in ihrer Stadt. Hier will nämlich ein bekanntes Unternehmen ein 25 Hektar großes Logistikzentrum samt Gleisanschluss bauen. „Ein Wahnsinn", findet Frau Schmidt. Deshalb verkauft sie nicht.

Der Widerstand der Grundstückseigentümerin trifft die Pläne des Unternehmens an einer empfindlichen Stelle: beim Gleisanschluss. Das im Vergleich zur Gesamtfläche winzige Stück Land liegt ausgerechnet auf dem Bereich, über den Güterzüge Waren anliefern sollen.

Wenn es nach Gabriele Schmidt geht, wird daraus nichts. „Ich verkaufe nicht", sagt sie und lächelt. Das ist kein Scherz. Frau Schmidt meint, was sie sagt, schließlich wird sie Anliegerin des künftigen Logistikzentrums sein und womöglich rund um die Uhr unter Licht und Lärm des Waren-Verteil-Zentrums leiden müssen. „Es geht mir um die Umwelt", sagt Gabriele Schmidt zu Hause an ihrem

---

50   Neue   Westfälische   Zeitung,   17.04.2014.   http://www. nw.de/lokal/kreis_herford/loehne/loehne/10965656_ Frau-Schmidt-leistet-Widerstand-gegen-Hermes.html.

Esszimmertisch. Durch die bodentiefen Fenster hat sie einen herrlichen Blick nach draußen. Die aufgehende Sonne scheint direkt auf ihren Frühstückstisch. Einige hohe Herren hätten dort vermutlich gerne selbst gesessen. An diesem Esszimmertisch haben nämlich auch die Grundstücksverhandlungen mit einer von dem Unternehmen beauftragten Firma stattgefunden und sind gescheitert. Ihr gehe es darum, den Plänen jeden erdenklichen Stein in den Weg zu rollen. Gabriele Schmidt: „Ich will das Ganze verhindern."

Frau Schmidt im Widerstand ... Wie der sprichwörtliche „standhafte Zinnsoldat" schert sie sich nicht um den Druck, den das Unternehmen auf sie ausübt, sondern bleibt knochenhart bei ihrem „Nein". Das ist ungewöhnlich und nötigt einem irgendwie Respekt ab.

Die Menschen, um die es im 4. Kapitel des Nehemiabuches geht, befinden sich in einer ähnlich prekären Situation wie Frau Schmidt. Sie sehen sich einem schier übermächtigen Gegner gegenüber. Aber sie müssen – anders als Frau Schmidt – um ihre nackte Existenz, also um ihr Leben kämpfen und nicht nur um 4000 Quadratmeter Ackerfläche. Tobija aus Jordanien, ein schillernder und ausgesprochen gut vernetzter Machtpolitiker, Sanballat, Gouverneur des Bezirks Samaria und treuer Vasall des persischen Königs, Geschem, ein Araber, der sämtliche Feindseligkeiten gegen Nehemia nach Kräften unterstützt und die Milizen der Stadt Aschdod bereiten gemeinsam einen Angriff auf die Stadt Jerusalem vor.

Im Sommer des Jahres 443 v. Chr. ist die Stadt Jerusalem darum eine Stadt im Widerstand. Interessant ist, wie die Bewohner dieser Stadt damals ihren Widerstand organisiert haben. Faktisch waren es drei Prinzipien, nach denen sie damals handelten, nämlich 1. Einheit, 2. Gewissheit und 3. Wachsamkeit.

EINHEIT

Zu den Vornehmen, den Vorstehern und dem Volk hatte ich gesagt: „Unsere Baustelle ist groß und weitläufig. Wir müssen uns über die ganze Mauer verteilen und sind dadurch weit voneinander entfernt. Wenn ihr von irgendeiner Stelle den Schofar hört, kommt sofort zu uns dorthin."

(Nehemia 4,13-14)

Die Stadtmauer Jerusalems hatte in Nehemias Zeit eine Länge von ungefähr vier Kilometern. Das war viel zu lang, um sie rundum lückenlos sichern zu können. Dazu hatte Nehemia einfach nicht genügend Leute. Eine prekäre Situation! Denn Nehemia wusste nicht, aus welcher Himmelsrichtung seine Widersacher den Hauptangriff auf die Stadt führen würden. Darüber hinaus musste er auch mit Scheinangriffen rechnen, die ihn und seine Leute nur ablenken sollten. Was also tun?

Nehemia verfiel auf einen ebenso einfachen wie wirkungsvollen Plan. Er setzte den Schofar ein, ein Blasinstrument, das aus dem Gehörn des Widders oder des Kudus hergestellt wurde und sehr weit zu hören war. Nehemia berichtet (Nehemia 4,12), dass er einen Mann mit einem Schofar immer bei sich hatte, wenn er auf der Stadtmauer Jerusalems unterwegs war. Wenn sich nun ein Angriff seiner Gegner abzeichnete, stieß der Hornbläser an seiner Seite in sein Instrument. Der Klang des Schofars schallte über die ganze Stadt und warnte alle, die am Wiederaufbau der Stadtmauer beteiligt waren. Sie machten sich – gemäß Nehemias Anweisung – sofort auf den Weg und eilten dorthin, wo der Ton des Schofars erklang. Auf diese Weise konnte Nehemia alle verfügbaren Kräfte genau dort konzentrieren, wo sie tatsächlich gebraucht wurden, und den Angriff abwehren.

Das Ganze konnte allerdings nur dann funktionieren, wenn eine Voraussetzung zuverlässig gegeben war. Alle, die am Wiederaufbau der Stadtmauern mitarbeiteten, mussten als Einheit funktionieren. Wenn der Klang des Schofars ertönte, musste alles stehen und liegen bleiben, wie es gerade war. Alle, die irgendwie zur Verteidigung der Stadt beitragen konnten, mussten sich stehenden Fußes in Bewegung setzen und zum Angriffspunkt rennen. Nur so bestand eine Chance, sich erfolgreich gegen die Angriffe der Gegner zur Wehr zu setzen. Die Bewohner der Stadt Gottes mussten als Einheit agieren. Irgendwelche Alleingänge, Eigenmächtigkeiten oder Nachlässigkeiten konnten direkt in einer Katastrophe, also in einer Niederlage enden. Das hatten alle vor Augen. Daher arbeiteten sie als Einheit: zuverlässig, konzentriert und entschlossen. Alle persönlichen Belange, alle Empfindlichkeiten und Eitelkeiten wurden konsequent zurückgestellt. Das Wirken als Einheit war das Gebot der Stunde!

Die Gemeinde Jesu Christi heute hat keine Stadtmauern zu verteidigen. Aber es ist ihr die Wahrheit Gottes anvertraut, wie sie die Bibel Seite um Seite entfaltet. Diese Wahrheit muss sie bewahren. Das kann nur funktionieren, wenn in der Gemeinde Jesu alle persönlichen Belange, alle Empfindlichkeiten und Eitelkeiten konsequent zurückgestellt werden.

An dieser Stelle wird es ein bisschen schwierig. Christen in der Bundesrepublik haben einen vergleichsweise leichten Stand. Es gibt zwar immer mal wieder Angriffe gegen Christen von Seiten der Massenmedien. Z. B. wird versucht, sie mit gewaltbereiten muslimischen Salafisten in einen Topf zu werfen. Insbesondere solche Christen geraten leicht unter Beschuss, die sich zur Irrtumslosigkeit der Bibel bekennen und entsprechend leben. Aufs Ganze gesehen genießen Christen in unserem Land aber große Freiheiten bei der Verbreitung des Evangeliums. Sie sind gut dran!

Doch das hat Risiken und Nebenwirkungen. Das hohe Maß an Freiheit führt nicht selten dazu, dass persönliche Belange, Empfindlichkeiten und Eitelkeiten in den

Gemeinden hochkommen und zu erheblichen Spannungen führen. Da braucht man sich nichts vorzumachen. Alle Menschen (auch Christen) haben ihre Eigenheiten, Vorlieben, Empfindlichkeiten und Geschmäcker. Das ist ganz natürlich und erst mal auch gar nicht schlimm. Schwierig wird es erst, wenn diese Eigenheiten, Vorlieben, Empfindlichkeiten und Geschmäcker sich in den Vordergrund drängen. Dann bedrohen sie die Einheit der Gemeinde. Dann wird es gefährlich!

Was macht die Einheit der Gemeinde Jesu aus? Es ist das gemeinsame Bekenntnis, dass Jesus Christus der Sohn Gottes und der Retter ist! Die ersten Christen haben dieses Bekenntnis formuliert, und es hat sie verlässlich durch sehr schwere Zeiten getragen: Jesus Christus, Sohn Gottes und Retter. Wenn nun persönliche Eitelkeiten, Machtstreben, Empfindlichkeiten und Vorlieben in einer Gemeinde ins Zentrum rücken, dann gerät dieses Bekenntnis in den Hintergrund und es drohen Streit, Bitterkeit, Zorn und hässliche Spaltungen.

Man kann Wochen, Monate, Jahre im Streit um zweitrangige Dinge zubringen. Jeder hat seinen Musikgeschmack, seinen Modegeschmack, seine politischen Überzeugungen, seine Herkunft, die ihn prägt, seine gesellschaftliche Stellung usw. Manchmal sind Menschen begrenzt genug, um zu meinen, ihr Lebensweise und Überzeugung seien die einzig wahren. Dann kann es geschehen, dass sie mit anderen aneinander geraten, die ihre Geschmäcker nicht teilen. Ein kluger Mann hat einmal gesagt: „Jeder Mensch ist beschränkt genug, um andere zu seinem Ebenbild erziehen zu wollen." Wenn das in der Gemeinde Jesu geschieht, dann lähmt sie sich selbst, setzt ihre Einheit auf's Spiel und stürzt ab in Streitigkeiten und Trennungen.

Eine Christin aus England erzählt: „Ein ernster Bruder aus Schottland nahm mich einmal beiseite und hielt mir mein Make-up vor, indem er fragte: ‚Ist es richtig, dass die Schwestern etwas auf ihr Gesicht tun, das die Natur niemals dort haben wollte?' Ich blickte auf sein rasiertes Kinn und fragte: ‚Bruder, ist es richtig, dass die Brüder etwas von ihrem Gesicht wegnehmen, was die Natur dort haben wollte?'"

Dieser kleine Wortwechsel lässt uns schmunzeln, aber er zeigt, wie schnell Christen wegen irgendwelcher zweit- oder drittrangiger Dinge aneinander geraten können. Sie vergessen dann, dass Jesus Christus der Sohn Gottes und ihr Retter ist, und lassen persönlichen Vorlieben, Geschmäckern und Empfindlichkeiten freien Lauf. Wir alle stehen in Gefahr, so zu handeln!

Der bekannte Chirurg, Missionar und Buchautor Paul Brand schrieb einmal: „Ich habe gelernt, dass Gott seinen Leib auf Erden, der wie tausend Inseln über alle Welt hingestreut ist, stets als ein Ganzes ansieht. Aber ich bin überzeugt, er liebt die bunte Vielfalt, weil er den jeweiligen kulturellen Hintergrund versteht und will, dass seine Verehrer ihn aus vollem Herzen anbeten. Die schwarzen Gemeinden in Murphy, einer Stadt in North-Carolina, loben Gott mit lautstarkem Geschrei. Die Gläubigen in Österreich intonieren den Lobgesang bei wunderbarem Orgelklang in Kirchen, deren Fenster herrliche Glasmalerei aufweisen. Afrikaner tanzen Gott zur Ehre unter dumpfem Trommelklang. Stille Japaner geben ihrem Dank gegen Gott dadurch Ausdruck, dass sie etwas Schönes schaffen. Und Inder strecken die Hände empor, Handfläche gegen Handfläche zum sogenannten Achtungsgruß. – Der Leib Christi ist genau wie unser Körper aus einzelnen, höchst ungleichen Zellen zusammengesetzt, die alle miteinander verbunden sind, um den einen ganzen Leib zu bilden. Christus ist das Ganze, und unsere Freude an seinem Leib wird umso größer, je mehr wir begreifen: Wir dürfen so verschieden sein und brauchen dabei nicht verlorene Außenseiter zu werden."[51]

---

51   Heinz Schäfer (Hrsg.), In Bildern reden, Stuttgart 1987, S. 250.

Das, was der Gemeinde Jesu Einheit gibt, ist ihr Bekenntnis: Jesus Christus, Sohn Gottes, Retter. Unter dieses Bekenntnis muss sich alles andere unterordnen, wenn die Einheit bewahrt werden soll.

GEWISSHEIT

Nehemia sagte: „Wenn ihr von irgendeiner Stelle den Schofar hört, kommt sofort zu uns dorthin. Unser Gott wird für uns kämpfen."

(Nehemia 4,14)

Unser Gott wird für uns kämpfen! Das war die Gewissheit, von der Nehemia in seinem ganzen Leben getragen wurde: *Unser Gott wird für uns kämpfen.* So ist es tatsächlich. Jesus schickt zwar seine Gemeinde wie Schafe mitten unter die Wölfe. Christen bewegen sich tagtäglich in Wolfs Revier. Aber Jesus, der Herr, bewahrt sie und kämpft für sie.

Im 23. Psalm, dem sogenannten „Hirtenpsalm", heißt es: *Du bereitest mir einen Tisch im Angesicht meiner Feinde.* Im Angesicht der Feinde ... also in Sichtweite der Feinde ... unter den Augen der Wölfe bereitet Jesus seinen Jüngern einen Tisch. Er stellt sich zwischen sie und ihre Feinde. Dann heißt es ausdrücklich: Er schenkt ihnen voll ein. In Sichtweite der Feinde findet also ein Bankett statt. Unter den Augen der Wölfe tafeln die Lämmer. Das ist ein sehr starkes und sehr zutreffendes Bild. Zwischen den Lämmern und den Wölfen steht der Gute Hirte Jesus. Er sorgt dafür, dass die Lämmer geschützt bleiben, obwohl die Feinde schon in Sichtweite sind. Vor den Augen der Wölfe deckt der Gute Hirte den Jüngern den Tisch. Und die Feinde können nicht angreifen, die Wölfe können nicht zufassen, weil der Gute Hirte zwischen ihnen und den Lämmern steht. Christen leben also davon, dass der Gute Hirte zwischen sie und ihre

Feinde tritt. Sie leben im Angesicht ihrer Feinde. Aber sie können das ohne dauernde Angst tun, einfach weil sie die Gewissheit haben: Unser Gott wird für uns kämpfen! Sie führen den gewaltlosen Kampf der Lämmer!

Es ist sehr entscheidend, diese Gewissheit für das eigene Leben zu haben. Sonst wird man von Furcht gejagt, wenn das Leben mit Jesus in schwierige, vielleicht sogar haarsträubende Situationen führt. Dann wird man weggeschwemmt von Gefühlen der Angst und der Hoffnungslosigkeit, wenn das Leben mit Jesus durch dunkle Täler geht. Darum ist diese Gewissheit so wichtig: *Mein Gott wird für mich* – auch für mich – *kämpfen!*

Wer diese Gewissheit nicht hat, kann sie gewinnen. Das geschieht denkbar einfach. Man präge sich zunächst diese Aussage der Bibel gut ein: *Unser Gott wird für uns kämpfen!* Das sind nur sechs Worte. Die lassen sich gut behalten. Wenn man morgens erwacht, sagt man sich: „Auch heute wird Gott für mich kämpfen! Auch heute wird Jesus für mich kämpfen! Das steht fest, weil die Bibel es so sagt. Wie gut!" Dann steht man auf, geht an sein Tagwerk und tut, was einem vor die Hände kommt. Zwischendurch denkt man immer wieder einmal an dieses große Versprechen Gottes: *Ich werde für euch kämpfen,* und betet: „Ich danke dir, Vater im Himmel, dass mein Weg durch diesen Tag vor dir nicht verborgen ist. Wenn nötig, wirst du sogar für mich kämpfen!"

Vielleicht gerät man im Laufe des Tages irgendwann in eine schwierige oder gar bedrohliche Lage. Dann dankt man wieder und betet: „Ich habe jetzt Angst, Jesus, und fühle mich hilflos und ausgeliefert. Aber ich halte gerade jetzt an der Überzeugung fest: *Unser Gott wird für uns kämpfen!* Ich lasse mich jetzt nicht von Angst und Hoffnungslosigkeit wegschwemmen, sondern ich warte darauf, was du tust."

Und so macht man es immer wieder! Wenn die Angst oder ein Gefühl von Ausgeliefertsein kommt, dann erinnert man sich an diese Aussage der Bibel: *Unser Gott wird für uns kämpfen!* Man hält auf Biegen und Brechen daran fest!

Was wird dann geschehen? Man wird erleben, dass Gott sein Versprechen hält. Man wird erleben, dass Jesus auf höchst erstaunliche, besondere Weise für einen kämpfen wird. Man wird mit gestärkter Gewissheit aus einer bedrohlichen Situation hervorgehen. Man hat das Vertrauen auf Jesus bewahrt, indem man auf Biegen und Brechen am Wort Gottes festgehalten hat. Je öfter man das tut, umso stärker wird die Gewissheit wachsen, dass Jesus wirklich in allen Lebenslagen der Herr ist.

Hier ist ein Beispiel[52]:

Während der Besetzung Hollands durch die deutschen Truppen in den Jahren des Zweiten Weltkriegs versteckte die Niederländerin Corrie ten Boom verfolgte Juden und Mitglieder des nationalen Widerstandes gegen Adolf Hitler in einem geheimen Raum in ihrem Haus in der Barteljoris-Straat in Haarlem. Irgendwann erhielt die Gestapo einen Hinweis, dass im Haus der ten Booms Juden versteckt gehalten würden. Im Februar 1942 wurde ihr Haus von deutschen Soldaten durchsucht. Corrie ten Boom berichtet:

„Ein Soldat packte mich am Ellenbogen und schob mich vor sich die letzten fünf Stufen hinunter und in die Werkstatt. Er befahl mir, mich an die Wand zu stellen. ‚Wo sind die Juden?‘ – ‚Hier sind keine Juden.‘ Der Mann versetzte mir einen heftigen Schlag ins Gesicht. ‚Wo verstecken Sie die Lebensmittelkarten?‘ – ‚Ich weiß nicht, wovon Sie ...‘ Der Mann schlug mich von neuem. Ich taumelte gegen eine Uhr. Ehe ich mich wieder in der Gewalt hatte, schlug er mich noch einmal. Schlug mich immer wieder. Die Schläge taten sehr weh, und mein Kopf fiel nach hinten. ‚Wo sind die Juden?‘ Noch ein Schlag. ‚Wo ist ihr geheimer Raum?‘ Ich schmeckte Blut im Mund. Der Kopf drehte sich mir, meine Ohren dröhnten – ich verlor das Bewusstsein. ‚Herr

---

52   Corrie ten Boom, Die Zuflucht, Wuppertal 1976, S. 126-137.

Jesus', schrie ich, ,schütze mich!' Der Mann, der die Hand schon zu einem weiteren Schlag erhoben hatte, hielt inne. ,Wenn Sie diesen Namen noch einmal sagen, bringe ich Sie um!' Aber stattdessen fiel sein Arm langsam herunter."[53] *Unser Gott wird für uns kämpfen!* Corrie ten Boom erlebte das ganz handgreiflich, auch später, als sie ins Konzentrationslager Ravensbrück verschleppt wurde. Auf wunderbare Weise wurde ihr Leben dort bewahrt, und nach Kriegsende begann sie eine große Versöhnungsarbeit zwischen Deutschen und Holländern, bei der viele Menschen zum Glauben kamen.

Um nicht missverstanden zu werden: Dass Gott für seine Kinder kämpft, bedeutet nicht, dass er uns vor allem Bösen bewahrt. Manchmal geht es auch eine Zeit lang durch finstere Täler. Aber am Ende wird Jesus sich immer als der Sieger erweisen.

WACHSAMKEIT

So arbeiteten wir vom ersten Morgenrot an, bis die Sterne hervortraten. Die Hälfte der Männer hatte ständig den Speer in der Hand. Ich hatte befohlen, dass jeder mit seinen Leuten auch nachts in Jerusalem bleiben solle. So konnten sie uns nachts beim Wachdienst helfen und tagsüber an die Arbeit gehen. Weder ich noch einer von meinen Brüdern, weder meine Diener noch die Männer meiner Leibwache kamen in dieser Zeit aus den Kleidern. Selbst beim Waschen hatte jeder seine Waffe bei sich.

(Nehemia 4,15-17)

---

53   Corrie ten Boom, Die Zuflucht, Wuppertal 1976, S. 130f.

Was hier beschrieben wird, ist allerhöchste Wachsamkeit. Tag und Nacht, rund um die Uhr stehen Nehemias Leute in Bereitschaft. Keiner, der sein Häuschen irgendwo im Umland Jerusalems hat, fährt nachts nach Hause. Sie bleiben alle, um zu wachen und so einen Überraschungsangriff der Gegner zu verhindern. Nehemia weiß: Wenn es seinen Widersachern gelingt, sie plötzlich und unvorbereitet zu attackieren, dann wird es sehr, sehr schwer werden. Dann wird nicht mehr genug Zeit sein, um sich an einem Punkt auf der Stadtmauer zu sammeln. Dann werden die Kräfte nicht ausreichen, um den Angriff abzuwehren. Deshalb ordnet Nehemia an, dass alle, die an der Wiederherstellung der Stadtmauer beteiligt sind, auch nachts dableiben sollen, um beim Wachdienst zu helfen.

Wie ernst die Lage damals war, wird an ein paar Einzelheiten deutlich: *Weder ich noch einer von meinen Brüdern, weder meine Diener noch die Männer meiner Leibwache kamen in dieser Zeit aus den Kleidern*, schreibt Nehemia in seinem Bericht. Es ist kein Geheimnis, wie man riecht, wenn man tagelang nicht aus den Kleidern kommt: nicht eben lieblich. Die Bauleute in Jerusalem dufteten also nicht besonders gut, denn all die schönen Deos gab es ja damals noch nicht. Nein, romantisch war das bestimmt nicht!

Hier ist noch so ein kleines Detail. Nehemia fährt fort: *Selbst beim Waschen hatte jeder seine Waffe bei sich.* Selbst bei der morgendlichen Katzenwäsche lag das Schwert griffbereit neben dem Waschbecken und der Speer lehnte sozusagen links von der „Dusche" an der Wand. Griffbereit. Alle wussten: Ohne konstante Wachsamkeit waren sie verloren.

Daran kann man nun etwas sehr Wesentliches lernen. Das Volk Gottes erlebt nur selten Zeiten des Friedens. Das war damals so, und das ist auch heute so. Das Volk Gottes befindet sich im Kampf um die Wahrheit. Es führt den Kampf der Lämmer. Jesus hat es angekündigt (Mt 5,10-11): *Glückselig sind, die um der Gerechtigkeit willen verfolgt werden, denn ihrer ist das Reich der Himmel. Glückselig seid ihr, wenn sie euch schmähen und verfolgen und lügnerisch jegliches böse Wort gegen euch reden um meinetwillen! Freut euch und jubelt, denn euer Lohn ist groß im Himmel, denn ebenso haben sie die Propheten verfolgt, die vor euch gewesen sind.* Und der Apostel Paulus fügt hinzu (2Tim 3,12): *Alle, die gottesfürchtig leben wollen in Christus Jesus, werden Verfolgung erleiden.* Das sind klare Worte, oder? Es gilt, sich auf sie einzustellen! Immer wieder! Wachsamkeit im biblischen Sinne heißt: Mit Bedrängnis, mit Angriffen, mit Nachteilen zu rechnen und nicht überrascht zu sein, wenn sie kommen.

Lutz von Padberg hat einmal gesagt: „Wir können momentan von Verfolgung nicht reden in unserem Land, aber von einer beginnenden Bedrängnis."[54]

Ganz ähnlich äußerte sich auch Rolf Scheffbuch kurz vor seinem Tod, als ihm gegenüber manche den zunehmenden Druck gegenüber Christen hier in unserm Land beklagten. Er sagte: „Ich weiß gar nicht, was Sie reden, jetzt tritt der Normalfall ein."[55]

Die weltweite Christenverfolgung hat heute, allen ehrlichen politischen Bestrebungen zum Trotz, ein ungeheures und nicht selten auch verschwiegenes Ausmaß erreicht und könnte zukünftig auch die Christen in der Bundesrepublik Deutschland treffen.

Wer also wegen der Liebe zu Jesus und zum Wort Gottes, der Bibel, angegriffen, beschimpft, verhöhnt, belächelt oder für dumm erklärt wird, wer Nachteile hinnehmen muss, gerade auch im Beruf, wer bei der Beförderung übergangen wird, weil er Jesus nachfolgt, der soll bitte nicht denken, nun treffe ihn aber ein ganz ungewöhnliches und seltenes Schicksal! Es tritt dann bei ihm nur der Normalfall ein. – Wachsamkeit ist also gefragt! Man muss nüchtern mit Angriffen gegen die eigene Person rechnen, wenn man Jesus

---

54 https://dctb.de/de/article/kontrastreich-leben.
55 Ebd.

treu ist. Das ist normal! Wenn es passiert, sollte man sich in Erinnerung rufen, dass Jesus genau diese Dinge angekündigt hat, und sich dann auch die Ermutigung vor Augen führen, die Jesus für alle diese Fälle gegeben hat: *Freut euch und jubelt, denn euer Lohn ist groß im Himmel, denn ebenso haben sie die Propheten verfolgt, die vor euch gewesen sind.* Man kann das Leben mit Jesus nur dann bestehen, wenn man wachsam ist und wachsam bleibt. Man wird sich im Leben mit Jesus nur dann bewähren, wenn man nüchtern mit Angriffen und Nachteilen um Jesu willen rechnet und nicht überrascht ist, wenn sie kommen.

Einer, der das beispielhaft vorgelebt hat, war der Pastor der biblischen Gemeinde von Smyrna, im Gebiet der heutigen Türkei. Er hieß Polycarp[56]. Im Alter von über achtzig Jahren ließen ihn die römischen Behörden verhaften, weil er sich konsequent geweigert hatte, seinen Glauben an Jesus aufzugeben. Man brachte Polycarp vom Gefängnis in die vollbesetzte Arena von Smyrna, um ihn dort vor der johlenden Menge zu verbrennen. Der Prokonsul, der die Hinrichtung leitete, verkündete: „Wenn du jetzt hier auf der Stelle Christus abschwörst, kannst du als freier Mann die Arena verlassen. Also: Verfluche Jesus, und tue es jetzt!" Polykarp antwortete: „Seit über achtzig Jahren diene ich Jesus, und er hat mir nie etwas Böses getan! Wie kann ich denn meinen König verfluchen, der mich für die Ewigkeit gerettet hat?"

Natürlich, nicht jeder, der Jesus nachfolgt, erlebt so dramatische Verfolgung, wie Polycarp sie ertragen musste! Aber jeder, der Jesus nachfolgt, erlebt in irgendeiner Weise Angriffe, Schmähungen und Nachteile um Jesu willen. Wer sich wachsam und nüchtern darauf einstellt, wird die Treue zu Jesus bewahren. Und darauf kommt es an!

---

56   Michael Green (Hrsg.), Illustrations for Biiblical Preaching, Grand Rapids, Michigan, 1990, S. 251f (Übersetzung durch den Autor).

10.

GROSSE PROBLEME

Nehemia 5,1-19

Nach viereinhalb Jahren auf Tour war sie im November diesen Jahres zurück: die britische Abenteurerin Sarah Outen[57]. Für einen guten Zweck war Outen in einer einzigartigen Aktion rund um die Welt geradelt und gepaddelt. Insgesamt 40 233 Kilometer legte sie mit Kajak und Fahrrad in 1677 Tagen zurück. Am 1. April 2011 war sie von der Londoner Tower Bridge zu ihrem Trip rund um die nördliche Hemisphäre aufgebrochen. Nach über 40 000 Kilometern traf sie am 3. November wieder an der Tower Bridge in London ein.

„Ich wünschte, jeder könnte die guten Dinge erleben, die ich erlebt habe", sagte Outen nach ihrer Ankunft. Tatsächlich aber hatte sie während der vierjährigen Tour auch mit großen Problemen zu kämpfen gehabt.

Outen radelte durch die Niederlande, Deutschland, Polen, die Ukraine, Russland und China, durchquerte die Wüste Gobi bei äußerst brutalem Wetter und paddelte bis nach Japan. In Nordamerika musste sie Temperaturen von minus 40 Grad ertragen. Sie entging nur knapp einem

---

57 Hannoversche Allgemeine Zeitung, 05.11.2015.
http://www.spiegel.de/reise/aktuell/sarah-outen-ruderin-kommt-nach-weltreise-wieder-in-london-an-a-1060969.html.

Grizzlybären, der sie beim Baden in einem Teich störte. Sie kenterte im Pazifik und musste zweimal aus Seenot gerettet werden, als sie im Atlantik in den Hurrikan „Joaquin" und im Pazifik in den Tropensturm „Mawar" geraten war. Aber trotz aller Probleme kam sie am Ende doch wohlbehalten am Ausgangsort ihrer abenteuerlichen Reise an.

Große Probleme hatte auch der Israelit Nehemia ben Hachalja, als er im Jahr 443 v. Chr. daranging, einen Auftrag Gottes anzupacken und auszuführen: die Stadtmauern und Tore der zerstörten Stadt Jerusalem wieder aufzubauen. Mit viel Klugheit und Umsicht organisierte er den Wiederaufbau der Stadtmauern Jerusalems und ließ sich auch durch massiven Druck nicht von seinem Auftrag abbringen. Irgendwann ließ der ärgste Druck dann nach. Aber wer geglaubt hatte, dass Nehemias Leute nun aus dem Gröbsten heraus waren, der sah sich getäuscht. Kaum dass der Druck von außen etwas nachließ, traten nun große Probleme im Innern hervor. Und die waren womöglich noch gefährlicher, als es alle Angriffe von außen je gewesen waren.

EIN GROSSES GESCHREI

Und es erhob sich ein großes Geschrei der Leute aus dem Volk und ihrer Frauen gegen ihre jüdischen Brüder. Die einen sprachen: Unsere Söhne und Töchter müssen wir verpfänden, um Getreide zu kaufen, damit wir essen und leben können. Die andern sprachen: Unsere Äcker, Weinberge und Häuser müssen wir versetzen, damit wir Getreide kaufen können in dieser Hungerzeit. Und wieder andere sprachen: Wir haben auf unsere Äcker und Weinberge Geld aufnehmen müssen, um dem König Steuern zahlen zu können. Nun sind wir doch wie unsere Brüder, von gleichem Fleisch und Blut, und unsere Kinder sind wie ihre Kinder; und siehe, wir müssen unsere Söhne und Töchter als Sklaven dienen lassen,

und schon sind einige unserer Töchter erniedrigt worden und
wir können nichts dagegen tun, und unsere Äcker und Wein-
berge gehören andern.

(Nehemia 5,1-5)

Wie aus dem Nichts tauchen Probleme auf, die es in sich
haben und die Nehemia bisher gar nicht wahrgenommen
hat. Es geht um Land, es geht um Immobilien, es geht um
Hunger und es geht um Geld. Viel Geld. Und wo viel Geld im
Spiel ist, da ist meist auch das Unrecht groß, das Menschen
zugefügt wird. Genau das trifft hier auch zu!
Einige Leute in Jerusalem, besitzen nichts von großem
Wert. Sie wohnen zur Miete. Ihr Einkommen ist gering. Sie
können nichts sparen. Aber die Nahrungsmittel sind teuer
und werden immer teurer. Die Preise steigen und steigen.
Die Lebenshaltungskosten ebenfalls. Irgendwann reicht das
bisschen Geld nicht einmal mehr für das Nötigste. Dann
müssen diese Leute Schulden machen und zu den Geldverleihern, den Banken und Sparkassen gehen. Doch die fordern Sicherheiten. Die haben sie aber nicht. Und so zwingen
die Geldverleiher sie dazu, ihre eigenen Kinder als Sicherheit, d. h. als Sklaven zu verpfänden. Sie beklagen sich bei
Nehemia: *Unsere Söhne und Töchter müssen wir verpfänden,*
um Getreide zu kaufen, damit wir essen und leben können.
Es gibt auch andere, die haben noch ein paar Ackerflä-
chen, vielleicht einen Weinberg oder ein Haus. Auch sie
müssen unter dem Druck der Nahrungsmittelknappheit
alles an die Banken zur Absicherung der Kredite abtreten.
Es dauert nicht lange, da sind sie Acker und Weinberg und
Häuschen los. Denn sie können die Kredite nicht bedienen.
Alles gehört jetzt den Geldverleihern. Die machen das Geschäft ihres Lebens. Auch sie beklagen sich bei Nehemia:
Unsere Äcker, Weinberge und Häuser müssen wir versetzen,
damit wir Getreide kaufen können in dieser Hungerzeit.
Und dann gibt es noch die, die es einfach nicht mehr
schaffen, die horrenden Steuern für den persischen

König zusammenzubekommen. Auch sie müssen Kredite aufnehmen, wenn sie nicht wegen Steuerverweigerung in den Knast wandern wollen. Auch sie verlieren – wie so viele andere – alles, was ihnen einmal gehört hat. Frau Armut kommt und klopft an ihre Haustür. Das Schlimmste dabei ist: Diejenigen, die ihnen das antun und sie mit ungerechten Krediten zugrunderichten, die gehören wie sie zum Volk Gottes. Unfasslich! Die glauben eigentlich auch an den Gott Israels. *Tatsächlich* aber werden sie beherrscht von ihrer Gier nach Geld.

Auch diese beklagen sich bei Nehemia: *Wir haben auf unsere Äcker und Weinberge Geld aufnehmen müssen, um dem König Steuern zahlen zu können. Nun sind wir doch wie unsere Brüder, von gleichem Fleisch und Blut, und unsere Kinder sind wie ihre Kinder; und siehe, wir müssen unsere Söhne und Töchter als Sklaven dienen lassen, und schon sind einige unserer Töchter erniedrigt worden und wir können nichts dagegen tun, und unsere Äcker und Weinberge gehören andern.*

Erschütternd, was Nehemia da erfährt. Unfasslich eigentlich. Und doch geschah es. Aber warum? Weil die Gelegenheit so günstig und die Versuchung, sich zu bereichern, so groß war! Gelegenheit macht Diebe, wie das Sprichwort so treffend sagt. Es grassierte die Nahrungsmittelknappheit. Die Preise stiegen ins Uferlose. Genau das war die Gelegenheit für all die, die diese knapp gewordenen Dinge noch reichlich zur Verfügung hatten: Nahrungsmittel oder Geld. Das gab ihnen Macht über Menschen, die all das eben nicht hatten. Die Gier nach Geld schaltete ihre Gewissen aus. Die Gelegenheit und ihre Gier ließ sie zu Dieben werden.

Es gibt dazu eine interessante Untersuchung, die Stern TV[58] vor ein paar Jahren in Auftrag gegeben hat. Stern TV, so

---

58 http://www.stern.de/tv/kriminalitaet-pluendern--der-versu-chung-erlegen-3362032.html.

berichteten die Zeitungen, wollte testen, ob und wie schnell die Deutschen ihr Gewissen beiseiteschieben können, und ließ einen mit Elektrogeräten beladenen LKW abends auf einem Parkplatz offen stehen. Es dauerte nicht lange, da interessierten sich die ersten Autofahrer für die verführerische Ladung. Schnell zeigte sich hier: Es muss noch nicht mal ein Notstand ausbrechen. Die Plünderer leben mitten unter uns. Von dem Ergebnis des Tests ist der ehemalige Polizeipsychologe Dr. Everhard von Groote wenig überrascht. „Wenn die Wahrscheinlichkeit gering ist, dass man erwischt wird", sagt von Groote, sinke bei den Menschen die Hemmschwelle, sich zu bedienen. Besonders junge Männer seien anfällig. „Sie sind häufig sehr spontan und kalkulieren die Folgen nicht."

Auch bei einem zweiten Test mit einem kleineren Transporter bestätigte sich die Erkenntnis. Hier fuhren die Plünderer gleich mit einem PKW vor, um die Beute umzuladen. Andere folgten zu Fuß und trugen die Kartons schnellen Schrittes davon. Je mehr Menschen sich an einer solchen Aktion beteiligten, desto „einfacher wird es für die anderen auch zuzugreifen", sagt von Groote. Plündern – ein Phänomen mit Eigendynamik. Gelegenheit macht Diebe!

Das gilt übrigens auch für Ladendiebstähle[59]: Zwischen 500 und 800 Millionen Euro, so hoch sind die Schäden, die dem Einzelhandel in Deutschland durch so genannte „Inventurdifferenzen" (gemeint sind schlicht Ladendiebstähle) pro Jahr entstehen. Dabei geht man davon aus, dass 90 % aller Ladendiebe ‚Amateure' sind, also stehlende Normalkunden. Aber auch Mitarbeiter in den Läden und Lieferanten machen beim Wegfinden mit. Auch hier gilt: Gelegenheit macht Diebe!

---

59   Kurier.at,17.12.2013//http://kurier.at/chronik/oester-reich/ladendiebe-stehlen-ware-im-wert-von-100-millionen/41.434.754.

Was folgt daraus? Dass jeder Mensch die Grenze zum Unrecht leicht überschreitet, wenn wenigstens eine von zwei Bedingungen gegeben ist: 1. Die Wahrscheinlichkeit, erwischt zu werden, ist gering. 2. Es machen viele andere mit. Sind diese zwei Bedingungen gegeben, streben Unrechtsbewusstsein und moralische Bedenken sehr schnell gegen Null.

Genauso war es damals in Jerusalem auch. Keiner der Geldverleiher musste befürchten, zur Rechenschaft gezogen zu werden. Und – viele machten damals mit. Die Gelegenheit ließ das Böse in ihren Herzen aktiv werden. Die Gelegenheit ließ ihre Gewissen einfrieren. All das passierte bei Menschen, die eigentlich Gott dienen wollten.

Das sollte uns vorsichtig machen! Niemand sollte die Hand für sich selbst oder für andere ins Feuer legen. Er könnte sich leicht verbrennen. Wer weiß schon, wozu er fähig ist, wenn die Gelegenheit sich als günstig erweist?

EINE GROSSE VERSAMMLUNG

Als ich aber ihr Schreien und diese Worte hörte, wurde ich sehr zornig. Und ich hielt Rat mit mir selbst und schalt die Vornehmen und die Ratsherren und sprach zu ihnen: Wollt ihr einer gegen den andern Wucher treiben? Und ich brachte eine große Versammlung gegen sie zusammen.

(Nehemia 5,6-7)

Nehemia ist fassungslos, als ihn die Klagen der verarmten Bewohner Jerusalems erreichen. *Ich wurde sehr zornig*, berichtet er. Er weiß, wenn es zu Unruhen in der Stadt kommt, zu einem Armenaufstand, dann ist ein Bürgerkrieg nicht weit. Dann lodert die Gewalt im Handumdrehen auf. Dann können sie den Auftrag, die Stadtmauern Jerusalems wieder zu errichten, gleich aufgeben. Dann haben sie durch eigene handfeste Sünde das geschafft, was ihre Gegner durch Druck und Bedrohungen nicht zuwege gebracht haben, nämlich dass die Stadt im Chaos versinkt. Am allermeisten schmerzt es ihn, dass Menschen, die eigentlich vorgeben, nach Gottes Willen zu leben, zu Wucherern und Ausbeutern geworden sind und sich dabei pudelwohl fühlen.

In Nehemia steckt die blanke Wut. Aber er gibt ihr nicht nach. Er handelt nicht impulsiv. Er wartet lieber, bis seine aufgewühlten Gefühle sich legen. Und dann *hält er Rat mit sich selbst*. Das heißt, er denkt die ganze, hässliche Angelegenheit sorgfältig durch. Wenn man übel verletzt, gedemütigt oder ungerecht behandelt wird, dann kocht schnell die helle Wut hoch. Dann ist es gut, nicht sofort impulsiv zur Tat zu schreiten, sondern mindestens eine Nacht darüber hingehen zu lassen, bis die aufgeregten Gefühle sich ein wenig gelegt haben. Dann ist Nachdenken angesagt, was nun zu tun ist. *Ein zorniger Mensch richtet Streit an und ein Grimmiger viel Sünde* (Spr 29,22), sagt die Bibel. Darum lässt Nehemia sich Zeit, um mit sich und mit Gott zu Rate zu gehen.

Anschließend holt er die Geldleute der Stadt zusammen und konfrontiert sie schnörkellos mit ihrem Unrecht: *Wollt ihr einer gegen den andern Wucher treiben?*, fragt er sie. Die Antwort der Banker Jerusalems ist nicht überliefert. Aber man darf wohl davon ausgehen, dass es ihnen die Sprache verschlagen hat. Was sollten sie auch sagen?

Dann macht Nehemia einen genialen Schachzug. Er schreibt: *Ich brachte eine große Versammlung gegen sie zusammen*. Nehemia holt all die Verarmten der Stadt, alle durch Wucherzinsen Geprellten, alle scheinbar rechtmäßig Betrogenen zusammen. Jetzt müssen die Kredithaie der Stadt ihren Opfern direkt in die Augen sehen. Nehemia konfrontiert sie mit den Konsequenzen ihres Tuns. Dann hält er vor der versammelten Menschenmenge eine denkwürdige Rede. Er hat sie in ihren Grundzügen für uns festgehalten. Nehemia sagte damals folgendes:

„Wir haben unsere jüdischen Brüder losgekauft, die den Heiden verkauft waren, soweit es uns möglich war; wollt ihr nun eure Brüder verkaufen, damit wir sie wieder zurückkaufen müssen?" Da schwiegen sie und fanden nichts zu antworten. Und ich sprach: „Es ist nicht gut, was ihr tut. Solltet ihr nicht in der Furcht Gottes wandeln um des Hohnes der Heiden willen, die ja unsere Feinde sind? Ich und meine Brüder und meine Leute haben unsern Brüdern auch Geld geliehen und Getreide; wir wollen ihnen doch diese Schuld erlassen! Gebt ihnen noch heute ihre Äcker, Weinberge, Öl-Gärten und Häuser zurück und erlasst ihnen die Schuld an Geld, Getreide, Wein und Öl, die ihr von ihnen zu fordern habt."

(Nehemia 5,8-11)

Das sind deutliche Worte. Eine mutige Rede! Denn Nehemia hat damals nicht taktiert. Er hat sich nicht – wie es manche Politiker heute tun – den Einflussreichen, den Gut-Betuchten, den Mächtigen unterworfen nach dem Motto: Mit denen möchte ich es mir lieber nicht verscherzen, sonst verliere ich die nächsten Wahlen. Er hat stattdessen das Unrecht beim Namen genannt. Er hat seine Leute direkt bei ihrem Gewissen gepackt. Nehemia sagte damals: *Solltet ihr nicht in der Furcht Gottes wandeln um des Hohnes der Heiden willen, die ja unsere Feinde sind?* Die Botschaft dieses Satzes ist klar: Wer Gott fürchtet, der darf niemanden ausbeuten, übervorteilen oder mit dem Anschein des Rechtes bestehlen. Wer sich Gott verantwortlich weiß, muss sich vom Unrecht fernhalten, auch dann, wenn ihm das vordergründig Nachteile bringt. Wer in der Liebe und Hingabe an Gott leben will, der darf die Gelegenheit zum Unrecht nicht nutzen, auch dann nicht, wenn diese gerade sagenhaft günstig ist. Wer Gott fürchtet, darf nicht zum Diener des Bösen werden!

Dann ist da noch etwas, das Nehemia nicht verschweigt: Er spricht vom *Hohn der Heiden.* Er sagt sinngemäß: „Wer Gott fürchtet und dann dennoch Menschen bedrängt und ausbeutet und sie mit dem Anschein, als sei alles rechtens, bestiehlt, der setzt sich dem *Hohn der Heiden* aus. Der legt es darauf an, dass Menschen, die Gott nicht kennen, irgendwann das Unrecht spitzkriegen, das da läuft, und ihn dann verhöhnen: „Wie, du willst Christ sein und bringst andere um Hab und Gut, nur weil gerade die Gelegenheit dazu günstig ist? Da bist du ja ein Heuchler, ein religiöser Schaumschläger, ein scheinheiliger Heiliger. Komplett unglaubwürdig. Bleib mir zukünftig weg mit deinem Gott! Nichts mehr will ich davon hören. Du hast dich selbst disqualifiziert."

Nehemia stellt klar, was nun zu tun ist: *Gebt ihnen noch heute ihre Äcker, Weinberge, Öl-Gärten und Häuser zurück und erlasst ihnen die Schuld an Geld, Getreide, Wein und Öl, die ihr von ihnen zu fordern habt.*

Noch heute! Den Geldverleihern dürfte es in den Ohren geklingelt haben. Noch heute sollten sie ihr Unrecht wieder gut machen. Noch heute! Nehemia hat dem großen Unrecht, das da passiert war, keinen Millimeter nachgegeben. Er hat es nicht heruntergespielt. Er ist nicht einfach darüber hinweggegangen. Er hat konfrontiert. Hätte ihn das den Job kosten können? Ja, aber das Risiko ist er eingegangen. Ein mutiger Mann.

Was nun geschieht, ist ein Wunder. Ein überaus beeindruckendes, höchst ungewöhnliches Wunder: Die Geldleute wachen auf. Ihr Gewissen rührt sich und es geschieht Wiedergutmachung in großem Stil.

Da sprachen sie: Wir wollen es zurückgeben und wollen nichts von ihnen fordern und wollen tun, wie du gesagt hast. Und ich rief die Priester und nahm einen Eid von ihnen, dass sie so tun sollten. Auch schüttelte ich mein Gewand aus und sprach: So schüttle Gott einen jeden aus seinem Hause und

aus seinem Besitz, der dies Wort nicht hält: so sei er ausge-
schüttelt und leer! Und die ganze Gemeinde sprach »Amen«
und lobte den Herrn. Und das Volk tat so.

(Nehemia 5,12-13)

An diesem Tag wechseln Millionen von ergaunertem Geld
den Besitzer. Häuser, Äcker, Weinberge werden zurück-
gegeben. Die Verwaltungsbeamten auf dem Katasteramt
schieben massiv Überstunden. Tausende von Grundbuch-
einträgen werden rückgängig gemacht.
War das selbstverständlich? Ganz und gar nicht! Es war
ein vom Heiligen Geist gewirktes Wunder! Wie läuft es denn
normalerweise, wenn Menschen in ihrem Gewissen getroffen werden? Sie werden wütend und machen demjenigen,
der ihre Gewissen – sehr zu Recht – berührt hat, bittere
Vorwürfe. Sie tun so, als läge das Unrecht bei dem, der das
Unrecht beim Namen genannt hat, und nicht bei ihnen.
Sie verhärten sich und sorgen dafür, dass der unbequeme
Mahner mundtot gemacht wird. Insbesondere, wenn es um
Geld geht, ist das sehr oft der Fall.

Hier ist ein Beispiel[60]:
Da gab es mal eine kleine Stadt im Westen der USA. Deren Einwohner waren groß ins Holzgeschäft eingestiegen. Sie
fällten Bäume und flößten sie dann auf dem Fluss hinunter
zu den Sägewerken, wo aus den Baumstämmen Bretter ge-
sägt wurden. Eines Tages fanden die Bewohner der Stadt, es
sei nun an der Zeit, eine Kirche zu bauen. Die Kirche wurde gebaut und ein Prediger angestellt. Soweit, so gut. Eines
Tages nun machte der Prediger einen Spaziergang am Fluss
entlang. Was er dort sah, verstörte ihn zutiefst. Er sah nämlich, dass seine Gemeindemitglieder die Baumstämme, die

---

60   Michael Green (Hrsg.), Illustrations for Biblical Preaching, Grand
      Rapids, Michigan, 1990, S. 27f (Übersetzung durch den Autor).

von flussaufwärts herab geschwommen kamen, aus dem Wasser fischten. Dann griffen sie zu ihren Sägen und sägten die Stempel am Ende der Stämme ab. Die Stempel dienten dazu, den Besitzer des betreffenden Stammes zu kennzeichnen. Mit andern Worten: Die Leute klauten die Stämme, die den Bewohnern der Stadt flussaufwärts gehörten.

Der Prediger war schockiert und hielt am nächsten Sonntag eine Predigt zu dem Thema: „Du sollst nicht stehlen!" Am Ende des Gottesdienstes kamen die Leute zu ihm, bedankten sich herzlich und sagten: „Mächtig feine Predigt heute!"

Am nächsten Tag ging der Prediger wieder zum Flussufer hinab. Doch wie entsetzt war er, als er entdeckte, dass seine Gemeindemitglieder munter weiter die Stempel absägten und den Baumstämmen dann ihren eigenen Stempel aufprägten. Am nächsten Sonntag hielt er darum eine Predigt zu dem Thema: „Du sollst nicht die Stempel auf anderer Leut´s Baumstämmen absägen." Als er die Predigt beendet hatte, erhob sich die Gemeinde wie ein Mann und jagte ihn aus der Stadt.

Der Prediger hatte die Gewissen der Leute berührt. Aber anstatt nun ihren Holzdiebstahl aufzugeben, verhärteten sie sich innerlich. Sie gerieten in Wut. Sie taten so, als habe der Prediger ein großes Unrecht getan, und machten ihn mundtot, indem sie ihn aus der Stadt jagten. So läuft es oft, wenn viel Geld im Spiel ist. Die Gewissen rühren sich, aber die Herzen verhärten sich. Anstatt dem Unrecht ein Ende zu setzen, jagt man lieber denjenigen in die Wüste, der die Gewissen berührt hat. So kehren dann wieder Ruhe und Frieden ein – eine Friedhofsruhe und ein fauler Frieden.

Wenn es also dazu kommt, dass das eigene Gewissen berührt wird und sich schmerzhaft zu rühren beginnt, dann kann man leicht in Wut geraten. Feige weicht man der eigentlich notwendigen Kurskorrektur aus und tut so, als habe derjenige, der das Unrecht öffentlich gemacht hat, einen schlimmen Fehler begangen. Dann geschieht es sehr leicht, dass man das eigene Unrecht verdrängt, den unbequemen

Mahner verurteilt statt sich selbst und ihm zukünftig aus dem Wege geht. Und all das, weil man ein Unrecht nicht loslassen wollte, an das man sich gewöhnt hat. Wenn also unser Gewissen das nächste Mal berührt wird, ist Wachsamkeit geboten! Es ist besser, den Weg der schmerzhaften Buße zu gehen und das Unrecht in Ordnung zu bringen, auch wenn es sagenhaft schwer fällt. Nur so kann man frei werden! Andernfalls verstrickt man sich nur immer tiefer in Schuld und Unrecht und verliert seine Glaubwürdigkeit als Christ.

EIN GROSSES BEISPIEL

Und von der Zeit an, als mir befohlen wurde, ihr Statthalter zu sein im Lande Juda, nämlich vom zwanzigsten Jahr an bis in das zweiunddreißigste Jahr des Königs Artahsasta, das sind zwölf Jahre, verzichtete ich für mich und meine Brüder auf meine Einkünfte als Statthalter. Denn die früheren Statthalter, die vor mir gewesen waren, hatten das Volk belastet und hatten für Brot und Wein täglich vierzig Silberstücke von ihnen genommen; auch ihre Leute waren gewalttätig mit dem Volk umgegangen. Ich aber tat nicht so um der Furcht Gottes willen. Auch arbeitete ich an der Mauer und kaufte keinen Acker und alle meine Leute mussten sich dort zur Arbeit versammeln. Dazu waren von den Juden, nämlich den Ratsherren, hundertfünfzig an meinem Tisch und auch die, die zu uns kamen aus den Völkern, die um uns her wohnten. Und dafür brauchte man täglich einen Stier und sechs auserlesene Schafe und Geflügel und jeweils für zehn Tage eine bestimmte Menge Wein. Dennoch forderte ich nicht die Einkünfte eines Statthalters; denn der Dienst lag schon schwer genug auf dem Volk. Gedenke, mein Gott, zu meinem Besten an alles, was ich für dies Volk getan habe!

(Nehemia 5,14-19)

145

Am Ende des 5. Kapitels gewährt Nehemia einen tiefen Blick in sein Herz. Er zieht Bilanz für sich selbst. Er überprüft sein eigenes Leben, wie denn dort die Dinge stehen. Er stellt sich selbst den Maßstäben, die er an andere angelegt hat. Das Ergebnis: In den zwölf Jahren, die er als Statthalter in Jerusalem arbeitete, verzichtete er auf sein Gehalt. An sich war es für Statthalter üblich, für jeden Tag ihres Dienstes vierzig Silberstücke vom Volk zu verlangen. Das waren im Jahr rund 15 000 Silberstücke, ein Vermögen! Nehemia verzichtete vollständig darauf. Andere Statthalter vor ihm hatten das ihnen zustehende Geld oft genug mit Waffengewalt eingetrieben. Unvorstellbar für Nehemia! Den Grund für sein Verhalten nennt er in Vers 18: *Dennoch forderte ich nicht die Einkünfte eines Statthalters; denn der Dienst lag schon schwer genug auf dem Volk.*

Nehemia wusste, dass die Steuerlast für den persischen König sowieso schon wie ein schweres Joch auf den Leuten lag, und er zog die Konsequenzen daraus. Er verzichtete vollständig auf sein Gehalt. Er tat das einfach. Er redete nicht darüber. Er tat einfach, was er für gut und richtig erkannt hatte.

Nehemia widerstand auch der Versuchung, für sich selbst Grundeigentum zu erwerben, obwohl das zum Teil spottbillig zu haben war. Er nutzte die vermeintlich günstige Gelegenheit eben nicht! *Auch arbeitete ich an der Mauer und kaufte keinen Acker,* bilanziert er (V. 16).

Und dann die Essensgäste ... Nehemia hatte ein offenes Haus. 150 Dauergäste aßen täglich bei ihm. Dazu kamen Gesandte, Geschäftsleute, Militärs und Politiker aus den Nationen ringsum. Die hatten aller Wahrscheinlichkeit nach einen gesegneten Appetit und ließen es sich schmecken bei ihm: *Dafür,* schreibt Nehemia, – *brauchte man täglich* (!) *einen Stier und sechs auserlesene Schafe und Geflügel und jeweils für zehn Tage eine bestimmte Menge Wein.* Für all diese Köstlichkeiten zahlte Nehemia aus eigener Tasche. Man möchte nicht wissen, was das gekostet hat. Billige Discounter mit günstigen Preisen gab es damals jedenfalls nicht!

Nehemia nennt dann seinen tiefsten Beweggrund, warum er sich derart rücksichtsvoll und spendabel zeigte: *Ich aber tat nicht so um der Furcht Gottes willen* (V. 15). Die Ehrfurcht vor Gott, die Liebe zu Gott und der Wunsch, Gott mit seinem ganzen Leben zu ehren, war die Motivation, die ihn antrieb. Es war ihm egal, ob sein Tun von Menschen gesehen und anerkannt wurde. Es war ihm egal, ob er dadurch persönlich Nachteile hatte. Es war ihm egal, wenn einzelne seine Großzügigkeit bisweilen ausnutzten und sich an ihm schadlos hielten. All das war ihm egal. Aber es war ihm nicht egal, wie er vor Gott dastand. Ihn wollte er ehren. Ihn wollte er fürchten. Für ihn wollte er leben. Das war ihm ganz und gar nicht egal. Damit gibt er ein großes Beispiel.

Wer also heute mit und für Jesus lebt, dem sollte es egal sein, ob die Zeitungen darüber berichten, ob über ihn getwittert wird und wie viele „Likes" er bei Facebook bekommt. Denn die tiefste Motivation der Nachfolger Jesu ist es, Jesus zu dienen, ihn zu fürchten und ihn mit ihrem ganzen Leben zu ehren. Seine Anerkennung ist das Entscheidende, und nicht die Anerkennung von Menschen. Sie tun einfach, was sie vor ihrem Herrn für gut und richtig erkannt haben.

Als der Journalist und Afrikareisende Henry Morgan Stanley im Jahr 1871 in Afrika unterwegs war, begegnete er dort dem Missionar und Afrikaforscher David Livingstone. Mehrere Monate beobachtete er Livingstone bei seiner Arbeit. Er sah seine schier endlose Liebe und Geduld mit den Menschen dieses Kontinents. Später schrieb er darüber in sein Tagebuch: „Ich sah die unermüdliche Geduld Livingstones, seine nie erlahmende Hingabe an die Menschen Afrikas. Und ich wurde Christ an seiner Seite, obwohl er nie auch nur ein einziges Wort mit mir gewechselt hat."[61]

---

61 http://www.evangeliums.net/gleichnisse/gleichnis_von_unerschoeplicher_geduld_livingstones_ueberfuehrt.html.

Auch Livingstone tat einfach, was er vor Gott für gut und richtig erkannt hatte. Auf menschliches Lob war er nicht scharf. Gott gebrauchte sein Beispiel, um Menschen auf sich aufmerksam zu machen und sie zu einem Leben mit Jesus einzuladen. Aus großen Problemen ist damals im Jahr 443 v. Chr. in Jerusalem eine große Wende, ein großer geistlicher Neuaufbruch geworden. Bewirkt hat diese Wende und diesen geistlichen Neuaufbruch der Geist Gottes. Nehemia war das Werkzeug dazu. Er stellte sich Gott umfassend zur Verfügung, und Gott wirkte durch ihn. Nehemias Beispiel soll und kann Christen heute neu zur unwandelbaren Treue in der Nachfolge Jesu motivieren.

11.

STOLPERSTEINE (1)

Nehemia 6,1-9

Unter der Überschrift „Gefährliche Stolperfalle"[62] berichteten die Zeitungen im August 2014 von einer ausgesprochen fiesen Fallstrick-Aktion, die in der Stadt Hildesheim gelaufen war. Was war geschehen? Unbekannte hatten nachts in der Oststadt von Hildesheim rund 2000 Meter Angelschnur kreuz und quer über Fußwege und Straßen gespannt. Sie sollte Passanten zum Stolpern und zum Stürzen bringen.

Und genauso kam es auch. Eine 19 Jahre alte Passantin stolperte kurz nach Mitternacht über die Schnur und schlug lang hin. Als sie sich wieder aufgerappelt hatte, informierte sie stehenden Fußes die Polizei. Die Beamten konnten daraufhin auch in angrenzenden Straßenzügen Teile der Nylonschnur aufspüren. Als Befestigungs- und Umlenkungspunkte hatten die Täter Straßenlaternen, Masten von Verkehrsschildern und Gartenzäune genutzt. Ernsthaft verletzt wurde gottlob niemand.

---

62 Hannoversche Allgemeine Zeitung, 06.08.2014, http://www.haz.de/Nachrichten/Der-Norden/Uebersicht/Falle-aus-Angelschnur-gespannt.

Es ist nicht bekannt, ob die Stolperfallen-Strippenzieher jemals gefasst und dingfest gemacht werden konnten. Auch das Motiv, warum sie Menschen zum Stolpern bringen wollten, blieb im Dunkeln. Stolperfallen wie die in Hildesheim sind eine üble Sache. Aber es gibt auch Stolperfallen, die ganz ohne Angelschnur auskommen und dennoch kaum weniger gefährlich sind. Nehemia Ben Hachalja lernte sie kennen, als er im Jahr 443 v. Chr. daranging, einen Auftrag Gottes auszuführen: den Auftrag, die Stadtmauern und Tore der zerstörten Stadt Jerusalem wieder aufzubauen. Von Anfang an schlugen ihm dabei Ablehnung und Feindschaft entgegen: Sanballat, Tobija und Geschem, allesamt lokale Potentaten mit erheblichem Einfluss und bedeutenden militärischen Mitteln, versuchten von Anfang an, ihn von der Ausführung seines großen Auftrages abzuhalten. Aber Nehemia ließ sich nicht so einfach einschüchtern. Mit viel Klugheit und Umsicht organisierte er den Wiederaufbau der Stadtmauern Jerusalems. Als seine Gegner dann begriffen, dass sie diesen Mann nicht mit Gewalt und Druck in den Griff kriegen würden, versuchten sie etwas anderes. Sie legten ihm Stolpersteine in den Weg, die ihn zu Fall bringen sollten. Was das für Stolpersteine waren und wie Nehemia mit ihnen umging, darum geht es im sechsten Kapitel seines Buches.

Der erste Stolperstein, mit dem Nehemia es zu tun bekommt, ist gleich von ganz übler Machart. Es handelt sich um falsche Kompromisse, zu denen seine Gegner ihn nötigen wollen.

FALSCHE KOMPROMISSE

Als Sanballat, Tobija, Geschem, der Araber, und unsere übrigen Feinde erfuhren, dass ich die Mauer fertig gebaut hatte, dass keine Lücke mehr geblieben war – nur die Torflügel

hatte ich zu diesem Zeitpunkt noch nicht eingesetzt –, schick-
ten Sanballat und Geschem einen Boten mit der Einladung
zu mir, sie in Kefirim im Ono-Tal zu treffen.

(Nehemia 6,1-2)

Nach Wochen harter Konfrontation dreht plötzlich der Wind
– so scheint es. Sanballat, Tobija und Geschem, der Araber,
zeigen sich auf einmal erstaunlich kooperativ. Sie präsentieren eine (scheinbar) richtig nette Einladung. Sie bieten
Nehemia ein Treffen in vertrauter Runde in dem Dörfchen
Kefirim an. Das liegt auf halbem Weg zwischen Jerusalem
und Samaria. Aus erklärten Feinden scheinen Freunde geworden zu sein. Denn der Sinn des Treffens kann ja nur
darin bestehen, in Zukunft den Bau der Stadtmauer Jerusalems gemeinsam zu betreiben. Zusammenarbeit ist angesagt. Die Botschaft der drei Potentaten ist ganz einfach:
„Wir sind bereit, dir auf halbem Weg entgegenzukommen,
geschätzter Nehemia. Nun komm schon, zeig dich mal von
deiner freundlichen Seite!"
 Waren die drei etwa auf Zusammenarbeit aus?, hätte Nehemia sich nun fragen können. Das wäre doch grundsätzlich
erstmal etwas Gutes. Mit Hilfe der drei einflussreichen Persönlichkeiten könnte der Aufbau der Stadtmauer Jerusalems
rasch an Tempo gewinnen und viel schneller zum Abschluss
kommen. Wäre doch fantastisch! Nehemia müsste nur mal
zeigen, dass er teamfähig ist – Teamfähigkeit wird schließlich
überall verlangt –, und schon wäre die Sache geritzt. Nehemia müsste nur einen kleinen Kompromiss eingehen. Mehr
wäre nicht notwendig. Nur ein kleiner Kompromiss.
 Aber in Wahrheit haben die drei Potentaten etwas ganz
anderes im Sinn. Ihre Strategie folgt dem Plan: „Wenn du
jemanden auf offenem Feld nicht schlagen kannst, dann
locke ihn in einen Hinterhalt und schalte ihn aus!" Das ist
es, was sie eigentlich wollen! Das scheinbar so freundliche
Angebot eines Beratungsgesprächs – ist in Wahrheit ein
Stolperstein, ein falscher Kompromiss, eine Falle.

Aber Nehemia durchschaut den Plan. *Sie führten allerdings Böses gegen mich im Schilde*, schreibt er in Vers 2 in sein Tagebuch. Wie konnte er das wissen? Nehemia kannte die Ziele seiner Widersacher sehr genau. Er wusste: Sie wollten nur Eines, nämlich die Arbeiten an der Stadtmauer verlangsamen, dann möglichst einstellen und die Stadt am Ende wieder wehrlos machen – wie früher. Das war es, was sie in Wahrheit wollten. Der erste Schritt zu diesem Ziel bestand darin, Nehemia aus Jerusalem herauszulocken und ihn zu töten. Dann wären die Stadt und das große Bau-Projekt ohne Führung. Die drei hätten dann Stein und Bein geschworen, dass sie leider auch nicht wüssten, wo Nehemia geblieben sei, so nach dem bekannten Motto: „Mein Name ist Hase. Ich weiß von nichts!"

Es gibt Kompromisse, die gut sind und das Leben erleichtern. Jeder, der verheiratet ist, weiß, dass man da manchmal Kompromisse schließen muss. Die geben der Ehe dann neuen Schwung. Wenn es aber um das Reich Gottes geht, wenn es um die Gemeinde Jesu geht, wenn es um die Maßstäbe und den Willen Gottes geht, dann kann es keine Kompromisse geben. Denn Gott ist Gott. Wenn er für uns konkurrenzlos wichtig ist, dann kann es, was ihn und seinen Willen angeht, keine Kompromisse geben! Das wären dann falsche Kompromisse. Wer die leichtfertig eingeht, verliert seine geistliche Integrität. Dann macht man sich angreifbar.

Geistliche Integrität ist für den, der sein Leben zur Ehre und Verherrlichung Gottes leben will, ein sehr wesentlicher Faktor. Sie verleiht nämlich dem eigenen Tun und den eigenen Worten in hohem Maß Glaubwürdigkeit. Wenn sie fehlt, oder besser, wenn sie verspielt worden ist, dann wird es schwierig. Dann entsteht ein Glaubwürdigkeitsproblem. Dann macht man sich angreifbar. Deswegen ist geistliche Integrität so ein wichtiges Thema.

Das Wort „Integrität" kommt von dem lateinischen Wort „integer". Es bedeutet so viel wie „unverletzt", „unverdorben",

„einwandfrei", „unbestechlich", „charakterfest" oder auch „echt". Wenn ein Mensch geistlich integer ist, dann bedeutet das, dass seine Beziehung zu Jesus unverletzt, unverdorben und einwandfrei ist, und dass er in seinem Christsein echt und charakterfest ist. Wenn ein Mensch seine geistliche Integrität verloren hat, bedeutet das, dass seine Beziehung zu Jesus belastet ist und er in seinem Christsein eben nicht mehr echt und nicht mehr charakterfest ist.

Der Autor Steven Covey spricht in diesem Zusammenhang von einem „Integritäts-Konto"[63]. Das ist ein sehr guter Ausdruck. Auf ein Konto kann man bekanntlich einzahlen oder auch davon abheben. Wenn ein Konto leer ist, kann man nichts mehr abheben oder man muss das Konto überziehen. Dann weist sein Saldo einen Minus-Betrag aus und es gibt auf Dauer Probleme.

Mit der menschlichen Integrität ist es genauso. Sie kann aufgebaut (vermehrt) werden, wenn man kontinuierlich auf sein „Integritätskonto" einzahlt. Sie kann abgebaut (verringert) werden, wenn man von seinem Integritätskonto immerfort nur abhebt.

Die spannende Frage ist: Wodurch zahlt man auf das Integritätskonto ein, und wie funktioniert der Vorgang des Abhebens?

Man zahlt immer dann auf das Integritätskonto ein, wenn man im Einklang mit Gottes Maßstäben, Gottes Zielen und Gottes Wesen lebt. Man hebt von dem Integritätskonto ab, wenn man Gottes Maßstäbe missachtet, seine Ziele ignoriert und mit dem eigenen Tun im Gegensatz zu Gottes Wesen steht.

Bei beiden Vorgängen – Einzahlen und Abheben – sind die kleinen „Beträge" besonders wichtig. Wer im Kleinen treu ist und Gottes Maßstäben und Zielen im täglichen

---

63 Steven R. Covey, A.R. Merrill, Rebecca R. Merrill, Der Weg zum Wesentlichen. Zeitplanung der vierten Generation, Frankfurt 1997, S. 60f.

Klein-Klein folgt, trägt mehr zum Anwachsen seines Integritätskontos bei, als das durch einzelne große „Heldentaten" der Fall ist, die er für Gott tut.

Umgekehrt gilt: Wer im Kleinen nicht treu ist und im täglichen Klein-Klein Gottes Maßstäbe und Ziele aus den Augen verliert und falsche Kompromisse eingeht, der wird damit stärker zur Absenkung seines Integritätskontos beitragen als es einzelne größere Fehler tun, die er sich vielleicht leistet. Die fatale Wirkung großer Fehler soll damit überhaupt nicht heruntergespielt werden. Hier geht es nur darum, deutlich zu machen, dass ein Konto durch dauernde, kleine Abhebungen womöglich mehr belastet wird, als durch eine einzelne größere.

Nach der Bibel gelten folgende Prinzipien: Wer nicht mehr nach Gottes Maßstäben, sondern nach menschlichen Maßstäben lebt und falsche Kompromisse eingeht, der macht sich angreifbar, unglaubwürdig und schwach. Umgekehrt gilt: Wer nach Gottes Maßstäben und Zielen lebt und falsche Kompromisse meidet, der ist nicht so leicht angreifbar; er ist als Christ glaubwürdig und auch innerlich stark.

Im Römerbrief, Kapitel 12,Vers 2, heißt es: *Und richtet euch nicht nach den Maßstäben dieser Welt, sondern lasst die Art und Weise, wie ihr denkt, von Gott erneuern und euch dadurch umgestalten, sodass ihr prüfen könnt, ob etwas Gottes Wille ist – ob es gut ist, ob es Gott gefallen würde und ob es zum Ziel führt.*

Ein Beispiel soll deutlich machen, worum es geht: Es gibt zurzeit einen ziemlich starken Trend in der Bundesrepublik. Dieser Trend behauptet, der Gott der Bibel und der Gott des Korans seien ein und derselbe Gott. Wenn man nur genau genug hinschaue, dann sagten die Bibel und der Koran eigentlich das Gleiche. Wer sich nun diesem Trend widersetzt, gerät schnell in den Verdacht, ein engherziger Betonkopf zu sein, der sich einfach der Zusammenarbeit mit dem Islam verweigert. Teamfähigkeit ist angesagt. So kommen Christen manchmal unter Druck. Sie haben den

Eindruck, die Mehrheit ist gegen sie. Sie stehen dann in der Gefahr, nachzugeben und einen falschen Kompromiss einzugehen.

Das aber hätte enorme Folgen, denn der Koran leugnet, was in der Bibel am allerwichtigsten ist. Er leugnet, dass Jesus der Sohn Gottes ist. Er leugnet, dass Jesus gekreuzigt wurde. Er leugnet, dass Jesus als Sohn Gottes sein Leben als Opfer für die Sünden der Menschen gab. Er leugnet, dass Jesus von den Toten auferstanden ist. Er leugnet, dass Jesus, der Weg, die Wahrheit und das Leben ist. Und er ruft mehr als einmal dazu auf, Christen, die sich nicht dem Koran beugen wollen, zu benachteiligen und zu verfolgen.

Wer den Koran sorgfältig von Sure 1 bis Sure 114 durchliest, stößt dabei unweigerlich auf eine grundsätzliche Erkenntnis: Der Allah des Korans hat mit dem Gott der Bibel nichts zu tun. Es tauchen im Koran zwar Personen oder Ereignisse auf, von denen auch in der Bibel die Rede ist. Das bestreitet niemand. Aber fast immer sind diese Personen und Ereignisse im Koran stark verändert worden und werden – verglichen mit der Bibel – verfälscht dargestellt. Der Allah des Korans und der Gott der Bibel haben nichts miteinander zu tun. Sie sind gerade nicht ein und dieselbe Person.

Was heißt das nun für die Christen in Deutschland? Sollen sie sich von Muslimen fernhalten, sie verurteilen und ausgrenzen? Nein! Denn jeder Muslim, jede Muslima, denen man im Alltag begegnet, sind Gottes geliebte Geschöpfe. Viele Muslime kennen den Koran auch gar nicht wirklich, sondern leben mehr in althergebrachten Traditionen. Wie gut, wenn Christen freundschaftliche oder wenigstens gut-nachbarschaftliche Kontakte zu ihnen aufbauen können. Wie gut, wenn sie ihnen taktvoll, respektvoll und mit viel Einfühlungsvermögen von Jesus, dem Retter, erzählen können, damit auch sie zur Rettung finden können und in den Himmel kommen. Muslime brauchen Jesus doch auch!

Nur eines sollten Christen auf keinen Fall tun: Sie sollten keine Abstriche an der Bibel, d. h. an Gottes Wort und an der

Wahrheit machen. Kompromisse wären an dieser Stelle fatal. Es wären falsche Kompromisse, die sie auf Abwege führen, weg von der Wahrheit Gottes. Wenn Christen solche Kompromisse eingehen, verlieren sie ihre geistliche Integrität. Sie plündern dann geradezu ihr geistliches Integritätskonto. Zurück zu Nehemia. Wie ist er eigentlich damals mit dem schillernden Angebot seiner Kontrahenten umgegangen? Nehemia berichtet:

Ich ließ ihnen durch Boten ausrichten: „Ich habe eine große Aufgabe zu bewältigen und kann nicht zu euch herunterkommen. Warum sollte die Arbeit dadurch ins Stocken geraten, dass ich mich mit euch treffe?" Viermal schickten sie mir die gleiche Einladung, und jedes Mal schickte ich ihnen dieselbe Antwort.

(Nehemia 6,3-4)

Nehemia hat den falschen Kompromiss erkannt, der ihm da – recht aufdringlich übrigens – angeboten wurde. Er hat ihn abgelehnt und sich nicht weiter damit aufgehalten, sondern einfach mit seiner Arbeit weitergemacht. Nehemia hat sich nicht in endlose Briefwechsel verwickeln lassen. Er hat kurz geantwortet und ist dann sofort wieder an seine Arbeit gegangen. Er hat einfach weiter das getan, was richtig war. Er hat sich nicht auf Nebenschauplätze locken lassen, wo nichts zu gewinnen war. Er hat sich schon gar nicht unter Druck setzen lassen. Er hat unbeirrt weitergemacht mit der Ausführung von Gottes Auftrag.

Was heißt das für Christen in der Bundesrepublik? Wenn wir als Christen unter Druck gesetzt werden, damit wir falsche Kompromisse eingehen, dann sollten wir uns nicht zu lange damit aufhalten. Wir sollten einfach weiter das tun, was richtig ist: Jesus treu sein, die Wahrheit Gottes, wie die Bibel sie präsentiert, kraftvoll leben und die Menschen um uns herum – egal, wer sie sind – liebhaben und sie zu Jesus, dem Retter, hinbegleiten.

HAARSTRÄUBENDE VERLEUMDUNGEN

Beim fünften Mal schickte mir Sanballat seinen Diener mit einem offenen Brief. Darin stand: „Unter den Leuten geht ein Gerücht um – und Geschem bestätigt es auch, dass du mit den Juden einen Aufstand vorbereitest und deshalb die Mauer wieder aufbaust. Man sagt, du wolltest ihr König werden. Du sollst sogar schon Propheten eingesetzt haben, die dich dann in Jerusalem zum König von Judäa ausrufen würden. Diese Gerüchte werden bestimmt auch dem König zu Ohren kommen. Komm also, damit wir beraten, was zu tun ist!"

(Nehemia 6,5-7)

Normalerweise wurden Briefe, die man damals an Amtsträger schickte, mehrfach versiegelt, so dass nur der Bevollmächtigte sie öffnen konnte. Daran hatte Sanballat allerdings überhaupt kein Interesse. Ihm war vielmehr daran gelegen, dass die gesamte Öffentlichkeit von dem Brief erfuhr. Seine Hoffnung war, dass möglichst viele Leute in Jerusalem den Inhalt des Briefes für bare Münze nehmen und sich dann womöglich gegen Nehemia wenden würden. Sanballats Absicht war also, unter den Leuten Nehemias Spaltungen hervorzurufen.

Die Verleumdungen des Briefes waren schlau ausgedacht und infam! Sanballat beschuldigte Nehemia, im Verborgenen einen Aufstand zu schüren. Er behauptete auch, Nehemia habe schon Propheten eingesetzt, die seine Krönung als König bekannt machen sollten (Vers 7). Hätten diese Gerüchte damals tatsächlich den persischen König erreicht, Nehemia hätte vermutlich sofort sein Amt, wahrscheinlich auch sein Leben verloren. Die persischen Könige waren in dieser Hinsicht wenig zimperlich! Das hätte mit Sicherheit das Ende aller Bautätigkeiten in Jerusalem bedeutet.

Komm also, damit wir beraten, was zu tun ist, lädt Sanballat Nehemia am Ende des Briefes scheinheilig ein. Das war wiederum sehr niederträchtig ausgedacht! Wäre

Nehemia nämlich der Einladung gefolgt, hätte das wie ein Schuldgeständnis ausgesehen, und Sanballat hätte genau das mit Kusshand aufgenommen und sofort überall publik gemacht. Es hätte den haarsträubenden Verleumdungen noch einmal zusätzlich Auftrieb gegeben. Der Franzose Joseph Joubert hat einmal gesagt: „Die Verleumdung ist die Erleichterung der Bösartigkeit."[64] Und der bekannte Philosoph Voltaire[65] sagte einmal: „Die Verleumdung ist schnell und die Wahrheit langsam." Beide Zitate beschreiben die Wirklichkeit ganz gut. Verleumdungen haben immer etwas Bösartiges an sich. Sie verbreiten sich in der Tat auch viel, viel schneller als die Wahrheit.

Wie ist Nehemia damals mit den gegen ihn gerichteten Verleumdungen umgegangen? Sehr wahrscheinlich hat Nehemia damals eine ganz simple Überlegung angestellt. „Was" – so wird er sich gefragt haben – „will Sanballat eigentlich erreichen?"

Die Antwort lag auf der Hand: Sanballat wollte die Bauarbeiten an Jerusalems Stadtmauer zum Erliegen bringen. Darum hat Nehemia damals als allererstes das getan, was Sanballat unbedingt verhindern wollte. Er hat die Bauarbeiten mit erhöhter Geschwindigkeit und vermehrter Energie vorangetrieben. *Sie versuchten uns einzuschüchtern in der Hoffnung, dass wir die Arbeit abbrechen würden. Doch nun legte ich umso eifriger Hand ans Werk* (Vers 9).

Was hat Nehemia sonst noch getan? Die Zeitungen bemüht? Eine Twittermeldung abgesetzt? Einen Shit-Storm organisiert? Einen Schwarm von Anwälten mit der Wahrnehmung seiner Rechte beauftragt? Nichts dergleichen. Nur zwei kleine deftige Sätze hat er Sanballat zukommen lassen. Sie lauteten schlicht (Vers 8): *„Was du schreibst, ist*

---

64   https://www.aphorismen.de/zitat/97686.
65   https://www.aphorismen.de/zitat/10790.

völlig aus der Luft gegriffen. Das hast du alles frei erfunden." Das war´s. Mehr nicht!

Nehemia hat also nicht versucht, die haarsträubenden Verleumdungen irgendwie einzufangen und unschädlich zu machen. Das hätte viel Zeit und Kraft gebunden, die anderswo viel nötiger gebraucht wurden. Es hätte am Ende auch nichts genützt, es ist unmöglich, einmal ausgestreute Verleumdungen wieder einzufangen, egal, wie sehr man sich auch bemüht.

In einem Dorf soll sich vor Jahren einmal folgende Geschichte zugetragen haben[66]: Durch üble Nachrede wurde eines Mannes Ruf zerstört. Als dieser irgendwann herausfand, wer das Gerücht über ihn verbreitet hatte, suchte er ihn auf, ohne ihm gleich zu sagen, warum er ihn sprechen wollte. Er bat ihn, ihn zur Dorfkirche zu begleiten. Mit dabei hatte er einen Sack voller Daunenfedern. Gemeinsam stiegen sie auf den Kirchturm. Dort schüttete der Verleumdete den Sack voller Federn aus, und der Wind trug sie in alle Himmelsrichtungen. Dann stellte er seinem Gegenüber die Frage: „Was meinen Sie? Wird es möglich sein, alle Federn wieder einzusammeln und hier in den Sack zu stecken?" – „Natürlich nicht", war die Antwort, „aber warum fragen Sie?" – „Nun" erwiderte ihm der Geschädigte, „so unmöglich wie es ist, die Federn wieder hier in den Sack zu sammeln, so unmöglich wird es sein, meinen guten Ruf wiederherzustellen, den Sie durch eine falsche Behauptung über mich zerstört haben."

Wer daher Opfer von haarsträubenden Verleumdungen wird, sollte nicht versuchen, sie alle wieder einzufangen. Verleumdungen, die einen treffen, tun natürlich sehr weh. Man entwickelt sofort das intensive Bedürfnis, sie irgendwie aufzuhalten und alles richtigzustellen. Aber niemand

---

66 http://www.christenimgolfsport.com/gedanken/kurzund-buendig/ueble-nachrede.

wird das schaffen. Es lohnt darum nicht, Zeitungen, Anwälte oder soziale Medien zu bemühen. Sie geben den Verleumdungen nur neuen Auftrieb. Viel besser ist es, stattdessen einfach das Leben in der Nachfolge Jesu mit erhöhter Energie unbeirrt fortzusetzen und Jesus für alles andere sorgen zu lassen.

So hat es auch der bekannte Bibelausleger George Campbell Morgan[67] gehalten. Bei mehr als einer Gelegenheit kursierten um diesen begnadeten Bibelausleger wilde Gerüchte, die ihn des Abfalls vom christlichen Glauben beschuldigten. Campbells Reaktion war immer die gleiche, und er fasste sie in folgende Worte: „Es wird vorübergehen. In der Zwischenzeit arbeite ich in aller Ruhe weiter." Genauso verhielt sich Nehemia.

Wie geht man nun aber damit um, wenn man irgendeine haarsträubende Behauptung über einen Menschen aufgetischt bekommt, den man selbst kennt? Wie verhält man sich, wenn einem jemand etwas Negatives über einen anderen erzählen will?

Es gibt eine sehr einfache und überaus wirksame Reaktion, um herauszufinden, ob es sich um eine belastbare Tatsache oder um eine üble Verleumdung handelt. Man stellt demjenigen, der einem gerade irgendeine haarsträubende Neuigkeit unterjubeln will, einfach folgende Frage: „Darf ich mich auf Ihren Namen berufen, wenn ich die Beteiligten zu dieser Sache befrage?" Meist hat sich das Thema damit erledigt.

Was ist, wenn man sich selbst dabei erwischt, dass man im Begriff steht, über einen anderen Menschen übel zu reden? Es ist hilfreich, sich dann bewusst zu machen, dass die Wahrheit, die Jesus in der Bergpredigt lehrte, auch heute noch greift. Im Matthäusevangelium, Kapitel 7, Verse 1-5,

---

67   Warren W. Wiersbe, Sei fest entschlossen, Lee Vance View, Colorado Springs, Colorado, 1992, S. 83

finden sich folgende Worte von Jesus: *„Richtet nicht, damit ihr nicht gerichtet werdet! Denn mit demselben Gericht, mit dem ihr richtet, werdet auch ihr gerichtet werden; und mit demselben Maß, das ihr an andere anlegt, werdet auch ihr gemessen werden. Was siehst du aber den Splitter im Auge deines Bruders, und den Balken in deinem Auge siehst du nicht? Oder wie kannst du zu deinem Bruder sagen: Halt, ich will den Splitter aus deinem Auge ziehen! – und siehe, der Balken ist in deinem Auge? Du Heuchler, zieh zuerst den Balken aus deinem Auge, und dann wirst du klar sehen, um den Splitter aus dem Auge deines Bruders zu ziehen!"*

A. B. Simpson[68], Gründer der „Christian and Missionary Alliance", sagte am Ende des 19. Jahrhunderts einmal: „Ich würde lieber mit zuckenden Blitzen spielen oder unter Strom stehende Drähte mit ihrer geballten Energie in die Hand nehmen, als leichtfertig etwas gegen irgendeinen Diener Christi zu sagen oder bedenkenlos jene Giftpfeile der Verleumdung weiterzuleiten, die Tausende von Menschen auf andere schleudern und sich dabei an Leib und Seele schaden."

Nehemia hat damals das einzig Richtige getan, als Sanballat seine Giftpfeile der Verleumdung auf ihn abschoss. Er hat sie ignoriert und mit vermehrter Kraft und erhöhter Energie an der Ausführung von Gottes Auftrag weitergearbeitet. So wurde die haarsträubende Verleumdung für ihn nicht zum Stolperstein.

Stolpersteine liegen immer wieder einmal auf dem schmalen Weg der Nachfolge Jesu Christi herum. Sie möchten einen auch ganz gern zu Fall bringen. Aber wer fest bleibt in der Wahrheit Gottes und ruhig immer weitergeht in der Nachfolge Jesu, der wird nicht durch solche Stolpersteine zu Fall kommen.

---

68   Warren W. Wiersbe, Sei fest entschlossen, Lee Vance View, Colorado Springs, Colorado, 1992, S. 82.

12.

STOLPERSTEINE (2)

Nehemia 6,10-19

Er ist mit Leib und Seele Polizeibeamter im Kölner Süden, ein Verfechter von Gerechtigkeit und Ordnung. Als Einbrecher in sein Mehrfamilienhaus einbrachen, schwor sich der Polizist: „Die Kerle schnappe ich mir."[69] Aus seinem Haus, das der Beamte mühevoll in seiner Freizeit renoviert hatte, hatten die Ganoven wertvolles Werkzeug gestohlen. Das machte den Beamten richtig sauer. Daher schmiedete er einen Plan: Der 53-Jährige stellte ein paar interessante Gegenstände für die Diebe hin und legte sich auf die Lauer. Um frühzeitig gewarnt zu werden, hatte er einige Stolperdrähte ausgelegt, die mit Metalldosen verbunden waren. Es kam wie erhofft: Zwei Ganoven stiegen um 2.51 Uhr in das Haus ein, die Dosen lärmten, und der Polizist empfing die Täter mit der gezückten Dienstwaffe. Sie ließen sich widerstandslos festnehmen. Dass der Hausherr nun ausgerechnet Stolperdrähte für sie auslegen würde – noch dazu Stolperdrähte, die mit leeren Konservendosen verbunden waren und einen gehörigen Lärm veranstalteten –, damit

---

69   EXPRESS Köln, 03. 12. 2014 // http://www.express.de/koeln/
      fluchtversuch-scheiterte-ebenfalls--koelner-polizist-lockt-
      einbrecher-in-die-falle-393236.

hatten die fiesen Ganoven nicht gerechnet. Die Stolper-drähte brachten sie zu Fall.

Auch im Leben von Christen gibt es Stolperdrähte oder Stolpersteine. Die sorgen mit schöner Regelmäßigkeit da-für, dass Christen in ihrer Nachfolge Jesu Fehler machen – Fehler, die ihnen manchmal kaum bewusst werden. Fehler, die einfach passieren. Fehler, die das Leben in der Nachfol-ge Jesu aber nicht unerheblich beeinträchtigen.

Auf zwei oft gebrauchte Stolpersteine macht der nun fol-gende Teil von Nehemias Bericht aufmerksam: ernste Dro-hungen und schlimme Intrigen.

ERNSTE DROHUNGEN

Eines Tages besuchte ich Schemaja Ben-Delaja, den Enkel von Mehetabel, weil er verhindert war, zu mir zu kommen. Er sagte zu mir: „Lass uns miteinander ins Haus Gottes gehen und uns im Innern des Tempels einschließen. Sie wollen dich nämlich umbringen – noch heute Nacht!"

(Nehemia 6,10)

Völlig unerwartet wird Nehemia das Ziel einer düsteren Prophezeiung. Und die kommt nicht von irgendwem! Sie kommt von einem in Jerusalem ansässigen, sehr geachte-ten und anerkannten Propheten namens Schemaja Ben-De-laja. Schemaja bittet Nehemia um einen Besuch in seinem Haus. Dort rückt er mit einer bedrohlichen Botschaft her-aus: *„Sie wollen dich umbringen – noch heute Nacht!"*, sagt er mit unheilschwangerer Stimme und fügt hinzu: *„Lass uns miteinander ins Haus Gottes gehen und uns im Innern des Tempels einschließen."*

Wie würde man selbst reagieren, wenn jemand, den man achtet und dessen Wort man vertraut, mit solch einer An-kündigung an einen heranträte? Vermutlich würde man spontan große Angst empfinden und entsprechend betroffen reagieren. Tausend beängstigende Gedanken würden in diesem Moment durch das Hirn rasen: „Um Himmels willen, die Killer sind schon in der Stadt. Heute Nacht wollen sie zuschlagen. Es bleibt kaum noch Zeit. Ich muss weg! So schnell wie möglich! Ich will nicht, dass mein Leben jetzt schon endet. Ich will nicht sterben!" Panik würde einen ergreifen, und man würde um sein Leben rennen. Die Angst würde einem Beine machen.

Das Gegenteil von Glaube ist nicht der Zweifel. Das Gegenteil von Glaube ist die Angst! Und wer der Angst nachgibt und blindlings tut, was sie befiehlt, der stolpert in der Nachfolge Jesu.

Es ist interessant, einmal zu fragen, wo in der Bibel Angst das erste Mal eine Rolle spielt. Das war im Garten Eden, ganz am Anfang der Menschheitsgeschichte. Da machte der Teufel den ersten beiden Menschen, Eva und Adam, ein überraschendes Angebot. Er sagte (sinngemäß): „Wisst ihr beiden eigentlich, warum Gott es euch verboten hat, vom Baum der Erkenntnis des Guten und Bösen zu essen? Nein? Ich verrate es euch: Gott will euch das Beste vorenthalten. Er ist ein übler Knauser, der euch das Schönste nicht geben will!" In diesem Moment stieg in Eva zum ersten Mal in ihrem Leben Angst auf: Angst zu kurz zu kommen. Angst übervorteilt und betrogen zu werden. Natürlich ist das eine andere Angst, als die existentielle Angst um das eigene Leben, in die man damals Nehemia zu treiben versuchte. Aber auch sie führt erst Eva und dann Adam auf direktem Weg in Sünde. Sie griffen zu, und brachten so das Verhängnis des Todes über sich und alle, die nach ihnen kommen würden. Weil das so wunderbar funktionierte, weckt der Teufel bis heute immer wieder die Angst mit ihren vielen verschiedenen Gesichtern in Menschen, um sie ins Stolpern zu bringen.

Wie viele Fehler werden gemacht, wie viel Sünde passiert, wenn Angst Menschen treibt! Warum reagiert man sofort verärgert und verletzt, wenn Menschen einen respektlos und herablassend behandeln? Warum ist es einem so wichtig, was sie über einen denken? Weil man Angst hat, nicht genug Anerkennung zu bekommen. Man sucht dann nicht Anerkennung von Gott, der einen liebt, sondern entscheidet sich für einen kümmerlichen Ersatz: Anerkennung von Menschen.

Oder warum ist das so, dass es einem schwerfällt, großzügig zu sein und anderen von seinem Besitz abzugeben? Weil man Angst hat, dass für einen selbst dann nicht genügend übrigbleibt. Weil man Angst hat, dass Gott einen im Stich lassen und nicht für uns sorgen könnte.

Oder warum liegt es dem eigenen Herzen so nahe, über andere Menschen abzulästern? Weil man Angst hat, andere könnten besser dastehen als man selbst und anerkannter und erfolgreicher sein. Anstatt in der befreienden Gewissheit zu leben, dass man wichtig und bedeutend ist, weil Gott einen angenommen hat und durch einen wirkt, vergleicht man sich mit anderen und hat sofort Angst, sie könnten besser dastehen als man selbst.

Wer der Angst unkritisch nachgibt und tut, was sie befiehlt, gerät irgendwann ins Stolpern. Wenn also das nächste Mal die Angst das eigene Denken und Fühlen überschwemmt, ist Wachsamkeit angesagt! Dann sollte man nicht blind den Befehlen der Angst gehorchen, sondern sich fragen: Warum habe ich jetzt Angst? Was fürchte ich eigentlich so sehr? Wohin will meine Angst mich jetzt treiben? Treibt sie mich womöglich weg vor Gott und seinem Wort, von seinen klaren, guten Versprechen, die er darin für eine Vielzahl von Lebenslagen gibt? – Es ist keine Schande Angst zu haben! Aber es ist falsch, sich unkritisch Befehle von ihr geben zu lassen und diese dann blind und ohne jedes Nachdenken auszuführen. Wer das tut, stolpert im Leben mit Jesus!

Wie ist Nehemia damals mit der düsteren Drohung Schemajas umgegangen? Die nächsten Verse verraten es.

„Ein Mann in meiner Stellung läuft nicht davon", sagte ich. *„Und außerdem darf ich den Innenraum des Tempels überhaupt nicht betreten, denn das müsste ich mit dem Leben bezahlen. Nein, ich gehe nicht!"* Mir war nämlich klar geworden, dass nicht Gott ihn geschickt hatte. Er hatte mir diese Prophezeiung nur gesagt, weil Tobija und Sanballat ihn dafür bezahlt hatten. Sie wollten ihn benutzen, um mir Angst einzujagen, und mich dadurch zu einer Sünde verleiten. Damit wollten sie mich in üblen Ruf bringen, um mich dann verächtlich machen zu können.*

(Nehemia 6,11-13)

„Ein Mann in meiner Stellung läuft nicht davon! ... Nein, ich gehe nicht!" So reagierte Nehemia auf Schemajas einschüchternde Drohung. Natürlich stellt sich die Frage: Warum eigentlich lehnte er Schemajas Vorschlag ab, sich postwendend im Tempel zu verstecken und dort die Schotten dicht zu machen? Der Tempel war doch massiv gebaut. Das wäre doch ein sicherer Ort gewesen? Warum dieses entschiedene „Nein" Nehemias?

Nehemia war mit der Bibel, dem Wort Gottes, vertraut. Er wusste sehr genau, dass der Tempel nicht deswegen in der Stadt stand, um ihm als persönlicher Rückzugsort zu dienen. Der Tempel war für die Anbetung Gottes da und für sonst nichts! Darüber hinaus wusste Nehemia, dass ausschließlich die Priester das Innere des Tempels betreten durften. Aber er, Nehemia, war kein Priester. Nehemia war sicher auch aus der Bibel bekannt, dass einer der Könige Israels, seine Name war Usia, einmal den verhängnisvollen Fehler gemacht hatte, eigenmächtig den Tempel zu betreten. Das war ihm denkbar schlecht bekommen! Nehemia kannte das Wort Gottes. Und aus dem Wort Gottes wusste er, dass Schemajas Vorschlag ein sehr schlechter Vorschlag war. Er, Nehemia, durfte *den Innenraum des Tempels überhaupt nicht betreten, denn das müsste er mit dem Leben bezahlen.* Schemajas Rat, sich doch im Tempel zu verschanzen, war ein schlechter Rat, ein Rat, der sich direkt gegen das Wort Gottes richtete. Als Nehemia das klar wurde, wusste er auch, dass Schemajas Worte nicht von Gott kamen. Schemaja war ein falscher, besser noch, ein korrupter Prophet.

Nehemia schreibt rückblickend: *Mir war nämlich klar geworden, dass nicht Gott Schemaja geschickt hatte. Schemaja hatte mir diese Prophezeiung nur gesagt, weil Tobija und Sanballat ihn dafür bezahlt hatten Sie wollten ihn benutzen, um mir Angst einzujagen, und mich dadurch zu einer Sünde verleiten. Damit wollten sie mich in üblen Ruf bringen, um mich dann verächtlich machen zu können.*

Sehr wahrscheinlich hat Nehemia Angst gehabt, als er Schemajas dunkle Drohung hörte. Aber er ließ sich nicht von seiner Angst jagen. Er hielt stand und überlegte, was jetzt in dieser brenzligen Situation vor Gott die richtige Reaktion war. Und dann sagte er: „Nein!" Er trotzte der Angst, weil er Gott mehr fürchtete, als die Drohungen von Menschen.

Es ist also immer richtig, Gottes Wort zu folgen, egal wie bedrohlich die Konsequenzen auch sein mögen. Es ist immer falsch, dem Wort Gottes nicht zu gehorchen, auch wenn es manchmal so aussieht, als ob man durch solchen Ungehorsam etwas Gutes bekommen könnte. Wenn also das nächste Mal die Angst kommt und einen zu falschen Schritten verleiten will, dann ist es höchste Zeit, sich klarzumachen: Ich bin ein Kind Gottes! Ich werde von Jesus mit ewiger Liebe geliebt! Er hat mich aus souveräner Gnade in seine Nachfolge gerufen! Er hat mich durch sein Sterben am Kreuz von aller Schuld freigemacht! Ich werde in der Ewigkeit bei ihm sein! Er ist immer an meiner Seite und hat mir schon so oft Zeichen seiner Güte, Seiner Gnade und seiner Macht gegeben! Und darum fliehe ich jetzt nicht! Nein, ich halte stand und tue, was vor ihm richtig ist!

Wer das einmal so getan hat, in dem wird der Mut wachsen, es wieder zu tun. Und wer es wieder tut, in dem wird der Mut wieder und weiter wachsen, Jesus treu zu bleiben.

So wird man geistlich wachsen und stark werden in der Nachfolge Jesu. Wer das ausprobiert, wird merken, dass es stimmt! Es ist interessant, wie Nehemia seinen Bericht über seinen Besuch in Schemajas Haus abschließt. Er schließt mit einem Gebet.

„Du, mein Gott, vergiss nicht, was Tobija und Sanballat getan haben. Denk auch daran, was die Prophetin Noadja und die anderen Propheten taten, um mich einzuschüchtern."

(Nehemia 6,14)

In der Stunde der Angst wendet sich Nehemia sofort an Gott. Er badet nicht in seiner Angst. Er lässt sich nicht runterziehen von seiner Angst. Er lässt sich nicht lähmen von seiner Angst. Er richtet stattdessen seinen Blick auf den zwar unsichtbaren, aber höchst realen Gott. Er wendet den Blick weg von der Angst und hin zu dem Gott der Bibel, der alle Macht in Händen hält. Und dieser Wechsel der Blickrichtung ist so wichtig! Wer als Christ in eine bedrohliche Lage kommt und vor Angst nicht ein noch aus weiß, der starre nicht auf die Bedrohung, die Menschen vor ihm aufbauen! Er wende bewusst den Blick weg von der menschlichen Bedrohung und hin zu Jesus, dem Sohn Gottes, der der Herr aller Herren und König aller Könige ist! Wer ihn anbetet, ihm dankt, dass er wirklich der Herr ist, und sich ihm mit seinem ganzen Leben anvertraut, der wird erleben, dass Frieden in sein Herz kommt.

So erlebte es auch Hea Woo[70]. Sie lebte in Nordkorea, wo Christen auch heute stark verfolgt werden. Eines Tages schaffte sie den gefährlichen Weg über die Grenze nach China. Sie wurde von Christen aufgenommen, erlebte ihre liebevolle Fürsorge und das tägliche Lesen in der Bibel. Hea

---

70   Vgl.: Open Doors 04/12, Beten für Nordkorea, S. 4-7.

Woo vertraute ihr Leben Jesus an. Doch die schöne Zeit endete jäh, als sie von zwei betrunkenen Flüchtlingen an die chinesische Polizei verraten wurde. Sie wurde an Nord-Korea ausgeliefert, verbrachte zehn Monate im Gefängnis und kam dann in eines der berüchtigten Arbeitslager. Viele Menschen dort starben. Eine kleine Tasse Reis am Tag stillte den Hunger nur für wenige Minuten. Krankheiten, Schwerstarbeit und Misshandlungen waren an der Tagesordnung. Für Hea Woo gab es viele Momente, in denen sie an Gott zweifelte. Doch in den dunkelsten Momenten hörte sie Gottes Stimme. Er hatte sie nicht vergessen. „Trotz allem blieb ich Jesus treu", sagt sie. „Ich blieb treu, und Gott half mir zu überleben. Nicht nur das: Er schenkte mir den Mut, anderen Häftlingen von ihm zu erzählen." Während ihrer Gefangenschaft bildete sich eine kleine Gemeinde aus fünf Christen. Sie trafen sich zum Gottesdienst auf der Toilette. – Der Tag ihrer Entlassung ist jetzt Jahre her. Rückblickend sagt Hea Woo: „Im Arbeitslager habe ich gelernt, was Freiheit ist. Obwohl ich im Tal des Todes war, hatte ich ein Gefühl des Friedens. Gott tröstete mich jeden Tag. Ich wusste, er bereitet mir einen Tisch im Angesicht meiner Feinde. Ich will auf ewig bei ihm bleiben."

SCHLIMME INTRIGEN

Während dieser ganzen Zeit standen einige der Vornehmen in Judäa in ständigem Briefwechsel mit Tobija. Denn viele Juden hatten ihm Beistand geschworen, weil er ein Schwiegersohn von Schechanja Ben-Arach war. Und Tobijas Sohn Johanan hatte eine Tochter von Meschullam Ben-Berechja geheiratet. Diese Leute rühmten Tobijas Verdienste vor mir und hinterbrachten ihm meine Worte. Daraufhin wollte Tobija mich mit seinen Briefen einschüchtern.

(Nehemia 6,17-19)

Es gibt ein Sprichwort, das lautet: „Blut ist dicker als Wasser!" Damit meint man, dass familiäre Bindungen stärker sind als alles andere. Genau darum geht es hier. Seltsame Dinge gehen vor sich: Nehemia wird ausgespäht, ausgehorcht und verraten – von einigen seiner eigenen Leute. Sie haben dabei auch noch das gute Gefühl, genau das Richtige zu tun! Wackere Mitstreiter, die neben Nehemia gestanden haben beim Wiederaufbau der Mauern und Tore der Stadt Jerusalem; Menschen, die mit ihm gearbeitet und gerackert und Gefahren durchgestanden haben; Freunde, denen er zutiefst vertraut, mit denen er seine Zweifel, seine Entmutigung und seine Sorgen geteilt hat. Sie entpuppen sich plötzlich als Spitzel, die jedes seiner Worte ausgerechnet an Tobija, einen seiner militantesten Gegner, verraten haben. Wie muss das weh getan haben!

Der Pastor und Evangelist Theo Lehmann[71] hat Ähnliches erlebt. Die längste Zeit seines Lebens hat er in der DDR zugebracht. Er wurde von der DDR-Obrigkeit verfolgt, bedrängt und gedemütigt. Seine Frau starb früh, nachdem ein Gericht sie wegen etwas verurteilt hatte, das sie nie getan hatte. Sie konnte das nie verwinden. Und dann – nach der Wende – als Lehmann seine Stasi-Akte in die Hände bekam, da traf ihn der härteste Schlag. Es stellte sich heraus, dass sein allerbester Freund, der praktisch alles über ihn wusste, und mit dem er praktisch alles besprochen hatte, ein Stasi-Spitzel gewesen war, der ihn an seine Feinde verriet. Wie weh muss das getan haben!

Wie ist das nun im Einzelnen abgelaufen, damals bei Nehemia? Da gab es einige gutbetuchte Leute in Jerusalem, die in die Sparte V.I.P. gehörten – „Very Important Persons". Die führten, wie sich zu Nehemias tiefer Bestürzung herausstellte, die ganze Zeit mit seinem entschlossensten

---

71   https://www.erf.de/online/uebersicht/politik-und-gesell-
      schaft/vom-freund-verraten/2270-542-4845

Widersacher, Tobija, einen regen Briefwechsel. Sie berichteten Tobija haarklein alles, was Nehemia mit ihnen besprach. Und Tobija benutzte diese Informationen und versuchte, Nehemia mit Drohbriefen einzuschüchtern. Nehemia wurde also wirklich verraten! Von Leuten, denen er vertraut hatte. Und damit nicht genug, dieselben Leute, die Nehemia verrieten, arbeiteten auch noch unaufhörlich daran, Nehemia auf Tobijas Seite zu ziehen. Nehemia berichtet, dass sie immer wieder die guten Taten und Verdienste Tobijas rühmten, vielleicht mit diesen Worten: „Wir kennen Tobija, geschätzter Nehemia! Du siehst ihn ganz falsch. Er ist ein feiner Mann. Er spendet regelmäßig für die Diakonie. Er ist einfach ein ganz wunderbarer Mensch! Genau wie du! Es ist so jammerschade, dass ihr beiden nicht zusammenkommen und euch die Hände zur Zusammenarbeit reichen könnt. Was könntet ihr alles gemeinsam bewegen!" So redeten sie vielleicht und waren dabei fest davon überzeugt, die reine Wahrheit zu sagen. Unfassbar! Aber so lief es!

Bestimmt hat sich Nehemia damals gefragt: Warum nur haben ausgerechnet diese vornehmen Leute so abscheulich gehandelt? „Weil Blut dicker ist als Wasser!" Es bestanden nämlich feste familiäre Verbindungen zwischen diesen V.I.P.´s in Jerusalem und Nehemias ärgstem Feind, Tobija. Diese familiären Verbindungen wurden zu Stolpersteinen, die diese vornehmen Leute in Jerusalem zu Fall brachten. Konkret: *Schechanja Ben-Arach* war der Schwiegervater von Tobija. Tobija hatte also seine Tochter geheiratet. Und *Tobijas Sohn Johanan* wiederum *hatte eine Tochter von Meschullam Ben-Berechja geheiratet*, wie Nehemia berichtet. Johanan war also Meschullams Schwiegersohn. Etliche in Jerusalem meinten vermutlich, wenn da so intensive familiäre Verbindungen bestünden, könne doch Tobija kein schlechter Kerl sein. So präsentierte sich ihnen Tobija dann auch, als edler Freund des jüdischen Volkes. Das war eine üble Täuschung. Aber die Leute durchschauten das nicht. So kam es dazu, dass etliche der Bewohner Jerusalems

Tobija auch noch *Beistand schwioren!* Ausgerechnet Tobija! Nehemia hatte damit Widersacher in den eigenen Reihen. Die spielten „Horch-und-Guck" und hatten dabei kein bisschen Unrechtsbewusstsein. Ganz im Gegenteil, sie meinten, genau das Richtige zu tun. Sie setzten familiäre Beziehungen und Verbindungen an die erste Stelle und wurden darin verstrickt. Sie gehorchten den familiären Verpflichtungen mehr als Gott. Sie setzten die Familie an die erste, den lebendigen Gott aber (höchstens) an die zweite Stelle. So wurden ihnen die familiären Bindungen zum Stolperstein.

Um nicht missverstanden zu werden: Die Familie und die Verantwortung für die Familie hat in der Bibel einen hohen Wert! Gerade heute ist es wichtig, das immer wieder zu betonen, denn die Anforderungen in nicht wenigen Firmen werden immer höher geschraubt und den Arbeitnehmern bleibt immer weniger Zeit für ihre Familien. Da werden manchmal ganze Familien der Ökonomie geopfert! Und das ist bestimmt nicht gut! Es gibt aber auch das andere, dass Menschen die Verpflichtungen gegenüber der Familie höher bewerten als ihre Verantwortung vor Gott! Wenn das geschieht, dann wird die Familie zum Stolperstein! Das Leben in der Nachfolge Jesu erstickt dann nach und nach und rührt sich irgendwann gar nicht mehr.

Jesus selbst hat diese Gefahr sehr genau gesehen. Er kam ja selbst aus einer großen Familie. So hat er einmal gesagt (Mt 10,34-37): *Ihr sollt nicht meinen, dass ich gekommen sei, Frieden auf die Erde zu bringen. Ich bin nicht gekommen, Frieden zu bringen, sondern das Schwert. Denn ich bin gekommen, den Menschen zu entzweien mit seinem Vater und die Tochter mit ihrer Mutter und die Schwiegertochter mit ihrer Schwiegermutter. ... Wer Vater oder Mutter mehr liebt als mich, der ist meiner nicht wert.*

So wichtig die Familie vor Gott auch ist, niemals kann sie – wenn man Gottes Wort folgt – an die erste Stelle im Leben rücken. Die erste Stelle in der innersten Mitte des Lebens gehört immer Gott, gehört immer Jesus, dem Retter. Ihm, so hat es der Jesus-Jünger Petrus einmal gesagt (Apg 5,29), *müssen wir mehr gehorchen als den Menschen.* Ehepartner, Kinder und Familie kommen daher immer an zweiter Stelle. Wo sie sich an die erste Stelle drängen, werden sie zum Stolperstein. Denn die erste Liebe des eigenen Herzens soll nach dem Willen Gottes immer die Liebe zu Gott sein! Wo Christen das nicht beachten, fangen sie über kurz oder lang an, falsche Kompromisse zu schließen. Sie gehorchen dann Menschen mehr als Gott. Je länger das geht, umso fester verstricken sie sich in die falschen Bindungen an die Familie und können sich bald nicht mehr rühren. Sie sind gebunden und tun dann Dinge, die einfach falsch sind – wie damals die V.I.P.´s bei Nehemia.

Wer also spürt, dass er in falscher Weise gebunden an seine Familie ist, der muss aufräumen! Er steht vor der Aufgabe, Jesus konsequent den ersten Platz in seinem Leben frei zu räumen und Ehepartner und Familie den zweiten und zwar nur den zweiten Platz in seinem Leben zu geben. Man sollte den Stolpersteinen auf dem Weg der Nachfolge Jesu keine Chance geben!

Die Mauer wurde in 52 Tagen am 25. September fertiggestellt. Als unsere Feinde aus den Völkerschaften um uns herum davon hörten, fürchteten sie sich. Ihr Hochmut war ihnen vergangen, weil sie einsehen mussten, dass Gott dieses Werk vollbracht hatte.

(Nehemia 6,15-16)

Ganze 52 Tage hat es gedauert: Dann – am 25. September – waren die Mauern Jerusalems wiederhergestellt und die Tore eingehängt. In erstaunlich kurzer Zeit! Das fanden auch die Völker ringsum. Sie staunten – und verstummten. Denn allen, die damals die Ereignisse um die Stadt Jerusalem mitverfolgt hatten, *verging ihr Hochmut.* Ihnen wurde schlagartig klar, dass hier Gott am Werk gewesen war. Sie spürten: Ihm hatten sie nichts, aber auch gar nichts

173

entgegenzusetzen. Nicht nur Menschen waren beteiligt gewesen, hatten gearbeitet und gekämpft. Nein, Gott selbst war am Werk und hatte gearbeitet und gekämpft für sein Volk. Wer in der Hingabe an Jesus lebt, den wird Jesus bei der Vorbereitung seines ewigen Reiches einsetzen. Wenn so ein Nachfolger dann eines Tages zurückschaut, wird er bekennen: „Ja, ich habe mich für den Herrn eingesetzt! Ja, ich habe geschafft! Aber die eigentliche Arbeit, die hat er getan, und nicht ich." Er wird Jesus die Ehre geben und nicht sich selbst.

Nehemias Aufgabe ist übrigens mit dem Abschluss der Bauarbeiten an den Mauern und Toren der Stadt nicht zu Ende gewesen. Seine Aufgabe ging weiter in turbulenten Zeiten.

13.

INNEN-AUSBAU
Nehemia 7,2-73

Es begann im Januar 2013[72]: Ein schmuckes Fertighaus hatten sich Jan Stahl und seine Verlobte gekauft, das Grundstück dazu gut 800 Quadratmeter groß, gelegen im Kreis Harburg, ein idyllisches Fleckchen, mit Blick auf Felder. Damals schien das Glück unfassbar, die Euphorie war groß. Das Paar zog zunächst in eine Einzimmer-Mietwohnung. Die meisten ihrer Sachen wurden eingelagert. Im Sommer 2013 fanden sie einen Bauträger, der ihnen das Fertighaus bauen sollte. Im Oktober wurde das Fundament gegossen, im Dezember war der Keller fertig.

Aber dann tat sich nichts mehr auf der Baustelle. Der Bauunternehmer erklärte, dass spezielle Steine eine längere Lieferzeit hätten und aus dem Ausland kämen. Doch dann stellte sich heraus, dass die Steine gar nicht aus dem Ausland kamen, sondern aus Deutschland. Und das mit der längeren Lieferzeit stimmte auch nicht.

So zog das Paar – die Frau war inzwischen hochschwanger – aus der Ein- in eine Dreizimmerwohnung, gleich neben der Baustelle: Monatsmiete gut 1000 Euro. Im Mai

---

72 Hamburger Abendblatt, 30. 01. 2015 // http://www.abend-blatt.de/hamburg/article136945808/Wenn-aus-dem-Traum-haus-ein-wahrer-Albtraum-wird.html

2014 war dann immerhin, wenn auch mit Verspätung, die erste Etage im Rohbau fertig. Aber man hatte vergessen, die Fenster im Schlafzimmer einzubauen, auch ein Fenster im Flur fehlte. Der Bauträger besserte nach. Gut einen Monat später war der Dachstuhl endlich fertig, allerdings mit einem falsch konstruierten Stützbalken. Auch die Oberfenster fehlten, und die Dachziegel waren nicht korrekt eingebaut. Der Bauunternehmer besserte nach, wieder einmal. Danach aber trat auf der Baustelle endgültig Stillstand ein. Der dringend nötige Innen-Ausbau fand nicht mehr statt. Das Haus verkam zur Bau-Ruine. Man sah sich vor Gericht wieder. Widerstreitende Gutachter zogen mit ihren Gutachten das Verfahren in die Länge. Ein Ende war nicht absehbar.

Als Nehemia gemeinsam mit seinen Freunden am 25. September des Jahres 443 v. Chr. den Wiederaufbau der Stadtmauern und Tore Jerusalems nach endlosen Mühen und strapaziösen Auseinandersetzungen vollenden konnte, war das ein großes Ereignis. Klar! Wenn es damals schon Sekt gegeben hätte, hätten sehr wahrscheinlich die Sektkorken geknallt. Aber Nehemia wusste damals schon, dass die Wiedererrichtung der Stadtmauern Jerusalems nur ein allererster Schritt gewesen war. Denn eine Stadt besteht ja nicht nur aus einer Stadtmauer. Eine Stadt besteht aus Menschen, die zusammen leben und arbeiten. Die Stadtmauer war gewissermaßen der Rohbau Jerusalems. Nun aber ging es darum, das Erreichte weiterzuführen und zusätzlich den Innen-Ausbau der Stadt zügig in Angriff zu nehmen. Das war nun noch einmal eine ziemlich große Herausforderung.

Nehemia hat sich dieser Herausforderung gestellt. Sehr überlegt hat er drei Prinzipien angewandt, die auch heute beim Aufbau der Gemeinde Jesu Christi von grundsätzlicher Bedeutung sind.

BEHARRLICHE WACHSAMKEIT

Als der Wiederaufbau der Mauer abgeschlossen war, ließ ich die Torflügel einsetzen. Dann wurden die Torwächter bestellt. Auch die Sänger und Leviten bekamen ihren Dienst zugewiesen. Zu Befehlshabern über Jerusalem ernannte ich meinen Bruder Hanani und den Burghauptmann Hananja, der ein zuverlässiger und gottesfürchtiger Mann war, wie es nicht viele gab. Ich sagte zu ihnen: „Die Tore Jerusalems werden erst geöffnet, wenn die Sonne schon heiß scheint. Und abends, während sie noch am Himmel steht, werden die Tore geschlossen und verriegelt. Bildet einen Wachdienst aus den Einwohnern der Stadt. Ein Teil von ihnen soll an den besonders gefährdeten Stellen Wache stehen und die anderen bei ihrem Haus."

(Nehemia 7,2.4)

Nehemia hat nicht die Hände in den Schoß gelegt, nachdem die Bauarbeiten an der Stadtmauer Jerusalems abgeschlossen waren. Er tat sofort den nächsten Schritt und hat mit seinen Leuten die Wachsamkeit eingeübt. Er organisierte einen Wachdienst (Nehemia 7,4). Und das war bitter nötig. Denn seine Widersacher, Sanballat, Tobija und Geschem, die hatten sich ja nicht plötzlich in Luft aufgelöst. Die waren ja immer noch da und hatten keineswegs aufgegeben. Sie lechzten förmlich nach einer Revanche. Sie schäumten vor Wut, dass Nehemia ihnen so eine schmähliche Niederlage bereitet hatte. So richtete Nehemia einen Wachdienst ein. Als Erstes setzte er Torwächter ein. Das war vordringlich, denn natürlich waren die Tore die angreifbarsten Punkte der Stadt. Er gab den Torwächtern genaue Anweisungen: *Die Tore Jerusalems werden erst geöffnet, wenn die Sonne schon heiß scheint*, wies er sie an. *Und abends, während sie noch am Himmel steht, werden die Tore geschlossen und verriegelt.* Eigentlich war es damals üblich, die Tore einer Stadt beim ersten Morgengrauen zu öffnen und sie erst in der

Abenddämmerung wieder zu schließen. Nehemia verkürzte diese Zeitspanne aus gutem Grund. Er wusste: Jerusalem hatte nur wenige Bewohner. Wenn Sanballat und Co. in der Morgendämmerung einen Angriff starteten, dann lagen die meisten Bewohner der Stadt noch in tiefem Schlaf und Jerusalem war nur unzureichend geschützt. Die Gegner konnten einfach durch die eben geöffneten Tore eindringen und die Stadt im Handstreich übernehmen. So gab er die Anweisung, die Tore erst dann zu öffnen, wenn alle in der Stadt längst munter waren, und die Tore wieder zu schließen, wenn alle in der Stadt noch munter waren. Darüber hinaus bildete er einen Wachdienst aus den Einwohnern der Stadt. Ein Teil von ihnen sollte an den besonders gefährdeten Stellen der Stadtmauer Wache stehen, die anderen bei ihrem Haus. Nehemia sorgte also durch beharrliche Wachsamkeit dafür, dass das Erreichte nicht wieder zunichte gemacht wurde.

Genau dieses Prinzip ist nun von großer Bedeutung beim Aufbau der Gemeinde Jesu Christi! Die Gemeinde Jesu ist kein Freizeitpark! Ist sie nie gewesen und wird sie niemals sein! Denn die Gemeinde Jesu ist der Ort, wo die Wahrheit Gottes gelehrt und gelebt wird. Darum ist sie ständig den Angriffen derer ausgesetzt, die die Wahrheit Gottes nicht ertragen!

Manche meinen, in der Bundesrepublik wäre doch alles ganz friedlich und in schönster Ordnung – keine Widersacher, keine Angriffe weit und breit. Weit gefehlt! Die Widersacher sind fleißig am Werk. Aber die Mittel, die sie einsetzen, sind nicht so leicht zu durchschauen. Darum erkennen viele sie nicht sofort und wehren sich darum auch nicht.

Das, was heute die Gemeinde Jesu in den westlichen Ländern der Welt besonders belastet, ist die Bibelkritik, die sogenannte „Historisch-kritische Methode" der Bibelauslegung. Was ist das?

Die Bibelkritik geht davon aus, dass Gott nicht auf übernatürliche Weise in diese Welt eingreift. Das ist ihr stilles Glaubensbekenntnis. Sie hält daher die vielen Wunderberichte der Bibel im Alten und Neuen Testament für reine Erfindung. Auch die Geburt Jesu durch die Jungfrau Maria, seine Auferstehung und seine Himmelfahrt betrachtet sie als nie geschehen. Sie hält all diese Berichte für erfundene Glaubensgeschichten, die nie real in Raum und Zeit stattgefunden haben. Alle Zukunftsvorhersagen der Bibel, die sich bereits erfüllt haben, hält sie für schlichten Betrug. Sie unterstellt, es gäbe gar keine echten Prophezeiungen.

Einer der bekanntesten Verfechter der Bibelkritik, ein Theologe namens Rudolf Bultmann, schrieb einmal: „Erledigt sind die Geschichten von der Himmel- und Höllenfahrt Christi; erledigt ist die Erwartung des mit den Wolken des Himmels kommenden „Menschensohnes" und des Entrafftwerdens der Gläubigen in die Luft ihm entgegen (1. Thess 4,15ff). Erledigt ist durch die Kenntnis der Kräfte und Gesetze der Natur der Geister- und Dämonenglaube ... Die Wunder des Neuen Testaments sind damit als Wunder erledigt ... Man kann nicht elektrisches Licht und Radioapparat benutzen, in Krankheitsfällen moderne, medizinische und klinische Mittel in Anspruch nehmen und gleichzeitig an die Geister- und Wunderwelt des Neuen Testaments glauben." ... „Das Osterereignis als die Auferstehung Christi ist kein historisches Ereignis. ... Der christliche Osterglaube ist an der historischen Frage nicht interessiert."[73]

Es wäre ein Fehler, Herrn Bultmann und vielen, die nach ihm kamen, persönliche Böswilligkeit zu unterstellen! Die allermeisten von ihnen sind überzeugt, genau das Richtige zu tun und den Menschen damit zu dienen! Das ändert

73 Rudolf Bultmann, Neues Testament und Mythologie. Das Problem der Entmythologisierung der neutestamentlichen Verkündigung, in: Kerygma und Mythos I, Hrsg. H.W. Bartsch, Hamburg 1967, 17f.
    Vgl. http://www.dasjahrderbibel.de/Wichtiges/EKD-Bibel.htm.

aber nichts daran, dass sie in ihrem Denken fehlgeleitet sind und man darum gut beraten ist, ihnen nicht zu folgen! Besonders in den Evangelischen Landeskirchen (aber auch schon in einzelnen Freikirchen) nimmt die historisch-kritische Bibelauslegung inzwischen eine Monopolstellung ein. Kein evangelischer Pastor kommt heute ins Amt, der nicht an den Universitäten die Bibelkritik intensiv in sich aufgenommen hat. Die Kirchenleitungen lehnen es bis heute ab, Ausbildungsstätten für Pastoren anzuerkennen, die die Bibelkritik nicht in ihrem Lehrplan haben. Dabei ist diese historisch-kritische Bibelauslegung im Kern nichts anderes, als eine Auslegung der Bibel ohne Gott, also eine atheistische Bibelauslegung. Sie ist darum ihrem Gegenstand, der Bibel, in keiner Weise angemessen. Denn die Bibel berichtet an allen Ecken und Enden davon, dass der lebendige Gott real ist, auf übernatürliche Weise in diese Welt eingegriffen hat und das auch heute noch tut.

Um nun nicht missverstanden zu werden: Es ist völlig in Ordnung, den Berichten der Bibel nachzugehen und sie auf Stichhaltigkeit zu überprüfen. Man sollte sich mit den Berichten der Bibel genau befassen! Dabei wird man entdecken, wie verlässlich ihre Worte sind! Sie zeigt die vielen Spuren des Handelns Gottes in dieser Welt.! Wer das offen und unvoreingenommen tut, wird immer und immer wieder fündig werden! Die Sintflut z. B. hat massenhaft und weltweit Spuren hinterlassen und Geologen werden immer wieder mit Fakten konfrontiert, die auf sie hinweisen. Man tut gut daran, sich erst einmal auf die Bibel einzulassen und nicht von vornherein festzulegen, was alles „erledigt" ist.

Die Bibelkritik ist ein massiver Angriff auf die Autorität des Wortes Gottes. Sie hat Hunderttausende von Christen verunsichert und dafür gesorgt, dass sich die Kirchen leerten. Sie beruht auf falschen Annahmen und kommt deshalb zu falschen Schlussfolgerungen. Sie führt im Endeffekt zur Leugnung der Wahrheit Gottes, so wie die Bibel sie Seite um Seite präsentiert.

Darum ist es wichtig, beharrlich wachsam zu sein! Die Bibelkritik hat in der Gemeinde Jesu Christi nichts zu suchen! Wo sie versucht, die Kontrolle zu übernehmen, ist es Zeit, sich zu wehren! Nehemia hat seinen Widersachern jedenfalls nicht die Tore der Stadt geöffnet. Im Gegenteil, er hat alles dafür getan, um ihr Eindringen zu verhindern. Der evangelikale Theologe und Bibelausleger Warren W. Wiersbe[74] schreibt: „In unserer Zeit wird ‚Pluralismus' von den meisten Menschen so verstanden, als bedeute er, mit jedem im Blick auf alles übereinzustimmen, ohne Unruhe zu stiften. Christen müssen jedoch daran denken, dass sie anders sind. Daher müssen sie alles am Wort Gottes messen. Es gibt viele Religionen, aber noch immer gilt: Es ist nur ein Name unter dem Himmel den Menschen gegeben, in dem wir errettet werden müssen (Apg 4, 12). Alles, was diese Botschaft verändert oder unsere Motivation vermindert, diese Botschaft hinauszutragen, ... muss bekämpft werden. Wir brauchen Wachen an den Toren und Wächter auf der Mauer ..."

ZUVERLÄSSIGE MITARBEITER

Zu Befehlshabern über Jerusalem ernannte ich meinen Bruder Hanani und den Burghauptmann Hananja, der ein zuverlässiger und gottesfürchtiger Mann war, wie es nicht viele gab.

(Nehemia 7,3)

Zwei Männer wählte Nehemia aus, die er in die verantwortungsvolle Position als *Befehlshaber über Jerusalem* berief: Hanani, seinen Bruder, und den Burghauptmann Hananja.

---

74 Warren W. Wiersbe, Sei fest entschlossen, Lee Vance View, Colorado Springs, Colorado, 1992, S. 92f.

Warum verfiel Nehemia ausgerechnet auf diese beiden? War es ihre Fähigkeit zur Selbstdarstellung? Oder ihre Redegewandtheit? Waren es ihre begeisternden Visionen für die Zukunft? Oder ihre Teamfähigkeit? Nichts davon! Die beiden besaßen zwei seltene und höchst wertvolle Eigenschaften. Sie waren *zuverlässig*, man könnte auch übersetzen: *treu*. Und sie waren *gottesfürchtig*. Was heißt das? Sie waren dem Wort Gottes treu und fürchteten Gott mehr als Menschen. Selbst wenn sie das in Schwierigkeiten brachte, in unangenehme Situationen, selbst wenn sie deswegen Nachteile hinnehmen mussten oder angegriffen wurden, sie blieben dem Wort Gottes treu und fürchteten Gott stets mehr als Menschen. Solche Leute waren das!

Das Wertvollste an uns Menschen ist die Fähigkeit, in Abhängigkeit von Gott zu leben. Natürlich bringt einen das zeitweise in Schwierigkeiten. Natürlich hat man deswegen manchmal Nachteile! Natürlich kommt man dann hier und da in unangenehme Situationen oder wird angegriffen und ausgelacht. Aber es lohnt sich, wenn man dem Wort Gottes treu ist und Gott mehr fürchtet als Menschen. Jesus ist in alldem immer an der Seite seiner Leute und sorgt dafür, dass sie durchkommen! Sollte man also die Abhängigkeit von Gott aufgeben und sich in falscher Weise anpassen, nur weil das Leben dann etwas schwieriger wird und von uns Mut und Treue verlangt werden? Auf gar keinen Fall! Alle, die Jesus konsequent nachfolgen, werden am Ende immer die Gesegneten sein – wenn sie die Treue zu Jesus bewahren und ihn mehr fürchten als Menschen! Und das ewige Leben gibt ihnen Gott auch noch dazu (vgl. Lk 8,29.30).

Die Geschichtsbücher berichten von dem peruanischen Bischof Bartholomäus de las Casas. Hier ist seine Geschichte[75]:

---

75 https://www.heiligenlexikon.de/BiographienB/Bartolome_Las_Casas.html.

182

Im Jahr 1514 sitzt der katholische Bischof Las Casas in seinem Studierzimmer, um eine Pfingstpredigt vorzubereiten. Während er in seiner Bibel blättert, springt ihm plötzlich ein Wort seiner Bibel direkt ins Auge. „In diesem Moment", so berichtet er später, „habe er mit einem Male begriffen, dass alles, was die spanische Regierung den Indios in Peru widerfahren ließ, nichts sei als Tyrannei und Ungerechtigkeit ..." Las Casas wusste, wovon er sprach. Lange Zeit war er selbst Besitzer eines Goldbergwerks und Sklavenhalter gewesen. Er profitierte persönlich vom System der Sklavenausbeutung. Jetzt ist es ihm, als sei er ein Blinder gewesen, der plötzlich das Augenlicht erlangt. Las Casas gibt nach dieser Erfahrung sofort seine Besitztümer auf und lässt seine Sklaven frei. Er beginnt ein zweites Leben als Verteidiger der indianischen Menschenrechte. Der Vizekönig von Peru nennt ihn tobend einen „fanatischen Bischof, der die spanische Herrschaft in Südamerika gefährde". Andere bezeichnen ihn als Hochverräter und Lutheraner (damals aus dem Munde eines Katholiken das schlimmste Schimpfwort). Warum nahm Las Casas das alles auf sich? Weil er Jesus treu sein wollte. Und weil er den Sohn Gottes mehr fürchtete, als Menschen.

Natürlich, nicht jeder ist ein Nehemia, und nicht jeder ist ein Bischof de las Casas. Die meisten von uns sind ein paar Nummern kleiner geraten! Aber Gott sucht immer treue, ihn fürchtende Männer und Frauen, die als zuverlässige Mitarbeiter den Mut haben, ihm unter allen Umständen zu dienen und dies aus Überzeugung zu tun. Die Gemeinde Jesu braucht solche treuen Menschen.

Da gab es mir Gott in den Sinn, die Vornehmen, die Vorsteher und das ganze Volk zusammenzurufen, um sie nach ihren Sippen in Listen einzutragen. Dabei fand ich die Schriftrolle mit dem Verzeichnis der ersten Heimkehrer. Darin hieß es ...
(Nehemia 7,6)

Bis Vers 73 folgt hier eine lange, lange Liste mit Namen und Zahlen. Natürlich fragt man sich, was in aller Welt diese ellenlange Liste hier soll, und was einen diese Liste überhaupt angeht. Das erkennt man in dem Vers unmittelbar vor der Liste. Nehemia schreibt dort, dass Gott es ihm in den Sinn gegeben habe, die Einwohner Jerusalems und ihre Familien in eine Liste einzutragen. Anschließend ist dann von dieser alten Schriftrolle mit dem Verzeichnis der ersten Heimkehrer die Rede. An dieser Liste muss also etwas dran sein!

Nehemia fand diese alte Liste in Jerusalem vor. Darin waren die Namen der Familien und Sippen notiert, die als Erste aus der Verbannung nach Jerusalem zurückgekehrt waren. Im Buch Esra, Kapitel 2, findet sich dieselbe Liste. Nehemia hat diese alte Liste nun benutzt, um all die Menschen (und ihre Nachkommen) in Jerusalem ausfindig zu machen, die sich damals als Erste auf die beschwerliche Reise zurück ins Land Israel gemacht hatten. Aber warum waren ihm diese Leute so wichtig? Warum wollte er unbedingt Kontakt mit ihnen aufnehmen?

Weil diese Leute etwas riskiert hatten für Gott. Nehemia brauchte sie dringend als Mitarbeiter beim weiteren Aufbau der Stadt Jerusalem. Folgende Überlegung macht das klar: 70 Jahre hatte das Volk Israel in der Verbannung in Persien leben müssen. Das war keine leichte Zeit gewesen. Aber dann – mit den Jahren – hatte man sich eingerichtet, hatte Jobs gefunden, die fremde Sprache gelernt, Geld verdient, Häuschen gebaut, Kinder bekommen, einen bescheidenen Wohlstand erreicht. Als Gott dann nach 70 Jahren das Signal gab, dass es nun an der Zeit sei, zurückzukehren ins Land Israel, da hatten viele lieber weggehört. Sie wollten gar nicht fort. Nur eine Minderheit entschloss sich, auf Gottes Wort hin allen Wohlstand aufzugeben und den Weg zurück in eine ungewisse Zukunft einzuschlagen. Es waren also Leute, die etwas für Gott riskiert hatten! Darum hatte Nehemia so großes Interesse an ihnen! Er wusste:

Diesen ersten Rückkehrern und ihren Nachkommen war Gott wichtiger als alles andere. Genau solche Leute brauchte er jetzt dringend! Menschen, in deren Leben die Liebe zu Gott den allerersten Platz hatte. Nehemia brauchte sie als zuverlässige Mitarbeiter beim weiteren Aufbau der Stadt. Darum ließ er alle Bewohner der Stadt in Listen eintragen und verglich diese Liste dann mit der alten Liste der Rückkehrer. So wusste er, wer etwas für Gott riskiert und ihm gegenüber bereits Treue und Vertrauen bewiesen hatte. Mit denen ging er nun daran, auch in Bezug auf das geistliche Leben, einen Neuanfang zu machen.

Wenn Gott heute etwas Neues beginnt, fängt er genauso wie damals immer mit denen an, die sich in der Treue und im Vertrauen zu ihm bereits bewährt haben. Gott setzt immer Leute ein, die sich im Leben mit ihm bereits bewährt haben. Darum ist es so wichtig, dass man beständig lernt und übt, Jesus auch im Kleinen und überall im Leben treu zu sein: in der Ehe, in der Familie, am Arbeitsplatz, in der Gemeinde, in Beziehungen usw. Wer im Kleinen treu ist und darin Beständigkeit zeigt, den beruft Jesus irgendwann in größere Aufgaben. Darum sollte niemand die Treue im Kleinen gering achten! Jesus tut das auch nicht. Für ihn ist Treue im Kleinen das Allerwichtigste! Die besten Mitarbeiter Gottes sind nicht die Überflieger, die Hochbegabten, die Erfolgreichen, sondern die, die gelernt haben, im Kleinen treu zu sein.

PERSÖNLICHE ANBETUNG

Als der Wiederaufbau der Mauer abgeschlossen war, ließ ich die Torflügel einsetzen. Dann wurden die Torwächter bestellt. Auch die Sänger und Leviten bekamen ihren Dienst zugewiesen.

(Nehemia 7,2)

185

In Nehemias Bericht über die Torwächter, die damals eingesetzt wurden, taucht ein kurzer Satz auf, der gar nicht in den Zusammenhang zu passen scheint. Er lautet: *Auch die Sänger und Leviten bekamen ihren Dienst zugewiesen.* Beim ersten Lesen denkt man unwillkürlich: Was sollen denn plötzlich die *Sänger und Leviten* hier? Die gehören doch in den Gottesdienst und nicht als Bewachung an die Stadttore! Die *Sänger und Leviten* gehörten wirklich in den Gottesdienst im Tempel. Aber ganz offensichtlich waren sie Nehemia so wichtig, dass er sie gleich zu Beginn mit nennen musste. Wenn man dann in Nehemia 7,44-73 nachschaut, ist dort andauernd von den Leviten und Priestern und Sängern die Rede, die im Gottesdienst tätig waren. Nehemia hat das alles nicht weggelassen, sondern fein säuberlich aus der alten Schriftrolle, die er vorfand, in seinen Rechenschaftsbericht übernommen. Warum waren Nehemia der Gottesdienst und der gemeinsame Gesang und die Tätigkeit der Priester beim weiteren Aufbau der Stadt Jerusalem so sehr wichtig?

Weil Gottesdienste und Gesang die Menschen in die persönliche Anbetung Gottes führen. Die Anbetung Gottes ist ja die Bestimmung des menschlichen Lebens! Im Kleinen Westminster Katechismus heißt es dazu: *„Des Menschen Hauptziel ist es, Gott zu* **verherrlichen** *und sich für immer an ihm zu erfreuen."*

Gott verherrlichen ... Das geschieht im ganz normalen Leben, im Alltag, wenn Menschen Jesus nachfolgen. Aber es geschieht eben auch und bestimmt nicht zuletzt in der persönlichen Anbetung Gottes. Die Bibel sieht die Bestimmung des Menschen in der Anbetung Gottes. Wo also ein Mensch, ja, wo ein ganzes Volk in der persönlichen Anbetung Gottes lebt, da werden sie ihrer Bestimmung gerecht und innerlich wachsen und gedeihen. Wo aber die Anbetung Gottes in einem Menschen in einem Volk erlischt, da werden sie ihre Bestimmung verfehlen, und es wird mit ihnen bergab gehen. Nehemia wusste das sehr genau. Darum sorgte er nach dem Abschluss der Bauarbeiten an der Stadtmauer Jerusalems sofort dafür, dass die Menschen der Stadt die Anbetung Gottes wieder aufnahmen. Er wusste, wie wichtig das für alle war!

Was ist nun „Anbetung"? Anbetung bedeutet, dass Menschen Gott wahre Dinge über ihn selber sagen. Genauer: Anbetung bedeutet, dass Menschen Gott sagen, wie schön er ist. Seine vollkommene, durch nichts beeinträchtigte Heiligkeit ist tatsächlich von einer unfasslichen, mit nichts zu vergleichenden Schönheit. Auch die Gnade, Gerechtigkeit, Güte, Kraft und Liebe Gottes in ihrer Perfektion sind von einer Schönheit, für die es keine (zumindest keine irdischen) Worte gibt, die sie umfassend beschreiben könnten. Es ist für begrenzte, irdische Wesen etwas Gigantisches, eine solche Schönheit zu entdecken und dafür Worte zu finden.

Denn Anbetung bedeutet, dass begrenzte Menschen mit begrenzten irdischen Begriffen und begrenzten menschlichen Worten die unfassliche, ewige, vollkommene und durch nichts zu übertreffende Schönheit Gottes in Worte fassen. So spricht der 104. Psalm über die Schönheit Gottes: *Lobe den Herrn, meine Seele! Herr, mein Gott, du bist sehr herrlich; du bist schön und prächtig geschmückt. Licht ist dein Kleid, das du anhast.*

Anbetung bedeutet also, dass Menschen Gott sagen, wie schön er ist. Sie tun das im Gottesdienst, wenn sie gemeinsam zum Lob Gottes singen. Die Anbetung Gottes ist also keineswegs ein Pflichtübung. Sie ist ein Vorrecht. Sie ist das große, schöne Vorrecht der Kinder Gottes. Wer innerlich wachsen will, für den ist es unerlässlich, Gott immer wieder in Worten und Liedern zu sagen, wie schön er ist.

Wer innerlich wachsen will, tut gut daran, Gott anzubeten und ihm immer wieder zu sagen, wie viel er einem bedeutet. Man kann das mit Liedern, mit Psalmen aus der Bibel oder auch mit eigenen Worten tun, egal, wie unbeholfen man zu Beginn dabei vielleicht ist.

Es waren drei Prinzipien, die Nehemia beim weiteren Aufbau des Volkes Gottes in Jerusalem anwandte: Beharrliche Wachsamkeit, zuverlässige Mitarbeiter und persönliche Anbetung. Genau diese drei Prinzipien sind auch heute beim Aufbau der Gemeinde Jesu von herausragender Bedeutung. Wer sie anwendet, den wird Gott segnen. Er wird dann Salz der Erde und Licht für die Welt sein.

14.

DIE ARBEIT
DES WORTES GOTTES
Nehemia 8,1-18

Arthur Winston[76], ein Amerikaner, so berichteten die Zeitungen vor einigen Jahren, ist nach 72 Jahren am selben Arbeitsplatz im Alter von 100 Jahren in den verdienten Ruhestand getreten. An seinem Geburtstag (einem Mittwoch) erschien er zum letzten Mal bei den städtischen Verkehrsbetrieben in Los Angeles, wo er jahrzehntelang für die Wartung und Reinigung der Busse zuständig war, berichtete der US-Sender ABC. Der Mann, der keinen einzigen Arbeitstag wegen Krankheit versäumte, fehlte nur einmal, als seine Frau nach 65 Jahren Ehe starb. Von dem damaligen US-Präsidenten Bill Clinton wurde er als „Angestellter des Jahrhunderts" ausgezeichnet. An seinem ersten Tag als Rentner wolle er ausschlafen – erklärte Winston – und dann neue Arbeitspläne schmieden.

Natürlich kann man darüber streiten, ob Arthur Winstons Arbeitswut zum Staunen oder doch eher beängstigend ist. Eines aber ist auf jeden Fall klar. Dieser Mann muss

---

76 T-online, 23.03.2006 // http://www.tonline.de/nachrichten/
    panorama/menschenschicksale/id_14300536/held-der-arbeit-
    keinen-tag-krank-arbeiter-geht-mit-100-in-ruhestand.html.

eine sehr positive Einstellung zu seiner Arbeit gehabt haben, sonst hätte er die 72 Arbeitsjahre mit nur einem Fehltag nicht hingekriegt. Um Arbeit geht es auch im achten Kapitel des Buches Nehemia. Aber nicht um die Arbeit von Menschen, sondern um die Arbeit, die Gott tut, und zwar durch sein Wort. Das Wort Gottes ist nicht einfach schiedlich-friedlich zwischen zwei Buchdeckeln zu Papier gebracht. Nein, Gottes Wort will Veränderung bewirken. Gottes Wort kennt keinen Ruhestand. Es schafft Bewegung! Es ist unaufhörlich an der Arbeit, überall da, wo es gelesen und studiert wird, und verändert vieles ...

GOTTES WORT BEUNRUHIGT

Als der Oktober herankam und die Israeliten in ihren Städten wohnten, versammelte sich das ganze Volk auf dem Platz vor dem Wassertor. Sie baten den Gesetzeslehrer Esra, das Buch mit dem Gesetz Moses herbeizubringen, dem Gesetz, das der Herr den Israeliten verordnet hat. Da brachte der Priester Esra das Gesetzbuch vor die ganze Versammlung, vor die Männer und Frauen und alle Kinder, die es schon verstehen konnten. Am 1. Oktober las er vom frühen Morgen bis zum Mittag auf dem Platz vor dem Wassertor aus dem Gesetzbuch vor. Das ganze Volk hörte aufmerksam auf die Worte des Buches. Der Schriftgelehrte Esra stand dabei auf einem hölzernen Podest, das man zu diesem Zweck errichtet hatte. Rechts neben ihm standen Mattitja, Schema, Anaja, Urija, Hilkija und Maaseja, und links neben ihm Pedaja, Mischaël, Malkija, Haschum, Haschbaddana, Secharja und Meschullam. Esra öffnete die Schriftrolle vor aller Augen, denn er stand höher als das versammelte Volk. Zuerst pries Esra den Herrn, den großen Gott, und alle antworteten mit erhobenen Händen: „Amen, Amen!" Dann warfen sie sich vor

dem Herrn nieder, mit dem Gesicht auf den Boden. Die Le-
viten Jeschua, Bani, Scherebja, Jamin, Akkub, Schabbetai,
Hodija, Maaseja, Kelita, Asarja, Josabad, Hanan und Pelaja
halfen den Leuten, das Gelesene zu verstehen, wobei das
Volk auf seinem Platz blieb. Sie übersetzten die vorgelesenen
Abschnitte und erklärten die Weisung Gottes, damit das Volk
sie verstehen konnte.

(Nehemia 8,1-8)

Alle Juden sind auf dem Platz am Wassertor in Jerusalem
versammelt: das ganze Volk – Männer, Frauen und Kinder,
alle, die das Wort Gottes verstehen können. Und Esra, der
Priester tut etwas, das nun wirklich äußerst einfach und
unspektakulär ist: Er liest dem versammelten Volk aus der
Bibel vor.

Eine erstaunliche Sache ist das. Ein ganzes Volk kommt
zusammen, um die Worte der Bibel zu hören. Kein Freibier
und keine Grillbuden locken. Weder Helene Fischer ist angekündigt noch Herbert Grönemeyer oder gar der Altrocker
Udo Lindenberg. Nein, es ist das Wort Gottes, das die Leute
anzieht. Sie stehen da, hören zu und nehmen das Wort Gottes auf, wie ein Schwamm. In Nehemia 8, 3 heißt es ausdrücklich, dass *das ganze Volk aufmerksam auf die Wortes*
des Buches hörte.

Von früh bis zum Mittag liest Esra aus den Mosebü-
chern, Teil 1 bis 5, vor, und die Leute hören zu. Keiner
mosert, weil es länger als zwanzig Minuten dauert. Keiner
denkt an Schweinebraten mit Rotkohl und Knödeln „halb
und halb“. Keiner besteht ungeduldig darauf, rechtzeitig
sein Sonntagsessen einzunehmen. Die Leute hören zu. Man
hat sogar eigens eine „Kanzel“ gebaut, damit jeder in dieser
Riesen-Menschen-Menge gut zuhören und den Vorleser sehen kann. Esra steht da oben und liest. Und die Leviten,
seine Helfer, erklären anschließend alles, sodass auch alle
verstehen, worum es geht. Rechts und links neben Esra
sieht man führende Leute der Stadt, die auf diese Weise

191

zeigen, dass sie Esra unterstützen. Auch sie hören zu. Es muss also eine ziemlich große „Kanzel" gewesen sein, auf der sich das alles abgespielt hat.

Aber es kommt nicht auf die Größe der Kanzel an und wer sich dort alles aufhält, sondern es kommt darauf an, was dort verkündigt wird. Esra verkündigt das einzige, was zu hören wirklich lohnt: das originale Wort Gottes, Seite um Seite, so viel wie damals davon schon vorhanden war. Man könnte auch sagen: Esra verkündigt den Leuten die Wahrheit, die einfache, große, tiefe, unfehlbare Wahrheit Gottes. Die Menschen müssen die einfache, große, tiefe, unfehlbare Wahrheit Gottes hören. Sonst verfehlen sie das Leben. Sonst verfehlen sie den lebendigen Gott. Sonst gehen sie verloren. Gott hat den Menschen die Bibel gegeben, damit sie ihn kennenlernen können und herausfinden, wer er ist, was er über sie denkt, wie sie mit ihm in Kontakt kommen können und was geschehen muss, damit sie nicht verloren gehen. Sie sind also darauf angewiesen, dieses biblische Wort zu hören, so wie Gott es gegeben hat. Sie haben sonst keine Chance, Gott zu finden und seine Kinder zu werden. Sie sind angewiesen darauf, sein Wort zu hören! Davon hängen ihr Leben und auch ihre Ewigkeit ab.

Natürlich zwingt sie keiner dazu. Gott auch nicht! Sie können auch einen anderen Weg gehen und aus der Bibel aussortieren, was ihnen nicht mehr zeitgemäß erscheint, worüber sie sich ärgern oder was ihnen schlicht nicht passt. Aber sie schneiden sich dann selbst von der Wahrheit ab. Sie schlagen dann den Weg in die Verlorenheit ein, bis es zu spät ist, davon noch umzukehren.

Die vielen Leute damals am Wassertor in Jerusalem – Männer, Frauen, Kinder – waren bereit zuzuhören. Von morgens bis mittags. Und danach wurde alles noch einmal im Einzelnen erklärt und sie hörten weiter zu. Sie beugten sich unter die Autorität Gottes in seinem Wort. Was geschah daraufhin? Etwas ganz Wesentliches.

Als die Israeliten die Worte des Gesetzes vernahmen, fingen sie an zu weinen.

(Nehemia 8,9)

Wo Gottes Wort gehört wird, kommt es zu Reaktionen. Auch die Menschen am Wassertor reagieren. Sie weinen. Die Tränen laufen nur so! Die Leviten, die eben noch mit dem Erklären beschäftigt waren, müssen jetzt etwas ganz anderes tun. Sie müssen Menschen trösten, die untröstlich sind. Es waren nicht nur ein paar wenige, die gerührt waren und ohnehin nahe am Wasser gebaut hatten. Oh nein, alle, die da standen und zuhörten, waren plötzlich zutiefst erschüttert, aufgewühlt und beunruhigt. Sogar die hartgesottenen Männer, die noch Schwielen vom Mauerbau an den Händen hatten, weinten. Und die Frauen, die in den harten Aufbaujahren manches ertragen hatten, weinten. Selbst die Jugendlichen, die sonst um einen coolen Spruch nicht verlegen waren, weinten. Warum? Weil sie die Worte der Bibel hörten. Sie alle erlebten das, was Menschen immer erleben, wenn sie sich konzentriert dem Wort Gottes aussetzen. Es ist dann, als ob ein Schleier weggezogen oder ein Nebel fortgewischt wird. Die Wahrheit über das eigene Leben tritt dann klar erkennbar hervor. Dann macht sich Betroffenheit breit. Wenn Menschen sich dem Wort Gottes aussetzen, zuhören und dann die Wahrheit über ihr Leben entdecken, ist das zum Weinen ... Genau das geschieht hier in Jerusalem, am Wassertor, als Esra das Wort Gottes aus der Bibel vorliest.

Wenn die Worte der Bibel zu Menschen durchdringen, dann gehen diese Worte ihrem Leben auf den Grund. Wenn das geschieht, dann ist es kein Wunder, wenn Menschen weinen. Es ist kein sentimentales Weinen, kein Weinen aus Selbstmitleid, sondern ein ehrliches Weinen, das darüber trauert, das sich das eigene Leben so fern von Gott abspielt. Esra hat damals nicht auf die Tränendrüse gedrückt. Er hat den Leuten nicht rührselige, sentimentale Geschichtchen erzählt, so wie es mittelmäßige Prediger tun. Er hat

193

auch nicht von der Kanzel auf die Leute heruntergedonnert. Er hat den Menschen einfach Gottes Wort vorgelesen. Und Gottes Wort hat „gearbeitet". Die Menschen haben geweint, weil Gottes Wort so viel Licht in ihr Leben brachte. So sieht die Arbeit von Gottes Wort aus.

Die Bibel ist wie ein Spiegel. Wer nur mal kurz hineinschaut (oder nur ab und zu mal eine Predigt hört), der kriegt nicht viel mit. Aber je häufiger jemand in der Bibel liest (oder ihre Worte hört), umso deutlicher sieht er sein Leben in ihrem Licht. Dann kommen längst vergessene Dinge in Erinnerung. Abgründe tun sich auf. Es wird all das sichtbar, was man lieber nicht sehen will, und was doch zu einem gehört. Im Licht der Bibel erkennt man sich, wie Gott einen sieht. Die Bibel versetzt in Unruhe über die eigene Sünde und Schuld! Dann gehen die Betondeckel hoch, die auf dem Gewissen gelegen haben. Dann steht Gott uns plötzlich erschreckend nahe gegenüber. Dann trifft Gottes Reinheit auf unser schmutziges Leben. Es geschieht etwas, das jeden zutiefst beunruhigt: Die Sünde kommt ans Licht.

Gottes Wort beunruhigt. Das ist seine erste und wichtigste Funktion! Es macht unruhig, weil es unsere Sünde ans Licht bringt. Wer Gott sucht, wird unweigerlich diesen Weg geführt. Er wird unruhig werden. Wer noch nie eine tiefe Unruhe über seine Sünde empfunden hat, der ist wohl auch Gott noch nicht begegnet. Ruhig wird man erst, wenn man dann in Gedanken zum Kreuz geht, an dem der Sohn Gottes hing und sein Leben für die Menschen opferte. Wer dort seine Sünden ablädt, bei dem weicht die Unruhe und es kommt Friede in sein Herz.

GOTTES WORT BEGEISTERT

Als die Israeliten die Worte des Gesetzes vernahmen, fingen sie an zu weinen. Da sagten der Statthalter Nehemia, der

Priester und Gesetzeslehrer Esra und die Leviten, die das Volk unterwiesen: „Seid nicht traurig und weint nicht, denn dieser Tag ist dem Herrn, eurem Gott, geweiht! Geht jetzt zu eurem Festmahl, esst und trinkt und gebt auch denen etwas ab, für die nichts vorbereitet ist! Heute ist ein Festtag für den Herrn. Seid nicht traurig, denn die Freude am Herrn ist eure Stärke!" Auch die Leviten redeten dem Volk gut zu: „Beruhigt euch, denn der Tag ist heilig! Ihr müsst nicht traurig sein!" Da gingen alle zum Essen und Trinken und teilten ihr Festmahl mit denen, die nichts hatten. Sie feierten ein großes Freudenfest, denn sie hatten die Worte verstanden, die ihnen übermittelt worden waren.

(Nehemia 8,9-11)

Es geschieht nun etwas Merkwürdiges. Mitten hinein in die betroffene Stille kommt eine überraschende Aufforderung von der großen Holzkanzel: *Seid nicht traurig und weint nicht, denn dieser Tag ist dem Herrn, eurem Gott, geweiht!*, sagt Esra in Vers 9. Im nächsten Vers kommt es sogar noch dicker. Da sagt Esra: *Geht jetzt zu eurem Festmahl, esst und trinkt und gebt auch denen etwas ab, für die nichts vorbereitet ist! Heute ist ein Festtag für den Herrn. Seid nicht traurig, denn die Freude am Herrn ist eure Stärke!*

Keine harschen Worte! Keine donnernde Verurteilung! Keine messerscharfe Anklage. Stattdessen: die Aufforderung, ein Fest zu feiern. Von Fröhlichkeit und großer Freude ist die Rede. Eigentümlich? Nein, gar nicht eigentümlich, sondern das einzig Richtige!

Das Lukasevangelium (15,7) überliefert folgende Worte von Jesus: *Ich sage euch: Im Himmel wird man sich genauso freuen. Die Freude über einen Sünder, der seine Einstellung geändert hat, ist größer als über neunundneunzig Gerechte, die es nicht nötig haben, umzukehren.*

Wenn also auch nur *ein* verlorener Mensch umkehrt und Buße tut, dann wird im Himmel ein Fest gefeiert. Damals in

Jerusalem kehrte nicht nur ein Mensch um und tat Buße, sondern ein ganzes Volk – viele, viele Menschen! Man stelle sich vor, was da im Himmel los gewesen sein muss: Da wurde ein Fest der Superlative gefeiert! Und wenn im Himmel gefeiert wird, kann auf der Erde nicht getrauert werden. Darum ruft Esra den Leuten zu: *Seid nicht traurig; denn die Freude am Herrn ist eure Stärke.*

Die Freude am Herrn ist eure Stärke ... Es lohnt sich, noch einen Moment bei diesem wichtigen Satz zu bleiben und zu fragen: Was für einen Grund haben Menschen eigentlich, sich an Gott zu freuen? Es gibt sicher viele Gründe, aber hier ist einer der ganz wichtigen: Wer seine Sünden erkennt und sie vor Jesus offenlegt und dann mit Vergebung überschüttet wird, der wird ein Kind Gottes. Das bedeutet, er bekommt Zukunft! Eine große, weite, helle Zukunft, randlos und endlos. Wer Gott hat, hat Zukunft! Der ist nicht mehr eingesperrt in die paar Jahre hier auf der Erde. Der bekommt eine ewige Zukunft! Der muss nicht mehr hasten und raffen und voller Unruhe zusehen, wie die Jahre seines Lebens dahinschwinden. Nein! Er hat Zukunft ohne Ende und kann sowas von gelassen sein! Er weiß: Ich habe Zukunft! Und die fängt jetzt schon an, auf diesem Planeten Erde. Aber sie geht auch dann weiter, wenn ich die schmale Schwelle des Todes überquere, in Gottes atemberaubend schöner Welt, weiter und immer weiter! Das spült „Freude pur" ins Herz.

So geht dieser Tag der inneren Beunruhigung und Trauer mit einem Freudenfest zu Ende. Die Menschen begreifen, wie freundlich Gott ist. Gott ist kein „Spielverderber", der im Himmel sitzt und auf einer Strichliste Sünden vermerkt. Er ist auch kein griesgrämiger Nörgler, der das Leben eng und grau und stickig macht. Gott vergibt gern und vollständig und ohne Missgunst. Er reinigt das Leben vom Giftmüll der Sünde. Er schafft Freiheit und weiten Raum. Er macht das Leben hell und groß und füllt es mit seiner Gegenwart. Er ist ein Gott, der für uns Menschen da ist. Immer und ohne Ausnahme! Das begreifen die Leute in Jerusalem. Sie entdecken die Größe und Schönheit und Freundlichkeit Gottes. Begeisterung macht sich breit. Gottes Wort begeistert die Menschen.

Skeptiker könnten jetzt sagen: Na ja, schön und gut. Das war mal eine kurzfristige religiöse Begeisterung. Ein Strohfeuer. Die Leute waren halt emotional etwas aufgeputscht. Am nächsten Tag sah das bestimmt schon wieder anders aus. Falsch gedacht!

GOTTES WORT BEFLÜGELT

Am nächsten Tag kamen die Sippenoberhäupter des ganzen Volkes mit den Priestern und Leviten zu Esra, dem Schriftgelehrten, um die Aussagen des Gesetzes noch besser zu verstehen. Da entdeckten sie im Gesetz, das der Herr durch Mose angeordnet hatte, dass die Israeliten während dieses Festes im Oktober in Laubhütten wohnen sollten. Da ließen sie in Jerusalem und in allen Städten ausrufen: „Geht auf die umliegenden Berge und holt frische Zweige von edlen und wilden Ölbäumen, von Myrten, von Palmen und anderen dichtbelaubten Bäumen, um Laubhütten zu bauen, wie es das Gesetz vorschreibt!" Das Volk gehorchte und brachte Zweige und baute sich Laubhütten – die einen auf ihren Dachterrassen, die anderen in ihren Höfen, in den Vorhöfen des Tempels oder auf dem Platz vor dem Wassertor oder beim Efraïmtor. Die ganze Versammlung der Heimkehrer baute Laubhütten und wohnte darin. Das hatten die Israeliten seit der Zeit von Josua Ben-Nun bis zu diesem Tag nicht mehr getan. Und alle freuten sich sehr.

(Nehemia 8,13-17)

Es sieht nicht alles anders aus am nächsten Tag! Im Gegenteil, die Sache kommt erst richtig in Schwung. Sogar die Führungskräfte (Sippenoberhäupter, Vers 13) des Volkes

197

machen weiter. Sie schicken nicht ihre Frauen und Knechte. Sie kommen alle selbst, weil sie merken: Hier am Wort Gottes entscheidet sich unser Schicksal. Hier entscheiden sich Wohl und Wehe unserer Familien und unseres Volkes, mit anderen Worten unsere Zukunft! Sie kommen bei Esra zusammen, die Oberbürgermeister und Bürgermeister und Stadträte Jerusalems, und lassen sich in der Wahrheit Gottes unterrichten. Tagtäglich sind sie für Tausende von Menschen verantwortlich, müssen entscheiden und bestimmen. Jetzt sitzen sie alle zusammen bei Esra und lesen die Bibel, weil sie wissen: Wir können nur dann richtig entscheiden und weise bestimmen, wenn wir die Wahrheit Gottes kennen und uns nach ihr richten.

Darin liegt ein wichtiger Hinweis für alle, die in verantwortlichen Positionen sitzen, für alle Führungskräfte und Politiker: Nur wer das Wort Gottes kennt und sein Gewissen fest daran bindet, kann auch gute, verantwortliche Entscheidungen für andere treffen. Je weiter gerade die führenden Leute sich in ihren Entscheidungen von der Bibel entfernen, umso mehr Unheil bringen sie letztendlich über ihr Land. An der Bibel entscheidet sich, wie die Weichen für die Zukunft eines Landes gestellt werden. Wer die Weichen ohne die Bibel oder gegen die Bibel oder vorbei an der Bibel stellen will, der bringt seinen Zug früher oder später zum Entgleisen.

Es ist tragisch, wenn in der Bundesrepublik Deutschland nach wie vor in jedem Jahr Hunderttausende ungeborener Babies sterben müssen, weil niemand sie will und niemand diese Wehrlosesten der Wehrlosen schützt. Wenn heute bei einer Abtreibung das abzutreibende Kind den Zugriff der mörderischen Werkzeuge überlebt, wird es in einen Nebenraum gebracht, wo man es medizinisch nicht versorgt und langsam sterben lässt. [77]

---

77 http://schwangerschaftskonfliktberatung.info/imkonflikt/ abtreibungsmethoden/index.html.

Kann Gott ein Land segnen, in dem solche Dinge per Gesetz und Verfassungsgericht straflos gestellt werden? Wohl kaum! Im 1. Buch Mose, Kapitel 4, Vers 10, sagt Gott zu dem Brudermörder Kain: *Die Stimme des Blutes deines Bruders schreit zu mir von der Erde* ...Vergossenes Blut ist also wie eine Stimme, die zu Gott schreit. Auch von bundesdeutschem Boden schreit es. Da erhebt sich ein vieltausendfacher, ein millionenfacher Schrei all der nie oder tot geborenen Kinder zum Himmel und wird zur glühenden Anklage gegen die, die die Kürette führten und gegen die, die zu diesem Unrecht geschwiegen haben.

Gott ist bereit, jedes – auch das schwerste – Unrecht zu vergeben. Er ist bereit, einem Arzt zu vergeben, der eine Abtreibung vornahm. Er ist bereit, jeder Frau zu vergeben, die ihr Kind – aus was für Gründen auch immer – abtreiben ließ. Und er ist bereit, jedem Mann zu vergeben, der – vielleicht aus Feigheit – seine Frau zur Abtreibung drängte. Aber ohne Reue, ohne klare Schulderkenntnis und ohne Scham wird Gott das nicht tun. Man muss schon zu seiner Schuld stehen vor ihm und klar bekennen, was zu bekennen ist, um dann seine Gnade zu bekommen, die befreit und entlastet.

An der Bibel entscheidet sich also, wie die Weichen für die Zukunft eines Landes gestellt werden. Und es rächt sich immer bitter, wenn Menschen das übersehen ...

Die Oberhäupter der israelitischen Sippen tun darum das einzig Richtige: Sie studieren das Wort Gottes. Die Trauer ein Tag zuvor hat eben gerade kein religiöses Strohfeuer in ihnen angezündet, sondern ihre Herzen brennend gemacht für Gott. Jetzt machen sie eine bestürzende Entdeckung:

---

http://www.focus.de/familie/kindergesundheit/oldenburger-baby-seine-eltern-liessen-tim-abtreiben-jetzt-ist-er-18-jahre-alt_id_4847087.html

Da entdeckten sie im Gesetz, das der Herr durch Mose ange-
ordnet hatte, dass die Israeliten während dieses Festes im
Oktober in Laubhütten wohnen sollten.

(Nehemia 8,14)

Gott hatte angeordnet (3. Mose 23,34-36), dass sein Volk
einmal im Jahr in Laubhütten wohnen sollte. Die Leute sollten sich Laubzweige, Palmzweige, Ölzweige usw. holen und
im Vorgarten, auf Straßen, Plätzen und Hinterhöfen Hütten
errichten und dann eine Woche darin wohnen. Das war nicht
nur romantisch, das war auch ein wenig primitiv. Man stelle
sich vor, aus einer zentral geheizten Wohnung auszuziehen
und statt dessen für eine Woche im Stadtpark seine Suppe
über dem Dreibein zu wärmen und nachts seinen Schlafsack
auf der Luftmatratze auszurollen, während der Wind durch
die Laubhütte pfeift. Das Volk Israel sollte so etwas jedenfalls
tun. Während der Wüstenwanderung (also nach der Flucht
aus Ägypten) hatten sie lange Jahre in solchen Hütten oder
Zelten gewohnt. Einmal im Jahr sollte nun das Laubhüttenfest sie auf handfeste Weise daran erinnern, wie Gott sie
damals bewahrt hatte. Sie sollten neu wahrnehmen, wie un-
geheuer gut es ihnen jetzt ging. Das Laubhüttenfest war ein
Fest gegen die Undankbarkeit und gegen das Vergessen.

So ein Fest gegen die Undankbarkeit und gegen das Vergessen würde auch den Menschen in der Bundesrepublik
guttun. Wer hätte denn 1945 gedacht, dass die Bürger dieses Landes so schnell einen solchen Aufschwung erleben
würden? Wer hätte vor 70 Jahren erwartet, dass es so vielen
Menschen so schnell wieder so gut gehen würde? Innerhalb
weniger Jahrzehnte hat sich ein gewaltiger Auftrieb und
viel, viel Positives entwickelt! Sicherlich gibt es auch in unserem Land Probleme. Aber wenn man auf andere Länder
oder gar auf andere Kontinente schaut, dann erscheint einem die Bundesrepublik fast wie eine Insel der Seligen. Und
doch ist dies Land ein gottloses Land geworden. Ein Land,
dessen Bevölkerung in seiner überwiegenden Mehrheit

ohne persönliche Verbindung zu Jesus lebt. Das wird ganz sicher nicht ohne Folgen bleiben.

Die Politiker und Sippen-Chefs damals in Jerusalem begriffen: Wir alle, unser ganzes Volk, unsere ganze Stadt, wir müssen mit unserm alten Leben brechen und ganz neu lernen, in der Hingabe an Gott zu leben. Sonst haben wir keine Zukunft. So gehen sie voller Entschlossenheit nach Hause und setzen eine große Informationskampagne in Gang. Das Wort Gottes beflügelt sie.

Da ließen sie in Jerusalem und in allen Städten ausrufen: „Geht auf die umliegenden Berge und holt frische Zweige von edlen und wilden Ölbäumen, von Myrten, von Palmen und anderen dichtbelaubten Bäumen, um Laubhütten zu bauen, wie es das Gesetz vorschreibt!"

(Nehemia 8,15)

Eine große Camping-Aktion beginnt. Eine Woche lang wohnt das ganze Volk in Zelten. Das Wort Gottes beflügelt die Menschen.

Das Volk gehorchte und brachte Zweige und baute sich Laubhütten – die einen auf ihren Dachterrassen, die anderen in ihren Höfen, in den Vorhöfen des Tempels oder auf dem Platz vor dem Wassertor oder beim Efraimtor. Die ganze Versammlung der Heimkehrer baute Laubhütten und wohnte darin. Das hatten die Israeliten seit der Zeit von Josua Ben-Nun bis zu diesem Tag nicht mehr getan. Und alle freuten sich sehr.

(Nehemia 8,16-17)

Gottes Wort beunruhigt nicht nur, es begeistert nicht nur, es beflügelt auch! Das wird hier deutlich. Die Bewohner Jerusalems entdecken, dass es Freude macht, Gottes Willen zu tun. Eine ganze Woche lang wohnen sie in Zelten. Und nicht nur das, tagtäglich kommen sie auch zum Vorlesen des Gesetzes zusammen:

An jedem der sieben Festtage wurde aus dem Buch des göttlichen Gesetzes vorgelesen. Am achten Tag fand die vorgeschriebene Festversammlung statt.

(Nehemia 8,18)

Für manche ist das schwer verständlich. „So viel Aufwand, nur wegen eines religiösen Festes", sagen sie. „Das ist doch lächerlich!" Aber die Anführer der Israeliten finden es ganz und gar nicht lächerlich, das Laubhüttenfest zu feiern. Ihnen geht es auch nicht nur um eine gute Tradition, sie haben einen viel gewichtigeren Grund für ihr Laubhüttenfest: Gott hat ihnen dieses Fest gegen das Vergessen *befohlen.* Und Gott wollen sie gehorchen. Darum tun sie jetzt das, was ihre Vorfahren jahrhundertelang versäumt haben.

Wer intensiv in der Bibel liest, wird in Bezug auf viele Dinge seine Meinung und auch sein Verhalten ändern. Möglicherweise werden andere sein Verhalten lächerlich oder sogar anstößig finden. Doch ein Mensch, der Gott ernst nimmt, wird Gottes Wort trotzdem gehorchen, egal wie viele Leute das befremdlich finden!

Was die Bevölkerung der Bundesrepublik Deutschland braucht, ist eine tiefgreifende und an der Bibel orientierte Umkehr zu dem lebendigen Gott. Nicht im Sinne einer allgemeinen moralischen Bewegung. Das wäre zu wenig. Das würde auch nicht lange anhalten. Was dieses Land braucht, ist die persönliche Umkehr zu Jesus, dem Sohn Gottes. Nur er kann Herzen verändern. Nur er kann stumpf gewordene Gewissen wieder feinfühlig machen. Nur er kann Egoismus und Bitterkeit in Liebe verwandeln. Nur er kann Hass durch Vergebung ersetzen. Unser Land braucht Jesus. Unser Volk braucht Jesus. Unsere Städte brauchen Jesus. Jeder Mensch braucht ihn! Wenn Gottes Wort seine Arbeit tun kann, wird ein Neuanfang möglich.

15.

GRUNDSCHRITTE DES GLAUBENS

Nehemia 9,1-6

Den Satz seines Trainers hat Falko Götz[78] noch heute genau in den Ohren. „Also Männer", hört er Jürgen Bogs sagen, „in einer halben Stunde sehen wir uns wieder hier am Bus." Es ist der 2. November 1983, als Götz diesen Worten lauscht und in diesem Moment ganz genau weiß: „Ich werde nicht zurückkommen."

Götz ist damals Spieler beim DDR-Fußballverein BFC Dynamo. Der Klub muss an diesem Mittwochabend im Europapokal bei Partizan Belgrad antreten. Am Vormittag genehmigt der Coach noch einen Einkaufsbummel im Zentrum. Und den will Götz zur Flucht in den Westen nutzen. Gleich nach dem Frühstück, geht es mit dem Bus in die Innenstadt. Mannschaft und Betreuer werden von mehreren Stasi-Mitarbeitern begleitet. Götz und sein Freund Schlegel steuern einen Plattenladen an. Sie gehen durch die Regale, werfen sich einen Blick zu und verlassen dann das Kaufhaus durch einen kleinen Seiteneingang. Jetzt rennen sie.

---

78   Die WELT, 27.10.2013 // http://www.welt.de/print/wams/sport/article121250748/Meine-Flucht-in-die-Freiheit.html.

Nur nicht umdrehen. Rennen. Ein Taxi – sie halten es an und springen hinein. Götz sagt dem Fahrer, dass er sie bitte ganz schnell zur Botschaft der Bundesrepublik Deutschland bringen soll.

Nach wenigen Minuten erreichen sie die Botschaft. Dem Pförtner sagen sie, dass sie DDR-Fußballer seien und um Asyl in der Bundesrepublik bitten. Nach einem Gespräch mit dem Botschafter geht es zum deutschen Generalkonsulat. Dort erhalten Götz und Schlegel Pässe mit falschen Namen. Sie beschließen, mit dem Nachtzug Richtung München zu fahren. Eine Stunde dauert die Fahrt bis zur Grenze nach Österreich. In Jesenice wirft ein Polizist kurz einen Blick auf die gefälschten Pässe. Er hat nichts zu beanstanden. Jetzt ist es geschafft. Der Druck, die Anspannung, die Angst – alles fällt auf einmal ab. Götz und Schlegel liegen sich in den Armen. Am Donnerstagmorgen erreichen die beiden München. Sie gehen direkt in ein Kaufhaus, um sich neu einzukleiden. Gemeinsam genießen sie ihre ersten Schritte in der neu gewonnenen Freiheit.

Um „erste Schritte" geht es auch in diesem Abschnitt des Nehemia-Buches. Genauer gesagt, es geht um die „Grundschritte des Glaubens". Diese „Grundschritte des Glaubens" tun Menschen zum ersten Mal, wenn sie sich Jesus zuwenden. Aber damit sind diese Schritte nicht einfach abgehakt. Jeder, der Jesus liebhat und im Vertrauen zu ihm lebt, vollzieht diese Grundschritte des Glaubens immer und immer wieder. So bleibt sein Leben in der Nachfolge Jesu lebendig.

Die Grundschritte des Glaubens sind überschaubar; insgesamt sind es nur ganze drei. Aber die haben es in sich und entfalten eine erstaunliche Wirkung, wenn sie nur ernsthaft getan werden.

1. SCHRITT: GOTTES WORT HÖREN

Am 24. Oktober kamen die Israeliten zu einem Fastentag zusammen. Sie hatten den Trauersack angezogen und sich Erde auf den Kopf gestreut. Sie erhoben sich von ihren Plätzen, und drei Stunden lang wurde ihnen aus dem Buch des Gesetzes des Herrn, ihres Gottes, vorgelesen.

(Nehemia 9,1.3)

Mitten im Herbst, am 24. Oktober, kommt alles, was Beine hat, in der Stadt Jerusalem zusammen. Die Leute haben sogar das Frühstück weggelassen, erscheinen also „nüchtern" zum Gottesdienst. Statt der üblichen Festkleidung haben die israelitischen Mitbürger die alten Kartoffelsäcke aus dem Keller gekramt, flugs ein paar Löcher für Arme und Beine hineingeschnitten und den Sack angezogen. In dieser schaurig-schönen Garderobe kreuzen sie nun vor Esra und seinen levitischen Mitarbeitern auf. Aber damit nicht genug: Alle haben sich auch noch Erde auf die Köpfe gestreut. Damit ist natürlich jede Dauerwelle hoffnungslos ruiniert. Aber das macht den Leuten nichts aus. Mit ihrem Kartoffelsack-Outfit und dem Staub auf dem Kopf wollen sie zum Ausdruck bringen: Wir sind bereit, auf Gottes Wort zu hören!

Das ist der erste Grundschritt des Glaubens: Gottes Wort hören. Das klingt zunächst mal wenig spektakulär. Davon hat man schon öfter mal gehört, dass die Christen sich dauernd mit der Bibel beschäftigen. Also, was soll´s?!

Das Hören auf Gottes Wort ist nichts, was man eben mal einfach so abhaken kann! Das Hören auf das Wort Gottes ist höchst brisant! Es bedeutet nämlich, dass wir uns von Gott, dem Urheber der Bibel, etwas sagen lassen. Genau darum reagieren viele Menschen nicht selten ausgesprochen sensibel darauf. Wenn Gott sich nämlich in ihr Leben einmischt und neuralgische Punkt in ihrem Leben antastet, dann regt sich meist Widerstand. Es zeigt einem nämlich, dass man die eine oder andere Leiche im Keller hat.

Martin Luther[79] hat einmal gesagt: „Die Bibel ist lebendig: Sie spricht zu mir. Sie hat Füße und rennt mir immer in meinen Gedanken hinterher. Und sie hat Hände, die sie auf mich und mein Leben legt, um es zu ergreifen." Die Bibel hat tatsächlich diese ungewöhnliche Eigenschaft, Menschen in ihren Gedanken hinterher zu rennen. Sie legt auch ihre Hände auf unser Leben, um es zu ergreifen. Wenn sie das tut, wenn sie völlig unverfroren bei uns ans Eingemachte geht, dann werden wir unruhig. Und unwillkürlich rüsten wir uns zur Gegenwehr. Darum ist das Hören auf die Bibel in gewissem Sinne gefährlich. Es kann dazu kommen, dass das Wort Gottes die eingefahrenen Bahnen des Lebens einfach über den Haufen wirft. Und das haben manche gar nicht gern! Allzu leicht reagieren sie auf jede Korrektur Gottes mit Empfindlichkeit und Empörung und weisen sie ab. Wie die Leute in der Holzfäller-Stadt (siehe Seite 143).

Wie steht es denn mit uns? Lassen wir uns etwas von Gott sagen, oder reden wir uns unser Leben schön? Sind wir bereit zu hören, wenn Gott uns etwas Schmerzliches sagt, oder wehren wir ihn schon ab, bevor es dazu überhaupt kommen kann?

Wenn Gottes Wort das Leben verändern soll, muss man lernen, sich etwas von Gott sagen zu lassen. Sonst wird man in Fehlhaltungen und Fehlhandlungen seines Lebens erstarren. Je mehr man erstarrt, umso schwerer wird es, die nötigen Kurskorrekturen im eigenen Leben vorzunehmen. Das alte Leben bindet einen dann wie mit tausend feinen Stricken! Darum hängt alles daran, dass man es lernt, sich von Gottes Wort etwas sagen zu lassen. Wenn das gelingt,

---

79 http://www.life.de/themen/glaube/bibel/302576-zwischen_wunsch_und_wirklichkeit.html

dann wird das Leben durch Gott und seinen Heiligen Geist Stück für Stück verändert werden. Hier ist ein Beispiel[80]:

„Wenn Sie mir dieses Neue Testament unbedingt aufdrängen wollen, dann werde ich es nehmen und mir aus jeder einzelnen Seite eine Zigarette drehen." Herausfordernd schaut der Mann Garry Kambarami an, seines Zeichens Mitarbeiter der Bibelgesellschaft von Zimbabwe.

„Nun gut", gab Kambarami zur Antwort, „das können Sie meinetwegen machen. Aber Sie müssen mir versprechen, das Neue Testament zuerst zu lesen, bevor Sie es rauchen." Der Mann willigte ein, nahm die kleine Bibel und machte sich aus dem Staub.

Einige Jahre später nahm Kambarami, mittlerweile Generalsekretär der Bibelgesellschaft von Zimbabwe, an einem Kongress teil. Während des Vortrages zeigte einer der Redner plötzlich auf ihn und sagte: „Dieser Mann erinnert sich sicherlich nicht mehr an mich. Aber vor 15 Jahren schenkte er mir ein Neues Testament, obwohl ich ihm androhte, es als Zigarettenpapier zu verwenden. Ich rauchte Matthäus, ich rauchte Markus, ich rauchte Lukas. Aber dann stieß ich im dritten Kapitel des Johannesevangeliums auf den Vers 16: ‚Denn Gott hat die Menschen so sehr geliebt, dass er seinen einzigen Sohn für sie hergab. Jeder, der an ihn glaubt, wird nicht verlorengehen, sondern das ewige Leben haben.' Von jenem Moment an konnte ich nicht mehr weiterrauchen; ich bat Jesus, mein Herr und Hüter zu werden, und mein Leben änderte sich von Grund auf." Der ehemalige Bibelraucher ist inzwischen Pastor in Zimbabwe geworden.

Das Hören auf das Wort Gottes ist der erste Grundschritt des Glaubens. Ohne dieses Hören kann nichts neu werden.

---

80 http://www.seelsorger.net/predigten/195-das-wort-worte-matthaeus-12-36.

2. SCHRITT: SÜNDEN BEKENNEN

Sie hatten sich von all denen getrennt, die ihrer Abstammung nach keine Israeliten waren, und versammelten sich nun, um ihre Sünden und die Verfehlungen ihrer Väter zu bekennen. Sie erhoben sich von ihren Plätzen, und drei Stunden lang wurde ihnen aus dem Buch des Gesetzes des Herrn, ihres Gottes, vorgelesen. Dann warfen sie sich vor dem Herrn nieder und bekannten ihm drei Stunden lang ihre Verfehlungen.

(Nehemia 9,2-3)

Das Hören auf das Wort Gottes bewirkt Sündenerkenntnis. Jesus selbst hat unzweideutig darauf hingewiesen, als er sagte, dass die vornehmste und wichtigste Wirkung des Heiligen Geistes eben die sei, dass er zur Sündenerkenntnis führe (Joh 16,8). Genau das passiert da in Jerusalem an jenem Herbsttag im Oktober: Die Leute hören volle drei Stunden auf das Wort Gottes. Dann bekennen sie drei Stunden lang ihre Sünden vor Gott.

Man darf davon ausgehen, dass Sündenerkenntnis und -bekenntnis all den Versammelten dort nicht angenehm gewesen ist. Sich vor Gott zu demütigen hilft aber auch. Wer Sündenerkenntnis hat, der sollte Gott auf Knien danken, dass er das möglich gemacht hat! Denn Sündenerkenntnis und -bekenntnis sind eine Gnade Gottes! Beide sind nicht machbar, sondern werden von Gott durch sein Wort geschenkt! Man ist wirklich gut dran damit, denn es bricht dem Wirken Gottes und seines Heiligen Geistes Bahn. Es zieht einen Neuanfang sowie Freiheit und Freude nach sich. Wer daher in seinem Leben keine Sündenerkenntnis hat und nicht zum Sündenbekenntnis kommt, der ist ganz schlecht dran, denn er bleibt getrennt von Gott. Er bleibt in seiner Verlorenheit. Er hat keine Zukunft.

Wir wollen uns dieses *Sündenerkenntnis* noch ein bisschen genauer anschauen. Viele denken in Bezug auf Sünde an Diebstahl oder Lügen oder Ehebruch, also an das siebte, achte und sechste Gebot (lutherische Zählung); das ist ja auch bestimmt nicht falsch. Aber nur wenige denken dabei an das erste Gebot, das lautet: *Ich bin der Herr, dein Gott. Du sollst keine anderen Götter neben mir haben.* Der Sinn des ersten Gebotes ist, dass Gott sich vorstellt. Er sagt: Ich bin da! Ich bin der Herr, dein Gott. Daraus ergibt sich nun ein ganz einfacher Gedanke: Wenn Gott wirklich da ist (und das ist er), dann kann es daraus nur eine Schlussfolgerung geben. Ich muss ihm gehören! Wenn Gott der Schöpfer des Universums ist, der es ermöglicht hat, dass wir leben, dann kann es daraus nur eine vernünftige Konsequenz geben: Ich muss ihm gehören wollen!

Es ist erstaunlich, wie viele Menschen es gibt, die zwar an die Existenz Gottes glauben, aber keine Konsequenz daraus ziehen. Sie lassen „den lieben Gott einen guten Mann sein", wie man so sagt. Doch wenn Gott wirklich da ist, dann muss er die allerwichtigste Person in meinem Leben werden! Dann muss ihm mein Leben zur Verfügung stehen. Dann muss ich ihn anbeten und ihm dienen. Das ist eigentlich völlig klar und selbstverständlich! Alles andere wäre ein Widerspruch in sich! Wer also glaubt, dass Gott existiert, muss sich die Frage gefallen lassen: Warum gehörst du ihm dann nicht? Warum ist er dann nicht die allerwichtigste Person in deinem Leben? Warum dienst du ihm dann nicht, und warum betest du ihn nicht an? Warum lebst du im offensichtlichen Widerspruch dazu? Wie viel Zeit willst du noch über diesen Widerspruch hinweggehen lassen?

Echte Sündenerkenntnis fängt damit an, dass Menschen erkennen: Ich habe Gott behandelt, als wäre er Luft. Ich habe ihn mit äußerster Kaltschnäuzigkeit behandelt, als wäre er eine x-beliebige Person. Ich habe ihn über Jahre und Jahrzehnte zum Zaungast meines Lebens gemacht und ihm die Mitte meines Lebens schlicht verweigert.

Echte Sündenerkenntnis fängt damit an, dass Menschen erkennen: Ich habe das Einfachste und Klarste und Selbstverständlichste nicht getan. Ich wusste, dass Gott da ist.

Ich wusste, dass er der Herr ist. Aber ich habe keine Konsequenzen daraus gezogen. Ich habe ihm mein Leben nicht zur Verfügung gestellt. Ich habe ihm nicht gedient. Ich habe ihn nicht angebetet! Ich habe gelebt, als wäre er Luft für mich.

In Nehemia 9,2 ist davon die Rede, dass alle, die bei Esra und seinen Mitarbeitern in Jerusalem zusammenkamen, sich vorher von denen getrennt hatten, die ihrer Abstammung nach keine Israeliten waren. Das bedeutet, dass alle, die da zusammenkamen, vorher mit ihrem heidnischen Lebensstil gebrochen hatten.

Echte Sündenerkenntnis bewirkt immer Trennungen, d. h. einen Bruch mit falschen Lebensstilen. Diejenigen unter den gut Betuchten, die ihr Geld bisher in Briefkastenfirmen in Panama versteckt hatten, kündigten den Briefkasten. Diejenigen unter den weniger gut Betuchten, die ihr Budget mit Schwarzarbeit aufgestockt hatten, hörten auf, nach Feierabend schwarz zu arbeiten. Diejenigen, die als Arbeitgeber unfaire Löhne gezahlt hatten, machten Schluss mit der Ausbeutung ihrer Angestellten. Diejenigen, die anderen mit übler Nachrede geschadet hatten, bekannten ihre Schuld vor ihnen, baten um Vergebung und versuchten, den Schaden wieder gut zu machen. Diejenigen, die das Eigentum anderer mit dem Anschein des Rechts an sich gebracht hatten, gaben das Eigentum vollständig zurück. Diejenigen, die in die Ehen anderer eingebrochen waren, deckten das Unrecht auf und beendeten die zerstörerische Beziehung.

Echte Sündenerkenntnis bewirkt immer auch einen Bruch mit der Sünde. Genau das geschah damals, als die Menschen bei Esra und seinen Mitarbeitern zusammenkamen.

Manche wenden an dieser Stelle ein, so ein Bruch mit der Sünde sei aber u. U. sehr schwer! Gewiss, aber er ist auch gleichermaßen heilsam, denn er führt tiefer in die Gemeinschaft und schenkt den Frieden mit Gott. Frieden mit

Gott bedeutet: Man gewinnt Freiheit und hat wieder Zukunft! Hier ist ein Beispiel:

Als der junge John Claypool[81] aus Burnesville bei Minneapolis den größten Fehler seines Lebens machte, war er gerade vierzehn Jahre alt: Unter dem Einfluss von LSD und Alkohol erschoss er den in seiner Nachbarschaft wohnenden Bürgermeister Wilmer Strickland und seine Frau Verona. Niemand brachte ihn mit der Tat in Verbindung. Zwanzig lange Jahre lebte er ganz allein mit dem Wissen, ein Mörder zu sein. Er verließ seine Heimat und lebte fortan als Werftarbeiter am Michigan-See. Dann bekam er Kontakt mit der christlichen Gemeinde am Ort und entschied sich für ein Leben mit Jesus. Irgendwann brach dann das lange verdrängte Unrecht aus den Tiefen seiner Seele auf. Claypool vertraute sich seinem Pastor an, und gemeinsam brachten sie diese lange unerledigte Sache vor Gott. Claypool erfuhr die *überwältigende* Befreiung der Vergebung. Er erfuhr, was es heißt, von den quälenden Schatten der Vergangenheit befreit zu werden, und – er stellte sich den Behörden. Eine lange Haftzeit blieb ihm nicht erspart. Aber obwohl äußerlich von Gefängnismauern eingeschlossen, war er doch innerlich ein freier Mensch: Frei von den Fesseln der Vergangenheit und frei für die Zukunft.

3. SCHRITT: GOTT ANBETEN

Auf dem Podest der Leviten standen Jeschua, Bani, Kadmiël, Schebanja, Bunni, Scherebja, Bani und Kenani. Sie

---

81   http://www.postbulletin.com/plea-deal-may-close--year-mystery/article_e6ae2a66-d26d-5677-a267-6f5f686d8d88.html
https://news.google.com/newspapers?nid=1914&dat=19951130&id=IdcgAAAAIBAJ&sjid=AWsFAAAAIBA-J&pg=3932,5709974&hl=de.

211

schrien mit lauter Stimme um Hilfe zu dem Herrn, ihrem Gott. *Dann riefen die Leviten Jeschua, Kadmiël, Bani, Haschabneja, Scherebja, Hodija, Schebanja und Petachja dem Volk zu: „Steht auf und preist den Herrn, euren Gott von Ewigkeit zu Ewigkeit!" Und sie beteten: „Man preise deinen herrlichen Namen, Herr! Er ist größer als alles Preisen und Rühmen es ausdrücken kann. Du, Herr, bist der einzige Gott. Du hast alle Himmel gemacht, die ganze Himmelswelt und alle Heerscharen darin, die Erde und alles, was auf ihr lebt, die Meere und alles, was in ihnen ist. Ihnen allen hast du das Leben geschenkt, und das Heer des Himmels betet dich an."*

(Nehemia 9,4-6)

Nach Sündenerkenntnis und -bekenntnis kommt die Anbetung: *„Steht auf und preist den Herrn, euren Gott von Ewigkeit zu Ewigkeit!"*, fordern die Leviten die Leute auf. Als dann alle stehen, leiten sie die Leute in der Anbetung Gottes beten: *„Man preise deinen herrlichen Namen, Herr! Er ist größer als alles Preisen und Rühmen es ausdrücken kann. Du, Herr, bist der einzige Gott. Du hast alle Himmel gemacht, die ganze Himmelswelt und alle Heerscharen darin, die Erde und alles, was auf ihr lebt, die Meere und alles, was in ihnen ist. Ihnen allen hast du das Leben geschenkt, und das Heer des Himmels betet dich an."*

Echte Sündenerkenntnis führt immer in die Anbetung Gottes, weil Jesus auf jede echte Sündenerkenntnis und auf jedes echte Sündenbekenntnis immer mit Vergebung antwortet. Und die Erfahrung der Vergebung ist so befreiend, so entlastend und so ermutigend, dass man ganz spontan anfängt, Jesus zu danken und ihn anzubeten.

Aber es gibt noch einen zweiten Grund, warum es dann zur Anbetung Gottes kommt: Echte Sündenerkenntnis führt immer dazu, dass Menschen aufhören, nur auf sich selbst zu sehen und sich mit sich selbst zu beschäftigen; stattdessen richten sie ihren inneren Blick nun auf Gott, auf Jesus.

Wenn man überzeugt davon ist, dass Gott wirklich da ist (und er ist wirklich da!), dann ist es das Natürlichste von der Welt, dass man sich mit ihm beschäftigt. Er wird zum Dreh- und Angelpunkt des Lebens. Man betreibt keine Nabelschau mehr. Man befasst sich nicht mehr dauernd mit seinen Fehlern und Unvollkommenheiten (die man natürlich weiterhin hat). Es ist dann nicht mehr so wichtig, wie man vor anderen dasteht, ob diese einem auch genug Anerkennung und Wertschätzung entgegenbringen. Man dreht sich nicht mehr dauernd um sich selbst und seine Gefühle, Nöte, Bedürfnisse und Niederlagen. Man findet es nicht mehr so interessant, sich mit anderen zu vergleichen, um zu sehen, wer besser abschneidet. Man hört auf, andere zu beneiden, weil sie Dinge oder Fähigkeiten haben, die man selbst nicht besitzt. Man tut all dies nicht mehr, weil man etwas Besseres gewonnen hat: den lebendigen Gott, den Vater Jesu Christi. Er wohnt durch den Heiligen Geist in unserem Leben. Wir sehen auf ihn. Wir freuen uns an ihm. Wir sehen seine Möglichkeiten. Wir freuen uns an dem, was er ist und was er tut. Wir reden natürlich auch mit ihm. Wir sind mit unserem ganzen Denken und Fühlen und Wollen auf ihn ausgerichtet. Das ist das Natürlichste von der Welt!

So kommen die Leute damals in die Anbetung Gottes. Sie sprechen mit ihm darüber, wer er ist. Die Heiligen Schriften zeigten es ihnen. Sie sprechen mit ihm darüber, was er tut. Sie sprechen mit ihm auch über das, was er gegenwärtig in ihrem Leben tut. Anbetung heißt also, sich vor Gott darüber zu freuen, wer er ist und was er tut.

Man kann das ganz gut an den Anbetungs-Psalmen der Bibel sehen. Sie sprechen darüber, wer Gott ist und was er tut, und dann drücken sie vor ihm ihre Freude darüber aus. Ein Beispiel ist Psalm 117, der kürzeste Psalm der Bibel. Er lautet: *Lobt den Herrn alle Heiden! Preist ihn alle Völker. Denn* (Begründung) *seine Gnade und Wahrheit walten über uns in Ewigkeit. Halleluja.*

Dieser kurze Psalm beginnt mit der Anbetung und dem Lobpreis Gottes, und dann kommt sofort die Begründung, warum alle Völker Gott loben sollen. Psalm 117 freut sich darüber, wer Gott ist (nämlich ein stets wahrhaftiger und gnädiger Gott), und er freut sich auch darüber, was Gott tut (nämlich stets gnädig und wahrhaftig zu handeln). Das ist Anbetung Gottes: Menschen freuen sich vor Gott darüber, wer Gott ist und was er tut.

Wie kann Anbetung Gottes heute aussehen? Vielleicht so: „Jesus, du bist der Herr! Wenn ich zu dir komme und meine Sünden vor dir bekenne, dann begegnest du mir mit Vergebung und Gnade. Du löschst mein Versagen aus und gibst mir stattdessen Freiheit und Annahme und Zukunft. Es ist kaum zu fassen und doch ist es wahr! Du hast auch alle Möglichkeiten, mein Leben gut zu machen und mich immer weiter zu verändern nach deinem Plan. Du siehst viel weiter als ich und hast den Überblick, der mir ja fehlt. Das ist so gut und so entlastend. Ich brauche mich nicht dauernd mit mir selbst zu befassen! Denn du bist da! Du bist wirklich der Herr. Danke, dass das so ist! Danke, dass du in meinem Leben wohnst. Danke, dass ich mein Leben für dich leben kann."

16.

DER GOTT,
DER HANDELT (1)

Nehemia 9,6-12

Gott ist ein Gott, der handelt. Er greift immer wieder in das Leben von Menschen ein und handelt. James Inglis, ein Evangelist aus England, berichtet über folgende erstaunliche Begebenheit, die sich Ende des 19. Jahrhunderts zugetragen hat[82]:

Als ich das erste Mal nach Amerika reiste, war ich mit dem Kapitän eines Dampfers unterwegs, der voller Hingabe als Christ lebte. Als wir gerade die Neufundland-Bänke hinter uns ließen, sagte er zu mir: „Mr. Inglis, als ich das letzte Mal hier entlangfuhr – das ist jetzt fünf Wochen her – da ist etwas höchst Ungewöhnliches passiert. Es hat mein Leben als Christ völlig verändert. Damals war ich ein ganz normaler Durchschnitts-Christ. Nun hatten wir aber einen Mann an Bord, der Georg Müller hieß und ein großes Waisenhaus in Bristol leitete. Ich hatte bereits 22 Stunden auf der Brücke gestanden, als er mir plötzlich auf die Schulter klopfte.

---

82 http://www.wholesomewords.org/biography/bmuller8.html
(Übersetzung durch den Autor)

„Captain", sagte er, „ich möchte Ihnen mitteilen, dass ich am kommenden Samstag-Nachmittag in Quebec sein muss." Es war Mittwoch. – „Das ist unmöglich", sagte ich. – „Na gut", sagte er, „wenn Ihr Schiff das nicht schafft, wird Gott andere Mittel und Wege finden, um mich rechtzeitig dorthin zu bringen. Ich habe seit 57 Jahren noch keine Verabredung versäumt." – „Ich würde Ihnen ja gerne helfen", sagte ich, „aber wie soll ich das machen? Ich bin hilflos." – „Lassen Sie uns in den Chatroom gehen und beten", erwiderte er.

Ich starrte den Mann an und dachte: Aus welcher Irrenanstalt ist dieser Typ ausgebrochen? So etwas habe ich ja noch nie gehört. „Mr. Müller", sagte ich, „wissen Sie, wie undurchdringlich dieser Nebel ist?" – „Nein", gab er zurück, „ich schaue nicht darauf, wie dick der Nebel ist, sondern richte meinen Blick auf den lebendigen Gott, der all meine Lebensumstände kontrolliert." Er ging auf seine Knie und betete ein sehr schlichtes Gebet. Das Gebet ging ungefähr so: „Oh Herr, wenn es deinem Willen entspricht, dann entferne doch diesen Nebel in fünf Minuten. Du weißt um die Verabredung in Quebec, die du für mich arrangiert hast. Ich glaube, du willst nicht, dass ich sie versäume."

Als er sein Gebet beendet hatte, wollte ich auch noch ein Gebet sprechen. Aber er legte seine Hand auf meine Schulter und sagte, das sei überflüssig. „Erstens", sagte er, „glauben Sie sowieso nicht, dass Gott handeln wird; und zweitens bin ich sicher, dass er bereits gehandelt hat. Es gibt also keinen Grund, weiter zu beten." – Ich starrte ihn fassungslos an und Georg Müller bemerkte: „Captain, ich kenne den lebendigen Gott seit 57 Jahren, und es gab in dieser Zeit keinen einzigen Tag, an dem ich nicht mit dem größten König gesprochen hätte. Stehen Sie also auf, Captain, öffnen Sie die Tür und schauen Sie hinaus. Sie werden feststellen: Der Nebel ist weg." Ich stand auf und – was soll ich Ihnen sagen – der Nebel war wirklich weg. Und am Samstag-Nachmittag war Georg Müller in Quebec.

216

Gott ist ein Gott, der handelt. Gott ist kein Gedanke. Gott ist kein Prinzip. Gott ist ein Gott, der handelt. Nahezu jede einzelne Seite der Bibel spricht davon, dass Gott ein Gott ist, der handelt. Als Nehemia Ben Hachalja im Jahr 443 v. Chr. im Auftrag Gottes die Stadtmauern und Tore der Stadt Jerusalem wieder aufbaute, da erlebte auch er immer wieder, dass Gott ein Gott ist, der handelt. Ohne Gottes Eingreifen wäre das ganze Bauunternehmen von vornherein zum Scheitern verurteilt gewesen. Und als die Mauern der Stadt endlich wieder ihre volle Höhe erreicht hatten, da stand Nehemia sofort vor der nächsten Herausforderung: den Bewohnern der Stadt die Grundlagen des praktischen Lebens mit Gott zu vermitteln. Er holte dazu den Bibel-Lehrer Esra an seine Seite. Esra ging mit seinen Mitarbeitern, den Leviten, sofort ans Werk. Sie lasen den Menschen aus der Bibel vor, führten sie in heilsame Schulderkenntnis, in die praktische Hingabe an Gott und in die Freude an ihm. Zu guter Letzt stellten sie ihren Zuhörern ein Gebet vor, dass es in sich hatte: ein Gebet, das Gottes Handeln und Gottes Treue zum Thema hatte.

Gott ist ein Gott, der handelt, und zwar in Treue. Darauf macht dieses Gebet aus dem Buch Nehemia aufmerksam. Der erste Punkt, wo sich Gottes Handeln zeigt, ist die Erschaffung des Alls und des Planeten Erde durch Gott.

ER SCHUF DIE WELT

„Du, Herr, bist der einzige Gott. Du hast alle Himmel gemacht, die ganze Himmelswelt und alle Heerscharen darin, die Erde und alles, was auf ihr lebt, die Meere und alles, was in ihnen ist. Ihnen allen hast du das Leben geschenkt, und das Heer des Himmels betet dich an."

(Nehemia 9,6)

Die Treue Gottes fängt damit an, dass er Himmel und Erde aus dem Nichts durch sein Wort geschaffen hat. Am Anfang aller Dinge stand also nicht irgendein sagenhaft verdichtetes Materiekügelchen, das explodierte und das Weltall entstehen ließ, wie manche Naturwissenschaftler heute glauben. Am Anfang aller Dinge stand stattdessen der Gott, der handelt. Er handelte durch sein schöpferisches Wort. Aus dem Nichts entstanden höchst erstaunliche Dinge: die Erde und alles, was auf ihr lebt, die Meere und alles, was in ihnen ist, die ganze Himmelswelt und alle Heerscharen darin, also das All mit seinen Massen von Sternen, Sonnen und Planeten. So viel Kraft hat Gottes Wort.

Natürlich ist das alles heute höchst umstritten. Viele Menschen glauben lieber an einen unpersönlichen Urknall als an den Gott, der handelt. Wie schade! Denn bereits ein unvoreingenommener Blick auf die Atmosphäre unserer Erde und die uns umgebenden Planeten weisen unübersehbar auf Gott, den Schöpfer, hin. Hier sind ein paar Fakten: Der Planet Erde befindet sich im sogenannten „Grüngürtel" der Sonne. Der Mars liegt außerhalb dieses „Grüngürtels", die Venus innerhalb. Nur die Erde liegt genau in der Mitte. Damit hängt Folgendes zusammen: Auf der Venus verdampft alles Wasser. Es ist dort viel zu heiß. Auf dem Mars gefriert alles Wasser zu Eis, das härter ist als Granit. Es ist dort viel zu kalt. Würde die Erde ihre Umlaufbahn nur um ein einziges Prozent verändern, würde ihr Wasser entweder verdampfen oder gefrieren. Aber die Umlaufbahn unserer Erde ist genauso eingerichtet, dass unser Wasser flüssig bleibt. Es entweicht auch nicht in den Weltraum.[83]

Dazu muss man nun Folgendes wissen: Die Erde schafft es als einziger bisher bekannter Planet, ihr Wasser zu halten. Sie ist mit ihrer Atmosphäre nämlich so beschaffen, dass in zehn Kilometer Höhe die Temperatur bis minus 60

---

83   Vgl. Norbert Pailer, Lichtwelten, Holzgerlingen 2011, S. 54-57.

Grad Celsius abfällt. Aufsteigender Wasserdampf gefriert zu Eiskristallen. Diese Eiskristalle können nichts anderes tun, als wieder in wärmere Bereiche abzusinken, wo sie als flüssiges Wasser zur Erde fallen. Die Erdbewohner können daher leben. Es ist ein komplexes, sorgfältig ausbalanciertes System.[84] Gott achtet auf seine Erde. Seit Tausenden von Jahren tut er das. Er ist treu.

Bereits auf dem Mond ist schon wieder alles ganz anders als auf der Erde! Kein Mensch könnte dort auf Dauer existieren! Auf dem Mond herrschen tagsüber Temperaturen von +107°C. In der Nacht sinken sie auf -150°C ab.[85] Nur auf der Erde gibt es innerhalb unseres Sonnensystems und weit darüber hinaus Temperaturen, die für die Existenz von Leben geeignet sind.

Jeder hat schon mal von der Ozonschicht gehört. Sie ist ein Teil der Erdatmosphäre, ziemlich dünn und ziemlich empfindlich. Schon ein bisschen zu viel Haarspray kann sie zerstören. Vor ein paar Jahren war die Menschheit ziemlich nahe dran an dieser Zerstörung. Nur die rasche Abschaffung von FCKW-haltigen Sprays konnte der Zerstörung Einhalt gebieten. Diese hauchdünne Ozonschicht hält erfolgreich die gefährliche UV-Strahlung von uns Menschen ab.

In 50 Kilometer Höhe über der Erde befindet sich die sogenannte „Stratos-Sphäre". Sie hält schädliche Infrarot- und Radiowellen fern. In 95 Kilometer Höhe befindet sich die sogenannte „Meso-Sphäre". Sie hält tödliche Gammastrahlen davon ab, bis zur Erdoberfläche durchzudringen. Und in 500 Kilometer Höhe sorgt die sogenannte „Thermo-Sphäre" dafür, dass Röntgenstrahlen aus dem All uns Menschen nicht erreichen. Ein mehrfacher Schutzschild schützt also die Erde und ihre Bewohner. Gleichzeitig aber ist dieser

---

84   Ebd., S. 51f.
85   Ebd., S. 66.

Schutzschild so beschaffen, dass er sichtbares Licht durch-
lässt, das alle Lebewesen der Erde dringend zum Leben
brauchen. Ohne viel darüber nachzudenken leben wir Menschen also unter einem genial konstruierten Schutzschild,
der Leben möglich macht.[86] Gott achtet auf seine Erde. Er
ist treu.

Und jetzt kommt das Erstaunlichste: Jeder kennt den
Planeten Jupiter. Aber kaum einer weiß, was für eine besondere Funktion dieser Planet hat. Im Jahr 1994 fand man es
heraus. Da wurde nämlich ein neuer Komet entdeckt. Nach
seinen Entdeckern nannte man ihn Shoemaker-Levi-Ko-
met. Dieser Komet flog mit hoher Geschwindigkeit in Richtung Erde. Ein riesiges tödliches Geschoss. Auf seinem Weg
musste dieser Komet an Jupiter vorbei. Der beeinflusste
mit seiner großen Anziehungskraft die Bahn dieses Kome-
ten. Die Kräfte, die dabei wirkten, führten dazu, dass sich
Shoemaker-Levi in genau 21 Bruchstücke zerlegte. Dieser
Kometenmüll sauste dann weiter Richtung Erde.

Glücklicherweise hat Jupiter nicht nur die Bahn dieser gefährlichen Geschosse abgelenkt. Jupiter tat der Erde
auch noch den Gefallen, alle 21 Brocken mithilfe seiner
großen Anziehungskraft einzusammeln. Die Astronomen
auf der Erde konnten mithilfe ihrer Teleskope dabei sogar
zuschauen. Es war erstaunlich, was sie da zu sehen bekamen. Jupiter erwies sich nämlich als Kometenfalle für die
Erde. Er wirkte wie ein Schutzschild für das Leben auf der
Erde. Wehe der Erde, wenn sie auch nur einer dieser Ko-
metenbrocken damals getroffen hätte! Aber, gottlob, Jupiter
war ja da und funktionierte als großer Weltraum-Staubsauger zum Schutz der Erde.[87]

Er fängt immer noch – jeden Monat! – zahlreiche Kome-
tenbrocken ab. Während sich Otto-Normal-Verbraucher

86   Norbert Pailer, Lichtwelten, Holzgerlingen 2011, S. 51-55.
87   Vgl. Norbert Pailer, Lichtwelten, Holzgerlingen 2011, S.42f., 68f.

morgens nichtsahnend sein Brötchen mit Marmelade bestreicht, ist Jupiter, der Weltraum-Staubsauger für ihn an der Arbeit, um gefährliche Brocken von ihm fernzuhalten.

Der Astrophysiker Freeman Dyson hat einmal geschrieben: „Wenn wir ins Universum hinausblicken und erkennen, wie viele Zufälle in Physik und Astronomie zu unserem Wohl zusammengearbeitet haben, dann scheint es, als hätte das Universum in gewissem Sinne gewusst, dass wir kommen."[88]

Das ist eine sehr zutreffende Beschreibung! Viele Astrophysiker kommen ins Staunen, wenn sie mithilfe ihrer Teleskope und Computer entdecken, wie genial die Erde im All platziert ist und wie vollkommen die verschiedensten Dinge zusammenwirken und ineinander greifen, nur damit wir auf der Erde leben können.

Ist das alles Zufall? Manche meinen das. Andere spüren: Das kann kein Zufall sein! Hier steckt Planung dahinter! Der Naturwissenschaftler Norbert Pailer schreibt: „Die Erde ist eine einzigartige Oase im Sonnensystem, auf der Leben gedeihen kann, eine wohlbehütete Insel in den Stürmen der Sonne."[89] Die Erde ist ein privilegierter Planet. Diese Tatsache weist unübersehbar darauf hin, dass hier ein genialer Planer und Schöpfer am Werke war und ist, der in großer Treue die Erde und alles, was auf ihr lebt, sorgsam am Leben erhält. Gottes Treue zeigt sich also zuallererst in der Schöpfung, die das Zuhause der Menschheit ist.

Gott ist ein Gott, der handelt, und zwar wiederum in beeindruckender Treue. Diese zeigt sich auch in seinem Umgang mit einem Mann, der den Namen Abraham trägt.

88   Norbert Pailer, Lichtwelten, Holzgerlingen 2011, S. 21.
89   Norbert Pailer, Lichtwelten, Holzgerlingen 2011, S. 182.

ER ERWÄHLTE ABRAHAM

Du, o Herr, bist der Gott, der Abram erwählte. Du holtest ihn aus Ur in Chaldäa heraus und gabst ihm den Namen Abraham. Und als du sahst, dass er treu zu dir hielt, hast du den Bund mit ihm geschlossen und ihm versprochen, seinen Nachkommen das Land der Kanaaniter, der Hetiter, Amoriter, Perisiter, Jebusiter und Girgaschiter zu geben. Und du hast dein Versprechen gehalten, denn du bist gerecht!

(Nehemia 9,7-8)

Abram, so hieß dieser Mann von Haus aus, war im Prinzip kein besonderer Mann. Als Gott ihn erwählte, hatte Abram von Gott keine blasse Ahnung. Er war einfach ein Bürger der Stadt Ur, einer ganz normalen, ziemlich gottlosen Stadt. Sie lag etwa 200 km vom Persischen Golf entfernt, im Gebiet des heutigen Iran/Irak. Abram war also nichts Besonderes, aber er wurde es, weil Gott ihn erwählte. Er war ein unscheinbarer Baustein des großen Rettungsplans Gottes für die gesamte Menschheit. Dieser Rettungsplan wurde schon im Garten Eden angedeutet und kam in Jesus Christus zum Ziel.

Natürlich stellt sich an dieser Stelle die Frage: Wie war denn das, als Gott Abram erwählte? Wie war das, als er Abram *aus Ur in Chaldäa herausholte und ihm später den Namen Abraham gab*? Wie ging das vor sich? Eines Abends führte Gott Abram hinaus in die klare Nacht, zeigte ihm den Sternenhimmel und gab ihm ein Versprechen: *So zahlreich sollen deine Nachkommen sein* (1. Mose 15,5). Ein gewaltiges Versprechen war das. Aber da gab es auch ein Problem, denn Abraham war schon ziemlich alt. Und seine Frau auch. Die biologische Uhr für eine Schwangerschaft war bei Sara längst abgelaufen. Und nun gab Gott ausgerechnet dieses Versprechen!

Viele Jahre hat Abram auf die Erfüllung dieses Versprechens gewartet. Er wohnte damals bei Hebron (1. Mose 13,18), war ziemlich reich geworden, besaß viel Vieh (1.Mose

13, 2) und auch etliche Brunnen. Mit Sicherheit war er darum ein wichtiger Mann für all die Kaufleute, die dort auf den Straßen vorbeizogen und mit ihren Karawanen Halt bei Abrahams Brunnen machten. Wenn der Abend dann heranrückte, kamen die Kaufleute in Abrahams Zelt, um ihm ihre Reverenz zu erweisen.

Diese typischen orientalischen Palaver folgten einem ganz bestimmten Muster, das sich immer wiederholte.[90] Der Hausherr stellte zunächst viele Fragen: Wer bist du? Wie alt bist du? Wo kommst du her? Wie lange bist du schon unterwegs? usw. Und die Gäste gaben Antwort. Sie stellten sich auf diese Weise dem Hausherrn vor. So konnte das eine ganze Weile gehen. Aber dann kam der Zeitpunkt, wo Abraham sich selbst mit seinem Namen vorstellen musste: „Abram" – „Vater von vielen".

Es muss hunderte, ja vielleicht Tausende Male so gelaufen sein. Und jedes Mal mag es Abraham bitterer und schwerer geworden sein. Denn in dem Moment, wo er seinen Namen aussprach: „Abram" – „Vater von Vielen", da reagierten natürlich seine Gäste: „Was, Vater von Vielen? Das ist ja großartig! Herzlichen Glückwunsch! Wie viele Söhne hast du denn?" –Dann kam jedes Mal Abrahams ernüchternde Antwort, so furchtbar demütigend für ihn: „Keinen!"

Man muss sich die Gesichter seiner Gäste vorstellen, die vielleicht nur mühsam ein Grinsen unterdrückten: „Der Vater von Vielen hat keine Kinder! Hahaha ..." Abraham muss die Frage nach seinem Namen gehasst haben und die demütigende Antwort, die er dann immer wieder geben musste. „Vater von Vielen? – Vater von keinem!"

Später gab Gott ihm dann einen neuen Namen, wie Nehemia 9,7 betont: Aus Abram (Vater von Vielen) wurde nun Abraham (Vater vieler Völker, 1. Mose 17,3-5). Doch damit

---

90 Vgl. John MacArthur, New Testament Commentary Romans 1 – 8, Chicago 1991, S. 260f.

wurde alles noch viel schlimmer, denn der Vater vieler Völker hatte ja noch nicht mal ein einziges Kind.

Aber Gott vergaß sein Versprechen nicht! Wider alle biologischen Uhren wurde Abrahams Frau Sara schwanger und brachte einen gesunden Sohn – Isaak – zur Welt. Gott handelte. Gott war treu. Er erfüllte sein Versprechen! Aus Abrahams Nachkommen gingen später wirklich viele Völker hervor. Das prominenteste unter ihnen ist das Volk Israel, das heute in seinem Land am Mittelmeer wohnt. Gott handelte und blieb seinem Versprechen an Abraham treu. Auch Abraham war treu – Gott gegenüber. Daran lässt Nehemia 9,8 keinen Zweifel. Dort heißt es: *Und als du sahst, dass er* (Abraham) *treu zu dir hielt, hast du den Bund mit ihm geschlossen und ihm versprochen, seinen Nachkommen das Land der Kanaaniter, der Hetiter, Amoriter, Perisiter, Jebusiter und Girgaschiter zu geben. Und du hast dein Versprechen gehalten, denn du bist gerecht!*

Abraham *hielt treu zu Gott.* Das heißt aber nicht, dass Abraham fehlerlos war. Im Gegenteil, Abraham machte ziemlich viele Fehler! Um nur ein Beispiel zu nennen: Als einmal Nahrungsmittelknappheit und Inflation grassierten, wartete er gar nicht erst Gottes Hilfe ab, sondern zog Hals über Kopf nach Ägypten. Dort geriet er dann prompt in Schwierigkeiten. Er gab seine Frau Sara als seine Schwester aus, weil er wegen ihrer Schönheit um sein Leben bangte. Tatsächlich wäre Sara damals um ein Haar im Harem des regierenden ägyptischen Pharaos verschwunden. Gott musste eingreifen, um das zu verhindern. Dies alles war nicht wirklich erfreulich. Abraham machte Fehler.

Aber Gott ließ Abraham niemals los. Gott wandte sich nicht enttäuscht von ihm ab. Im Gegenteil, trotz seiner unbestreitbaren Fehler, hielt Gott an Abraham fest. Gott war treu. Und so ist es bis heute! Gott hat sich nicht verändert! Auch wenn Christen heute Fehler machen – vielleicht sogar große und schlimme Fehler – wendet Gott sich nicht enttäuscht oder gar angewidert von ihnen ab. Er bleibt treu und geht ihnen nach und hört ganz und gar nicht auf, sie zu lieben und entsprechend zu handeln.

Gottes Treue zeigt sich in der Schöpfung und im Leben Abrahams. Sie zeigt sich auch darin, wie er mit seinem Volk Israel umging.

ER BEFREITE SEIN VOLK

Du sahst die Bedrückung unserer Väter in Ägypten und hast ihren Hilfeschrei am Schilfmeer gehört. Dem Pharao hast du deine Wunderzeichen gezeigt und ihm deine Macht zu spüren gegeben, seinen Ministern und seinem ganzen Volk, denn du hast gesehen, wie hochmütig sie unsere Väter behandelten. Und so hast du dir bis heute einen Namen gemacht.

(Nehemia 9,9-10)

Gott ist kein Gedanke. Gott ist kein Prinzip. Denn er sieht, hört und handelt. Nehemia 9,9-10 führt es plastisch vor Augen: Gott sah die Unterdrückung seines Volkes, als es im Land Ägypten lebte. Er hörte ihren Hilfeschrei und er handelte auch, indem er dem damaligen Herrscher Ägyptens seine Macht spüren ließ. Gott war treu, und er handelte.

Jahrzehnte hatten die Israeliten in Ägypten geschuftet. Zwangsarbeit von früh bis spät. Sie wurden unterdrückt, ausgebeutet, gedemütigt, geschlagen und traktiert. Das war ihr Alltag. Mit Zähneknirschen brannten sie Berge von Ziegeln für Vorratshäuser, in denen ihre Unterdrücker ihre Schätze stapelten.

Aber dann, in einer Nacht, griff Gott ein. So plötzlich kam die Wende, dass es kaum zu begreifen war. Unsichtbar, unheimlich und still drang der bleiche Tod in die Häuser der Ägypter. Gottes Gericht – lange vorher angekündigt – vollzog sich mit einer so fürchterlichen Konsequenz an den Unterdrückern, dass nicht nur Trauer, sondern namenloses Entsetzen die Bevölkerung des Landes ergriff. Die Erstgeborenen starben. Jedes ägyptische Haus hatte einen Toten zu beklagen. Dann endlich ließ der Pharao das Volk Gottes gehen. Plötzlich wurde möglich, was lange undenkbar gewesen war. Ja, man trieb dieses Volk geradezu aus dem Lande heraus. Man wollte es los sein, dieses merkwürdige, unbeugsame Volk, dessen Gott sein Wort stets wahr machte und sich durch nichts und niemanden aufhalten ließ. Und so wurde es ausgewiesen, über die Grenze abgeschoben, in die Wüste. Gott handelte und befreite sein Volk. Sie ließen ihr ganzes altes Leben zurück. Ihre Hütten, in denen sie jahrelang gehaust hatten. Die verhassten Holzkästen, in die sie den Lehm für die Ziegel geschmiert hatten. Die Schlagstöcke ihrer Aufseher. Die Tränen der Wut und Ohnmacht, die sie wieder und wieder geweint hatten. Die ganze elende Zwangsarbeit ... alles blieb zurück. Ihr ganzes altes Leben, so wie sie es gekannt hatten, blieb zurück, und ein neues Leben fing an. Und das alles, weil Gott in Treue gehandelt hatte.

Als die ägyptischen Elite-Truppen ihnen dann wenig später nachsetzten, weil der Pharao meinte, es sei doch keine so gute Idee gewesen, diese nützlichen Sklaven einfach laufen zu lassen, da handelte Gott noch einmal. Die folgenden Verse berichten davon:

Vor ihren Augen hast du das Meer gespalten, sodass unsere Väter trockenen Fußes mitten hindurchziehen konnten. Doch ihre Verfolger hast du in den Strudel geschleudert, wie einen Stein in tosende Fluten. Am Tag hast du sie durch eine Wolkensäule geführt und in der Nacht ihren Weg durch eine Feuersäule erhellt.

(Nehemia 9,11-12)

Gott hat damals in drastischer Weise eingegriffen und sein Volk vor einer erneuten Versklavung bewahrt. Tatsächlich sind bis heute Spuren dieses Handelns Gottes zu finden.

Archäologen haben an der wahrscheinlichen Übergangs-
stelle der Israeliten durch das Meer vergoldete Räder mit vier
Speichen gefunden. Solche Räder wurden von den Ägyptern
ausschließlich zu der Zeit verwendet, als der Auszug der
Israeliten aus Ägypten stattfand. Etliche dieser Wagenräder
sowie menschliche Überreste und Pferdehufe wurden ebenfalls auf dem Grund gefunden.[91]

Auch das Nachrichtenmagazin „Der Spiegel"[92] berichtete
im Jahr 2010, dass der biblische Bericht von der Durchquerung des Schilfmeers einer wissenschaftlichen Überprüfung
durchaus standhält. Demnach konnte ein starker Ostwind
(wie er im biblischen Bericht ausdrücklich erwähnt wird!)
in der Region tatsächlich zeitweilig eine breite Furt im Meer
freilegen. Hinweise dafür, dass sich das Geschehen durchaus so zugetragen haben könnte, haben – so der Bericht
des „Spiegel" – Wissenschaftler des Nationalen Zentrums
für Atmosphärenforschung (NCAR) der Universität von Colorado mit Hilfe von Satellitenaufnahmen und archäologi-
schen Daten entdeckt. Den Berechnungen der Forscher
zufolge konnten Ostwinde mit einer Stärke von etwa 100
Stundenkilometern binnen zwölf Stunden eine trockene
Passage freilegen. Diese etwa vier Kilometer lange und fünf
Kilometer breite Furt war der Studie zufolge für rund vier
Stunden begehbar. Beim Nachlassen des Sturms konnten
die Wassermassen demnach recht abrupt zurückkehren.

Gott blieb also seinem Volk gerade in den größten
Schwierigkeiten treu und handelte in unvergesslicher Weise.
Es muss faszinierend gewesen sein, dieses Eingreifen Gottes damals so nahe und so direkt mitzuerleben. Die Leute
von Gottes Volk waren ja mittendrin dabei. Es muss damals
ein Staunen unter den Israeliten umgegangen sein, dass
Gott so real, so groß und so machtvoll war.

---

91   https://www.cai.org/de/traktate/geschichte-und-archaeologie.
92   http://www.spiegel.de/wissenschaft/natur/biblisches-wun-
      der-ostwind-soll-das-meer-geteilt-haben-a-718966.html

Vielen Menschen, die Christen geworden sind, geht es heute ähnlich. Auch sie machen Erfahrungen mit der Treue und dem Handeln Gottes! Auch sie erleben mit ihrer Bekehrung und ihrer Hinwendung zu Jesus das befreiende Eingreifen Gottes in ihrem Leben. Auch sie machen sich dann auf den Weg, heraus aus ihrem alten Leben. Und auch sie kann niemand aufhalten.

Die Sünde, der sie jahrelang als Sklaven gedient haben, kann sie nicht halten. Die Schuld, die sie geknechtet und belastet hat, auch nicht. Noch nicht mal die alten Freunde, die jetzt den Kopf über sie schütteln. Niemand kann sie aufhalten. Denn Gott hat in ihr Leben eingegriffen.

Vielleicht haben sie jahrelang ohne Gott gelebt. Vielleicht haben sie gemerkt, wie ihr Leben ohne Gott allmählich innerlich zerfiel. Jahrelang haben sie der Sünde gedient und ihr Zwangsarbeit geleistet. Jahrelang haben sie immer neu dieselbe üble Lektion gelernt, dass die Sünde kein Leben gibt, sondern das Leben nimmt, dass sie ein Blutsauger und Ausbeuter ist. Bis sie sich endlich dem rettenden Evangelium von Jesus Christus öffneten und Gott in ihr Leben trat. Dann war es vorbei mit der Zwangsarbeit für die Sünde. Sie erfuhren Vergebung, Befreiung, Reinigung und einen Neuanfang. Niemals hätten sie so eine Befreiung für möglich gehalten. Und doch geschah sie. Denn Gott handelte an ihnen in Treue.

Er holte sie heraus aus Knechtschaft und Unterdrückung. Sie ließen ihr ganzes altes Leben zurück. Ein Berg von Schuld blieb zurück. Das Drehen um sich selbst blieb zurück. Die elende Zwangsarbeit unter der Diktatur der Sünde blieb zurück. Die stille Verzweiflung über ein Leben ohne Inhalt, ohne Sinn blieb zurück. Etwas Neues fing an. Und all das, weil Gott gehandelt hatte.

Auf Gottes Treue und auf Gottes Handeln ist immer Verlass. Zu seiner Zeit wird er auf seine Weise in das Leben seiner Kinder eingreifen und ihnen Rettung, Bewahrung und einen Neuanfang schenken. Denn Gott ändert sich nicht!

17.

DER GOTT, DER HANDELT (2)

Nehemia 9,13-21

Gott ist ein Gott, der handelt. Einer, der das durch sein ganzes Leben hindurch immer wieder erlebt hat, ist Georg Müller. Im Jahr 1836 gründete Müller in der Wilson Street im englischen Bristol ein Waisenhaus für die allerärmsten Waisenkinder. Das Waisenhaus wuchs sehr rasch. Müller trug Verantwortung für viele Menschen, Kinder und Mitarbeiter.

In einem seiner Bücher berichtet er:[93] „Einmal kamen wir in die Lage, dass alle unsere Vorräte aufgebraucht waren ... Wir waren schon so weit, dass wir die paar Möbel, die wir noch hatten, verkaufen wollten, um Nahrungsmittel für die Kinder zu bekommen. Da tauchte plötzlich eine Frau auf. Sie war volle vier Tage zu uns unterwegs gewesen und sie brachte so viel Geldmittel für uns mit, dass alle unsere Sorgen mit einem Mal von uns weggenommen waren. – Vier Tage lang war das Geld schon für uns bereit. Aber erst am vierten Tag bekamen wir es. Mir ist daran zweierlei deut-

---

93 Michael Green (Hrsg.), Illustrations for Biblical Preaching, Grand Rapids, Michigan,1990, S. 283 (Übersetzung durch den Autor).

lich geworden: Von Anfang an war es im Herzen Gottes beschlossen, dass wir dieses Geld haben sollten. Das ist das eine. Aber Gott testete auch unser Vertrauen. Und das ist das andere. Gott mutete uns zu, lange für das nötige Geld zu beten, damit die Freude über sein Geschenk dann umso größer sein sollte ..."

Gott ist ein Gott, der handelt. Gott ist ein Gott, der seine Pläne mit der Welt und mit jedem einzelnen Menschen verwirklicht. Er ist ein Gott, dessen Größe und Herrlichkeit sich in seinem Handeln zeigen.

Auch Nehemia hat das erlebt. Eigentlich war sein Auftrag, die Stadtmauern und Tore der Stadt Jerusalem wieder zu errichten, eine „Mission Impossible". Aber Nehemia und alle, die damals mit ihm am Wiederaufbau der Stadt arbeiteten, erlebten immer wieder, dass Gott handelte. Und so gelang das gewagte Vorhaben. In dem Gebet, das im neunten Kapitel des Buches Nehemia präsentiert wird, geht es nun immer wieder genau darum, dass Gott ein Gott ist, der handelt.

Drei große Wahrheiten über das Handeln und über die Treue Gottes werden in Nehemia 9,13-21 präsentiert:

1. Gott sprach zu seinem Volk.
2. Gott ernährte sein Volk.
3. Gott vergab seinem Volk.

GOTT SPRACH ZU SEINEM VOLK

Auf den Sinai bist du herabgestiegen und hast vom Himmel her mit ihnen geredet.

(Nehemia 9,13)

Der Gott der Bibel ist ein Gott, der spricht. Gott schweigt nicht, er spricht mit uns Menschen. Er liebt es sogar, mit uns Menschen zu sprechen! Denn er will Gemeinschaft mit uns! Tiefe, prägende Gemeinschaft. Gott ist ein Gott, der spricht!

Die US-Schauspielerin und Sängerin Bette Midler[94] hat vor Jahren einen Song mit dem Titel „From A Distance" („Aus der Ferne") veröffentlicht. Der Song hat einen Refrain, der immer und immer wieder wiederholt wird. Darin ist von Gott die Rede: „God is watching us, God is watching us, God is watching us from a distance. " Übersetzt heißt das: „Gott beobachtet uns. Gott beobachtet uns. Gott beobachtet uns – aus der Ferne!"

Der Song von Bette Midler hat eine sehr schöne Melodie. Aber seine Botschaft führt in die Irre. Denn Bette Midlers Gott spricht nicht. Er beobachtet nur – und das auch noch aus der Distanz, aus der „Ferne". So sehr es wahr ist, dass er uns Menschen sieht, er hält aber nicht Distanz! Er bleibt gerade nicht in der „Ferne", sondern sucht unsere Nähe und spricht zu uns Menschen. Er schweigt nicht. Er spricht durch Lebensumstände. Er spricht durch Ereignisse. Er spricht durch Menschen. Vor allem aber spricht er durch sein Wort, die Bibel.

Wer erlebt, dass Gott sich an ihn persönlich wendet und zu ihm spricht ... Wer erlebt, dass es plötzlich ganz still in ihm wird, weil Gott ein Wort der Bibel leuchtend und kraftvoll und schön in sein Herz senkt ... Wer erlebt, wie alles andere um ihn herum plötzlich komplett unwichtig wird, weil Gott zu ihm spricht ..., der wird eine solche Erfahrung nicht mehr missen wollen! Wenn Gott zu einem Menschen spricht, auch wenn er ihm vielleicht sehr ernste Dinge zu sagen hat, dann ist es, als ob das pure Leben in ihn hineinflutet. Dann ist er höchst aufmerksam, denn er will keine noch so kleine Einzelheit verpassen.

---

94   https://www.google.de/?gfe_rd=cr&ei=ZPClV7jHLYzFsAG-3z7XwBQ&gws_rd=ssl#q=bette+midler+from+a+distance+lyrics.

Dann spürt er plötzlich, wie er schon lange danach gehungert und gedürstet hat, dass Gott mit ihm spricht. Wenn der Schöpfer des Alls, der Vater Jesu Christi, mit einem Menschen spricht, dann spürt dieser, dass er sich insgeheim schon lange unendlich danach gesehnt hat. Dann betet er: „Herr, sprich noch mehr mit mir! Denn wenn du mit mir sprichst, dann ist das das Leben!" Gottes Worte klingen noch lange in ihm nach. Er muss immer und immer wieder an sie denken! Er bewegt sie in seinem Innern! Immer wieder! Sie sind ihm kostbar, unendlich kostbar. Vielleicht so kostbar, dass er sich nicht traut, darüber zu sprechen, aus Angst, Gottes Wort an ihn irgendwie billig zu machen. Gottes Worte setzen ihn in Bewegung, und er will nur Eines: Gottes Worten mit seinem ganzen Leben entsprechen. In ihm flammt die Liebe auf zu Gott, der mit ihm sprach. So ist das, wenn Gott persönlich zu Menschen spricht.

Damals, als das Volk Gottes aus jahrhundertelanger Sklaverei befreit worden war, da hat Gott auch mit ihnen geredet, mitten in der Wüste, am Berg Sinai. Gott hat sich seinem kleinen Volk ganz persönlich zugewandt und zu ihm gesprochen. Und was hat er seinem Volk zu sagen? Nehemia 9,13-14 beantwortet diese Frage:

Auf den Sinai bist du herabgestiegen und hast vom Himmel her mit ihnen geredet. Klare Ordnungen hast du ihnen gegeben, Gesetze, auf die man sich verlassen kann, gute Vorschriften und Gebote. Du lehrtest sie, den Sabbat zu halten als heiligen Tag, und gabst ihnen durch deinen Diener Mose Gebote, Ordnungen und ein Gesetz.

(Nehemia 9,13-14)

Gott gab seinem Volk damals *Gebote, Ordnungen und ein Gesetz.* Er sagte seinem Volk, dass er es liebt und immer lieben würde. Er gab ihm *Gebote, klare Ordnungen und ein Gesetz.* Er gab *Gesetze, auf die man sich verlassen konnte, klare Ordnungen und gute Vorschriften.*

Bei dem Wort Vorschriften zuckt man unmerklich zusammen, und hinter Gesetzen und Geboten vermutet man schnell Gängelei und Unfreiheit. Man denkt an Politessen, die Knöllchen verteilen, oder an das Finanzamt, das einem mit seinem Dickicht an Vorschriften das Leben schwer macht. Wieso also gab Gott damals durch Mose seinem Volk ausgerechnet *Gebote, Ordnungen und ein Gesetz?*

Weil er wollte, dass sein Volk ein gutes Leben haben sollte. Gott wusste, dass dieser ziemlich bunt gemischte Haufen, der da aus Ägypten gekommen war, gute Ordnungen brauchte, um gut zusammenleben zu können. Er wusste, ohne *Gebote, Ordnungen und ein Gesetz* würde in seinem Volk bald das Faustrecht regieren, das Gesetz des Stärkeren. Und das würde zu Chaos und Bitterkeit und heftigen Aggressionen führen. Das aber wollte Gott nicht! Er wollte, dass sein Volk seine Größe und Schönheit und Güte und Heiligkeit widerspiegeln sollte. Darum gab er ihnen *Gebote, Ordnungen und ein Gesetz.* Er sprach mit seinem Volk. Er machte ihnen das Geschenk von *Geboten, Ordnungen und einem Gesetz.* Jeder Einzelne im Volk Israel wusste von diesem Zeitpunkt an ganz genau, was Gott wollte, und was er nicht wollte. Alle hatten eine klare Orientierung. Sie hatten *Gebote, Ordnungen und ein Gesetz,* an dem sich ihre Gewissen ausrichten konnten. Alle wussten: Wenn wir uns an das halten, was Gott uns gesagt hat, dann sind wir im Einklang und leben in Harmonie mit ihm. Dann wird unser Leben ein gutes Leben sein!

Was passiert eigentlich, wenn Menschen das vergessen, dass sie *Gebote, Ordnungen und ein Gesetz* von Gott brauchen und diese nur noch als Fessel und Gängelband empfinden?

Vor einigen Jahren, im Juli 1995, kam es in der Stadt Hannover zu den sogenannten Chaostagen: Da ging es rund in der Stadt: Drei Tage und drei Nächte. Drei Tage und drei Nächte ließ das Geheul der Polizeisirenen nicht nach. Drei Tage und drei Nächte knatterten die Polizeihubschrauber durch die Luft. Drei Tage und drei Nächte knisterte die Luft in der Nordstadt Hannovers von Gewalt. Viele Menschen wurden verletzt. Fensterscheiben gingen zu Bruch. Autos und Barrikaden brannten. Läden wurden geplündert. Aber damit war die Geschichte noch nicht zu Ende.

Als nämlich das Chaos auf dem Höhepunkt war und die Polizei sich mehr oder weniger machtlos zurückziehen musste, da geschah etwas ganz Merkwürdiges: Plötzlich tauchten nämlich unbescholtene Bürger auf und gingen in aller Ruhe in einen aufgebrochenen Supermarkt in der Nordstadt, um dort ein bisschen zu plündern.

Ein merkwürdiges Bild – es ging damals durch Fernsehen und Zeitungen: Junge Leute zogen in einen Discounter-Markt, um in aller Ruhe ein paar Dinge zu stehlen. Gestandene Familienväter plünderten gemeinsam mit der Ehefrau. Und Großmütter gingen zusammen mit ihren Enkeln ein wenig klauen. Der Einfachheit halber wurden dazu auch noch Plastik-Tragetaschen mit dem Aufdruck des Discounters verwendet. Binnen kürzester Frist war ein Supermarkt leergeräumt, vom gefrorenen Fischstäbchen bis zum Klopapier.

Ist das nicht seltsam? Kaum war die normale Ordnung ein bisschen durcheinander, taten die Leute Dinge, die man ihnen nie zugetraut hätte: Sie wurden zu Dieben, in aller Öffentlichkeit, ohne auch nur mit der Wimper zu zucken.

Ganz am Anfang der Bibel findet sich ein Satz, der die Erklärung für diese auffällige Tatsache liefert (1. Mose 8, 21): *Das Dichten und Trachten des menschlichen Herzens ist böse von Jugend auf.* So etwas hört natürlich keiner gern, insbesondere sogenannte „unbescholtene Bürger" nicht. Die regen sich zwar gerne über Uli Hoeneß, Alice Schwarzer oder Klaus Zumwinkel auf, allesamt bekannte Steuerhinterzieher. Aber sie scheuen sich nicht, in aller Ruhe ein bisschen zu plündern, wenn sich ihnen nur die Gelegenheit bietet, das ungestraft tun zu können.

Viele fordern deshalb mehr Kaufhausdetektive und mehr Überwachungskameras und mehr Polizei und härtere Strafen. Aber Überwachungstechnik, Polizei und härtere Strafen allein werden es nicht bringen. Es muss etwas am Gewissen der Menschen passieren! Sie müssen neu entdecken, dass Gottes Gebote ein Geschenk sind, eine großartige Hilfe, um in Einklang und Harmonie mit dem lebendigen Gott zu leben. Gottes Gebote sind der Garant für ein gutes Leben! Wir Menschen brauchen Grenzen, an denen sich unser Gewissen ausrichten kann. Sonst ufern Gewalt und Egoismus aus bis uns schwindlig wird.

Gott ist ein Gott, der spricht. Damals, am Berg Sinai, hat er mit seinem Volk gesprochen. Und es hat die Menschen sehr bewegt. Aber Gott hat damals noch sehr viel mehr getan. Und das hat die Leute auch sehr bewegt ...

GOTT ERNÄHRTE SEIN VOLK

Für ihren Hunger gabst du ihnen Brot vom Himmel und für ihren Durst Wasser aus dem Fels. Und dann befahlst du ihnen, das Land einzunehmen, das du ihnen versprochen hattest mit zum Schwur erhobener Hand. ... Deinen guten Geist hast du ihnen geschenkt, um sie zur Einsicht zu bringen. Dein Manna enthieltest du ihnen nicht vor und gabst ihnen Wasser für ihren Durst. Vierzig Jahre lang hast du sie in der Wüste versorgt. Sie hatten alles, was sie brauchten. Ihre Kleidung nutzte sich nicht ab und ihre Füße schwollen nicht an.

(Nehemia 9,15.20.21)

Zwei Dinge waren es, die die Leute vom Volk Gottes damals bekamen: Erstens gab es kleine runde Kügelchen, die morgens auf dem Wüstensand lagen. Die schmeckten wie Brötchen mit Honig. Viele Wissenschaftler haben versucht, herauszubekommen, was genau denn nun diese Kügelchen („Manna" genannt) eigentlich waren. Manche haben Pflanzensamen vermutet, andere eine Art von Baumharz. Tatsächlich hat sich aber bis heute keine schlüssige Erklärung gefunden. Was das „Manna" wirklich war, bleibt Gottes Geheimnis.

Zweitens bekamen die Leute Wasser für den Durst. Wasser war in der Wüste natürlich Mangelware. Aber es gab hier und da durchaus Wasser, sogar ziemlich dicht unter der Sand- bzw. Fels-Oberfläche. Eine dieser Stellen zufällig zu finden, war allerdings etwa so wahrscheinlich wie ein Sechser mit Superzahl im Lotto.

In den zwanziger Jahren des vergangenen Jahrhunderts hat ein Unteroffizier der britischen Armee in der Sinai-Region einmal mit seinem Spaten zufällig auf einen Felsen geschlagen und damit bewirkt, dass Wasser heraussprudelte.[95]

Das war natürlich eine Sensation. Aber auf solche sagenhaften Zufälle konnte sich das Anderthalb-Millionen-Volk Gottes damals natürlich nicht verlassen. Und so hat Gott sein Volk damals immer wieder an die richtigen Stellen geführt, wo Wasser in ausreichender Menge zur Verfügung stand. Die Bibel berichtet, dass Mose dann mit seiner Hirtenkeule auf den felsigen Boden schlug, sodass Wasser hervorkam. Dann konnten die Leute trinken.

Gott war treu. Er sorgte für sein Volk. Und zwar *vierzig Jahre* lang. Eigentlich konnte das nicht gut gehen, menschlich betrachtet. Aber mit Gott wurde es möglich. Gott war treu. Er kümmerte sich um die ganz normalen Grundbedürfnisse seiner Leute.

Die Bibel liefert in diesem Zusammenhang ein Detail, über das man sehr leicht hinwegliest. In Vers 21 wird

---

95 Kenneth A. Kitchen, Das Alte Testament und der vordere Orient, Gießen 2008, S. 357.

uns mitgeteilt, dass sich die *Kleidung* der Israeliten in den vierzig Jahren nicht *abnutzte und* dass *ihre Füße nicht anschwollen.* Unwillkürlich fragt man sich: Warum werden denn ausgerechnet solche Einzelheiten hier berichtet? Weil sie die Liebe und Treue Gottes in besonderer Weise aufleuchten lassen. Gott kümmerte sich damals liebevoll auch um das „Outfit" seines Volkes. Er achtete darauf, dass seine Leute nicht in Lumpen herumliefen. Dass Gott, der doch das All erschuf, auch auf so kleine Dinge wie Hosen, Hemden, Halstücher und Hüte achtet, ist doch eigentlich unfassbar! Und doch, er tat es!

Aber damit nicht genug. Er achtete damals auch noch darauf, dass die Füße seiner Leute *nicht anschwollen.* Wenn man eine längere Wanderung hinter sich hat, dann kann das schon mal vorkommen, dass die Füße schmerzen und anschwellen. Man zieht am Ende seufzend die Trekkingstiefel aus, betrachtet kummervoll die *geschwollenen Füße* und steckt sie in kaltes Wasser, damit sie wieder abschwellen. Wer lange und weit läuft, dem schwellen die Füße. So ist das nun mal.

Das Erstaunliche ist nun, dass das Volk Gottes damals 40 Jahre zu Fuß unterwegs war. Die sind also wirklich weit gewandert! Aber Gott achtete darauf, dass es nicht zu viel wurde. Keiner der wandernden Israeliten bekam *geschwollene Füße.* Ist es nicht unfassbar, dass der große Gott, der die Bahnen der Sterne lenkt, sich auch noch um die Füße seiner Kinder sorgt? An solchen „Kleinigkeiten" werden die große Liebe und Treue Gottes greifbar. Wunderschön!

Der lebendige Gott nimmt also die leiblichen Bedürfnisse seiner Kinder genauso ernst wie ihre geistlichen Bedürfnisse! Gott wendet sich ganz kreatürlichen Bedürfnissen genauso zu wie geistlichen Fragen.

Viele Menschen glauben, sie dürften Gott nicht mit ihren ganz normalen kreatürlichen Bedürfnissen belästigen. Sie befürchten, dass er das lächerlich findet. Sie meinen, man dürfe Gott nur mit vermeintlich hohen, edlen Dingen kommen: Weltfrieden, Völkerverständigung, Bewahrung der Schöpfung usw. Sie meinen, ihr überzogenes Girokonto, eine beginnende Krankheit, Sorgen über die Schulnoten der Kinder, der nicht enden wollende Kampf gegen das Übergewicht, die Suche nach einer neuen Wohnung, einem noch bezahlbaren Auto oder auch einfach ein tiefer Liebeskummer oder eine Depression, all dies interessiere Gott nicht und sei auch unpassend für ihn. Sie meinen, Gott werde sie mit solchen Anliegen einfach unwirsch wegschicken.

Gott wendet sich solchen nur scheinbar kleinen Dingen aber tatsächlich sehr liebevoll zu! Gottes Kinder sollen und dürfen gerade mit den ganz normalen kreatürlichen Dingen zu ihm kommen und seine Hilfe frank und frei erbitten. Denn selbst müde Füße sind für ihn ein Thema, wie unser Bibeltext deutlich macht!

„Ja, wenn das immer so einfach wäre", könnte aber nun ein Einwand lauten. „Da habe ich gebetet und Gott um Hilfe angefleht, aber die Krankheit blieb, und die so-und-so-vielte Operation brachte keine Besserung, ein Lebenstraum zerbrach endgültig und ein Mensch starb, für dessen Rettung ich so viel gebetet hatte. Bei mir hat Gott sich scheinbar nicht gekümmert! Bei mir hat er kein Wunder getan!"

So sagen manche. Und dann geschieht oft etwas sehr Trauriges: Sie wenden sich enttäuscht und verbittert von Gott ab. Wie schade! Und wie tragisch! Denn sie brechen den Kontakt zu Gott ausgerechnet in dem Moment ab, wo sein ganz persönlicher Weg mit ihnen gerade beginnt.

Was läuft hier falsch? Nun, Gott ist kein Automat, der jede Lebenskrise und jede existentielle Bedrohung sofort durch ein Wunder beenden muss, wenn Menschen ihn darum bitten. Manchmal benutzt Gott solche Krisen und Bedrohungen, um denen, die ihn bitten, Größeres zu geben, was sie sonst nicht empfangen könnten.

Ein Freund des amerikanischen Erfinders Edison[96], der ihn häufig besuchte, drückte eines Tages sein Erstaunen darüber aus, dass die Eingangstür seines Hauses nur sehr schwer zu öffnen sei. „Ein Erfinder wie Sie", sagte er, „müsste eine Tür haben, die leicht zu handhaben ist. Sie hätten sicher keine große Mühe, etwas ausfindig zu machen, wodurch sich Ihre Tür geschmeidiger bewegen würde." – „Ach", antwortete Edison, „ich weiß sehr wohl, dass meine Tür schwer geht; denn jeder Besucher, der sie aufdrückt, lässt gleichzeitig durch eine von mir ausgedachte Erfindung eine bestimmte Menge Wasser in den Wasserbehälter aufsteigen, der sich auf dem Dach befindet. Ich habe immer genug Besucher, sodass ich mein Wasser nie selbst hinaufzupumpen brauche." – Der geniale Erfinder hatte ein Mittel gefunden, um sein Wasser-Reservoir durch seine Gäste füllen zu lassen, ohne dass dieselben im Mindesten daran dachten.

Bei Gott ist es ähnlich. Er hat immer seinen Plan, wenn er Christen durch Lebenskrisen führt, die ihnen erhebliche Mühe bereiten. Er tut das, um sie innerlich auf etwas vorzubereiten, das er ihnen gerne geben will. Die Krisen, durch die Christen gehen, bereiten daher manchmal Segnungen vor, ohne dass sie das sofort erkennen können.

Hier sind die Worte eines unbekannten Soldaten aus dem amerikanischen Bürgerkrieg, der genau das erlebt hat. Er schrieb[97]: „Ich bat Gott um Stärke – er aber machte mich schwach, damit ich Bescheidenheit und Demut lernte. Ich erbat seine Hilfe, um große Taten zu vollbringen – er machte mich kleinmütig, damit ich gute Taten vollbrächte. Ich bat um Reichtum, um glücklich zu werden – er machte mich arm, damit ich weise würde. Ich bat um alle Dinge, damit ich das Leben genießen könnte – er gab mir das Leben,

---

96   Heinz Schäfer (Hrsg.), Hört ein Gleichnis, Stuttgart 1988, S. 233f.

97   http://www.luellemann.de/txt-008.htm.

damit ich alle Dinge genießen könnte. Ich erhielt nichts von dem, was ich erbat, aber alles, was ich mir erhofft hatte. Gegen mich selbst wurden meine Gebete erhört. Ich bin unter allen Menschen ein gesegneter Mann."

Wenn Christen also in akute Schwierigkeiten geraten oder durch eine Lebenskrise gehen, und Gott erhört ihr Gebet scheinbar nicht, dann wäre es gut, wenn sie das Schwere aus Gottes Hand erst einmal annähmen. Es wäre gut, wenn sie nicht verbittert den Kontakt zu Gott abbrechen, sondern das Vertrauen zu Jesus bewahren würden, um dann gespannt darauf zu warten, welchen ganz persönlichen Weg Jesus sie führen und was er ihnen am Ende schenken wird. Gerade wenn Gott Menschen scheinbar enttäuscht, ist er bereits dabei, sie einen ganz individuellen, persönlichen Weg zu führen, an dessen Ende viel, viel Gutes steht. Man ist darum gut beraten, sich nicht selbst die Chance zu nehmen, diesen Weg zu entdecken und zu gehen.

GOTT VERGAB SEINEM VOLK

Doch unsere Väter wurden hochmütig. Trotzig schlugen sie deine Weisungen in den Wind! Sie wollten dir nicht gehorchen und dachten nicht mehr an die großen Wunder, mit denen du ihnen geholfen hattest. Stur wie sie waren, wollten sie einen Anführer wählen und zurück in die ägyptische Sklaverei.

(Nehemia 9,16-17)

Ist das nicht erstaunlich? Eben noch war davon die Rede, dass Gott sich liebevoll um sein Volk in der Wüste gekümmert hat. Und dann kommt das „Doch": *Doch unsere Väter wurden hochmütig. Trotzig schlugen sie deine Weisungen in den Wind! ... Stur wie sie waren, wollten sie einen Anführer wählen und zurück in die ägyptische Sklaverei.*

Wie konnte es dazu kommen? Die Bibel verrät es. Im 4. Buch Mose, Kapitel 11, Verse 4–5, werden die Gedanken der Israeliten in der Wüste offengelegt. Dort heißt es: *Da fingen die Israeliten ... an zu weinen und sprachen: Wer wird uns Fleisch zu essen geben? Wir denken an die Fische, die wir in Ägypten umsonst aßen, und an die Kürbisse, die Melonen, den Lauch, die Zwiebeln und den Knoblauch.* Es ist kaum zu fassen. Gottes Volk in der Wüste sehnt sich nach dem guten Essen in Ägypten zurück. Sie verdrängen, dass sie dort Sklaven waren. Sie vergessen die Unterdrückung, die harte Arbeit, die Erschöpfung, die Wut, die Erniedrigung, die Peitschen der Aufseher. Stattdessen denken sie an Nil-Forellen, Kürbisse, Melonen, Lauch und Knoblauch. Sie wollen zurück in die Sklaverei, aus der Gott sie gerade befreit hat. Sie sind sogar schon drauf und dran, einen neuen Anführer zu wählen. Sie werfen das Vertrauen zu Gott weg. Sie werfen alle Erfahrungen mit Gott weg. Sie werfen das Leben mit Gott weg und wollen stattdessen leckeres Essen. Sie tauschen Nil-Forellen und Melonen gegen das Leben mit Gott. Das ist nicht nur in höchstem Maße undankbar, das ist unsagbar kurzsichtig und ichbezogen.

Diese Ichbezogenheit findet man bei allen Menschen. Sie sind eben nicht „edel, hilfreich und gut", wie es ein bekannter deutscher Dichter[98] mal behauptet hat, sondern sie sind Leute, die „in sich verkrümmt sind", wie es Martin Luther[99] mal gesagt hat. Sie haben eine Tendenz, stur um sich selbst zu kreisen. Wenn sie dieser Tendenz nachgeben, dann verursacht sie unweigerlich schlimme Fehler, zum Beispiel eine beschämende Treulosigkeit Gott gegenüber. Darum ist es so wichtig im Leben mit Jesus, dieser Ichhaftigkeit nicht

---

98 http://www.gutzitiert.de/zitat_autor_johann_wolfgang_von_goethe_thema_edelmut_zitat_6539.html.
99 https://uweehrich.wordpress.com/2011/09/25/incurvatus-in-se-2/

nachzugeben, sondern das Vertrauen und die Treue Jesus gegenüber unter allen Umständen zu bewahren.

Selbst als sie das Bild eines Stierkalbs gossen und sagten: ,Das ist dein Gott, der dich aus Ägypten geführt hat!' und dich damit tief verletzten, hast du sie dort in der Wüste nicht verlassen.

(Nehemia 9,18-19)

Jetzt kommt es „dicke"! Das Volk Gottes macht sich ein goldenes Stierkalb und zelebriert damit einen skurrilen Anbetungsgottesdienst. Das ist in der Tat haarsträubend! Trotzdem sollte man in dieser Sache lieber nicht zu schnell urteilen.

Wenn nämlich Menschen heute von der Sache mit dem goldenen Stierkalb hören, dann lächeln sie und sind geneigt zu denken: „Na, also diese törichten Hebräer! Machen sich da ein goldenes Stierkalb und beten es auch noch an. Das ist doch kindisch! Was sind das bloß für unmögliche, unaufgeklärte Leute gewesen! Die hätten mal lieber uns fragen sollen: Wir stellen nämlich keine goldenen Stierkälber in unserem Vorgarten auf. Über so primitive Abgötterei sind wir weit hinaus! Unglaublich!"

Aber dieses Urteil ist vorschnell! Die Lage der Hebräer in der Wüste war nämlich eine ganz andere, als die Lage eines Durchschnitts-Deutschen heute. Sie standen unter gehörigem Druck! Für sie ging es um Tod und Leben. Sie befanden sich in einer lebensfeindlichen Wüste. Sie waren bedroht von vielen Gefahren. Sie hatten bisher nur Ziegel hergestellt und keine Ahnung vom Überleben in der Wüste. Sie waren auch nicht durchtrainiert wie Reinhold Messner, der in seinen besten Zeiten mit Vorliebe irgendwelche unwirtlichen Gegenden durchquerte. Dazu kam, dass Mose plötzlich nicht mehr da war! Der führende Kopf war weg und es schien ungewiss, ob er wieder zurückkehrte. Die Israeliten fühlten sich, als hätte man sie einfach ihrem Schicksal überlassen.

In dieser schwierigen Lage schlägt nun die innere Abgötterei der Leute nach außen durch, so wie die Masern
erst innen drin anfangen und irgendwann nach außen
dringen und am ganzen Körper rote Flecken bilden. Genauso schwitzt sich die Abgötterei der Leute von innen nach
außen durch. Die Leute tun etwas, das sie unter weniger
dramatischen Umständen vielleicht nicht getan hätten. Sie
schaffen sich etwas Sichtbares, an das sie sich jetzt halten
können: ein goldenes Stierkalb.

Heute ist es leider ganz ähnlich. Wenn Menschen heute echt in Druck kommen, dann schwitzt sich ihre Abgötterei auch von innen nach außen durch. Sie rennen dann
zum Voodoo-Priester und lassen ihren Chef verfluchen (die
Medien berichten immer wieder davon[100]), oder sie lassen
ihre Warzen besprechen und durch Zauberei in einen Apfel übertragen. Dann gehen sie nach Hause, begraben den
Apfel irgendwo mit allerlei Hokuspokus und warten darauf,
dass die Warzen verschwinden. Was ist nun schlimmer?
Ein Apfel mit Warzen oder ein goldenes Stierkalb? Jedenfalls steht fest, dass beides Abgötterei ist!

Man verkneift sich also besser das Lächeln, wenn vom
goldenen Stierkalb die Rede ist. Denn derselbe Hang zur
Abgötterei, der damals bei den Israeliten nach außen durch-
schlug, der rumort auch heute unter uns.

Interessant ist, wie der Lebendige Gott damals reagiert
hat ...

Doch du bist ein Gott, der Vergebung schenkt, bist gnädig
und voller Erbarmen. Du hast große Geduld und unendliche
Gnade und ließest sie nicht im Stich. Selbst als sie das Bild
eines Stierkalbs gossen und sagten: ,Das ist dein Gott, der
dich aus Ägypten geführt hat!' und dich damit tief verletzten,

---

100 Radio SRF 17.03.2016 // http://www.srf.ch/news/regional/
     zuerich-schaffhausen/heftige-kritik-an-voodoo-gegen-koeppel.

hast du sie dort in der Wüste nicht verlassen. Du nahmst die
Wolkensäule nicht weg, die sie führte, und auch die Feuer-
säule nicht, die nachts ihren Weg erhellte.

(Nehemia 9,17-19)

Gott ließ sein Volk nicht im Stich. Obwohl die Israeliten ihn
mit ihrem Tun *tief verletzten*, verließ er sie nicht. Er blieb
ihnen treu. Er vergab seinem Volk.

Manchmal fragt man sich: Woher kommt das eigentlich,
dass Menschen heute immer wieder behaupten, der Gott
des Alten Testaments sei rachsüchtig, hart und grausam?
Wer die Berichte des Alten Testaments über Gottes Geschichte mit seinem Volk unvoreingenommen liest, kommt
zu einem anderen Ergebnis. Er wird förmlich mit der Nase
darauf gestoßen, wie geduldig, barmherzig und freundlich
Gott durch die Jahrhunderte hindurch mit seinem Volk
umgegangen ist: ganz und gar nicht rachsüchtig, hart oder
grausam, sondern treu, unfassbar treu. Er verstieß sein
Volk nicht, obwohl es dafür jede Menge Gründe gegeben
hätte. Bis heute hat er sein Volk, das Volk der Juden, nicht
verstoßen.

Der Gott der Bibel ist ein treuer Gott. Er ließ es sich am
Ende sogar gefallen, dass verblendete, sündige Menschen
seinen Sohn Jesus an einem Kreuz hinrichteten und danach gleichgültig ihrer Wege gingen. Gott akzeptierte das
alles. Warum? Weil er damit erreichen wollte, dass jeder
Mensch, der über diese Erde geht, die Chance hat, gerettet
zu werden und die Ewigkeit mit ihm zu verbringen.

Gottes Treue ist groß. Unfassbar groß. Beschämend
groß. Wie gut wäre es, wenn diese Treue das Herz von uns
Menschen berühren und bewegen und uns immer neu in
die Hingabe an ihn führen könnte.

18.

DER GOTT,
DER HANDELT (3)
Nehemia 9,22-37

Es sah nicht gut aus für die Kinder in Georg Müllers Waisenhaus[101] in der englischen Stadt Bristol. Es war Frühstückszeit, aber es gab nichts zu Essen. Ein kleines Mädchen, dessen Vater ein enger Freund von Georg Müller war, besuchte an diesem Tag das Waisenhaus. Müller nahm ihre Hand und sagte: „Komm und sieh, was der himmlische Vater tun wird." Im Speisesaal waren die langen Tischreihen mit Tellern und Bechern gedeckt. Aber Teller und Becher waren leer. Es gab keine Nahrungsmittel in der Küche und kein Geld auf dem Bankkonto. Müller betete mit diesen Worten: „Lieber Vater, wir danken dir für alles, was du uns heute Morgen zu essen geben wirst."

Unmittelbar danach hörten sie ein Klopfen an der Tür. Als sie öffneten, stand dort ein Bäcker, der in der Nähe seinen Laden hatte. „Mr. Müller", sagte er, „ich konnte vergangene Nacht nicht schlafen. Irgendwie hatte ich das Gefühl, dass Sie kein Brot zum Frühstück hätten. Also stand ich

---

101 http://www.christianity.com/church/church-history/church-history-for-kids/george-mueller-orphanages-built-by-prayer-11634869.html.

um 2.00 Uhr morgens auf und backte Brot für Sie: Hier ist es!"

Müller dankte ihm und lobte Gott. Wenig später klopfte es wiederum an der Tür. Es war der Milchmann. Sein Wagen war direkt vor dem Waisenhaus mit Motorschaden stehen geblieben. Der Milchmann sagte, er würde die Milch auf dem Wagen gern den Kindern im Waisenhaus überlassen, da der Wagen zum Abschleppen vollständig entladen werden müsste. Und so geschah es.

Gott ist ein Gott, der handelt. So bezeugt es das große Gebet im 9. Kapitel des Buches Nehemia. Dort wird die lange und wechselvolle Geschichte des Volkes Gottes wie im Zeitraffer dargestellt: die Anfänge und Ursprünge mit einem Mann namens Abraham, die Flucht aus der Sklaverei in Ägypten und schließlich die 40-jährige Wanderung des Volkes Israels durch die Wüste. Alle wichtigen Stationen der Geschichte von Gottes Volk werden in diesem wohl längsten Gebet der Bibel beleuchtet. Einen roten Faden gibt es auch, der deutlich erkennbar durch alles hindurch läuft: die Treue Gottes. Gott war seinem Volk treu. Immer! Er bewies sich durch die Jahrhunderte hindurch als der eine souveräne Herr, der seine Versprechen erfüllt und niemals treulos handelt.

Ganze Königreiche und Völker gabst du in ihre Gewalt, ein Land nach dem anderen eroberten sie. So nahmen sie das Land des Königs Sihon von Heschbon in Besitz, und das Land des Königs Og von Baschan. Du hast ihre Nachkommen so zahlreich wie die Sterne am Himmel gemacht und sie in das Land gebracht, das nach deinem Willen schon die Väter in Besitz nehmen sollten. Nun zogen sie hinein und eroberten es. Die Bewohner Kanaans gabst du in ihre Gewalt, ihre Herrscher und ihre Völker, und sie konnten mit ihnen machen, was sie wollten. Befestigte Städte nahmen sie ein und fruchtbares Land, Häuser mit Gütern gefüllt und fertige Zisternen, Weinberge und Olivenhaine und Obstbäume in großer Zahl. Es ging ihnen gut, sie aßen sich satt und genossen die Fülle deiner guten Gaben.

(Nehemia 9,22-25)

Nach vierzig langen Jahren in der Wüste nahm das Volk Israel das Land Kanaan ein. Von Osten her drangen sie vor, errichteten zunächst etliche Basislager und nahmen dann Stück für Stück weite Teile des Landes ein. Das war – wie aus dem Buch Josua hervorgeht – mit erheblicher Gewalt verbunden. Viele der Bewohner des Landes, die sich dem Volk Israel damals entgegenstellten, kamen um.

Heute verursacht gerade dieser Teil der Geschichte Israels vielen Menschen erhebliche Bauchschmerzen. Sie sagen: „Da ist ja ein Genozid abgelaufen damals. Ein Völkermord! Das war ja ganz, ganz furchtbar! Und das alles auch noch im Namen Gottes! Das ist unerträglich!"

Das sind schwerwiegende Einwände, hinter denen eine ungemütliche Frage steckt: Warum hat Gott das damals eigentlich nicht irgendwie anders gelöst? Konnte er nicht einfach eine friedliche Einwanderung unterstützen? Warum mussten dabei so viele Menschen sterben?

Die Antwort liefert das 1. Buch Mose Kapitel 15, Vers 16. Dort kündigt Gott Abraham, dem Stammvater des Volkes Israel, an, dass es noch eine ganze Weile dauern wird, bis das Volk Gottes im Land Kanaan wohnen wird. Ganz konkret sagte Gott damals zu Abraham: *Du selbst wirst ein hohes Alter erreichen und in Frieden sterben und begraben werden. Aber deine Nachkommen werden erst nach vier Menschenaltern hierher zurückkehren.* Und dann fügt Gott eine Begründung hinzu, warum das so sein wird: *... denn die Schuld der Kanaaniter hat noch nicht ihr volles Maß erreicht.*

Gott spricht die *Schuld der Kanaaniter* an. Worin bestand diese? Sie bestand zum Beispiel in Menschenopfern, die in den kanaanitischen Religionen praktiziert wurden.

Wahrscheinlich wurden damals Kinder und Babys im Rahmen kanaanitischer religiöser Zeremonien geopfert.[102] Gott sah diesem Treiben lange zu. Mindestens vierhundert Jahre, wahrscheinlich sogar noch länger, gab er den Völkern Kanaans die Chance, umzukehren und ihr Leben zu ändern. Gott wartete, bis *die Schuld der Kanaaniter ihr volles Maß erreicht* hatte. Dann richtete er die Völker Kanaans. Sein Werkzeug dabei war das Volk Israel. Als die Israeliten ins Land Kanaan vordrangen, hatte *die Schuld der Kanaaniter ihr volles Maß erreicht*. Gott übte Gericht.

„Ja, darf Gott denn das?", fragen manche. Müssen sich denn nicht alle an die Menschenrechte halten, auch Gott? Gott ist der Schöpfer der Menschen. Das bedeutet: Er ist auch der Richter der Menschen. Er allein ist berechtigt, Menschen endgültig zu richten. Und er tut das auch. Er übt lange Zeit Geduld mit den Menschen. Aber es kommt der Zeitpunkt, da übt Gott Gericht. Damals war so ein Zeitpunkt. Wenn Jesus eines Tages sichtbar wiederkommt, wird es wieder geschehen, weltweit. Dann wird Jesus der Richter sein. Das Buch der Offenbarung in der Bibel kündigt das an.

Vielen Menschen heute fällt es schwer, das anzunehmen. Sie setzen Gott stattdessen auf die Anklagebank. Aber sie übersehen dabei, dass der lebendige Gott heilig ist! Er hasst das Böse wirklich. Daher richtet er es, wenn die Zeit dafür gekommen ist. Wer Gott als den Richter nicht erträgt, hat womöglich nicht erfasst, was es bedeutet, dass Gott heilig ist. Der heilige Gott ist immer auch unser Richter. Er ist der Herr! Damals hat er das Volk Israel als Werkzeug seines Gerichtes gebraucht.

Hat Gott das später noch einmal so gemacht? Nein, es war ein einmaliges Ereignis. Er wies seinem Volk bestimmte

---

102 http://www.tauhid.net/menschenopfer.html
http://bit.ly/2tQ6RTr

Landesgrenzen zu. In denen sollten sie leben und die anderen Völker in Ruhe lassen. Tatsächlich hat Gott sein Volk damals angewiesen, zukünftig anderen Völkern durch ihr gutes Vorbild und durch nichts anderes zu dienen. Er sagte (5. Mose 4,5-6): *Seht, ich habe euch Ordnungen und Rechte gelehrt, ... damit ihr danach handelt in dem Land, das ihr in Besitz nehmen werdet. So haltet sie und handelt danach! Denn darin besteht eure Weisheit und Einsicht in den Augen der Völker. Wenn sie von diesen Ordnungen hören, werden sie sagen: „Was für ein weises und einsichtiges Volk ist diese große Nation!"*

Befestigte Städte nahmen sie ein und fruchtbares Land, Häuser mit Gütern gefüllt und fertige Zisternen, Weinberge und Olivenhaine und Obstbäume in großer Zahl. Es ging ihnen gut, sie aßen sich satt und genossen die Fülle deiner guten Gaben.

(Nehemia 9,25)

Wenn man diese Zeilen liest, kann man nur zu einem Ergebnis kommen: Gott gab seinem Volk damals Überfluss. Nach vierzig eher rustikalen Jahren in der Wüste mit manchen Entbehrungen kam nun ein Leben im Überfluss. Die Leute, so schildert es dieses Gebet, *genossen die Fülle der guten Gaben* Gottes. Sie wohnten in Häusern, die sie nicht gebaut hatten. Sie bestellten Äcker, die sie nicht angelegt hatten. Sie schöpften Wasser aus Zisternen und Brunnen, die sie nicht gegraben hatten. Sie ernteten Obst und Oliven von Plantagen, die sie nicht gepflanzt hatten. *Sie aßen sich satt* und *es ging ihnen gut.*

Der lebendige Gott, der Vater Jesu Christi, gibt immer gern und großzügig. Er ist kein geiziger, misstrauischer Knauser, den man durch fortwährendes, drängelndes Bitten mühsam anbetteln muss, bis er dann mürrisch etwas herausgibt. Wer es mit Gott zu tun hat, hat es immer mit jemandem zu tun, der gern und großzügig gibt. Gott knausert nicht! Es wäre gut, das im Blick zu behalten, wenn man ihn um etwas bittet. Gott gibt gern und großzügig, ohne etwas zurückzufordern.

Der Schriftsteller Lothar Zenetti[103] hat vor Jahren ein Gedicht geschrieben, in dem das in starker Weise zum Ausdruck kommt. Das Gedicht heißt: „Am Ende die Rechnung." Er beschreibt darin uns vertraute Naturerscheinungen wie den „Sonnenschein", „das Rauschen der Blätter" oder die „sanften Maiglöckchen". Wer aber meint, einmal die Zeche dafür bezahlen zu müssen, dies alles genossen zu haben, wird von der Tatsache überrascht werden, vom „Wirt" eingeladen worden zu sein, mit anderen Worten, das alles als Geschenk unbeschwert und ohne Gegenleistung genießen zu dürfen.

Viele meinen, bei ihnen wäre das ganz anders! Sie bekämen nur höchst selten etwas von Gott! Meistens gingen sie leer aus, trotz intensiven Betens! Manchmal fragten sie sich schon, ob die ganze Beterei bei ihnen nicht am Ende für die Katz gewesen sei. Die Bibel hält dagegen und bleibt dabei: Gott gibt immer gern und großzügig. Er ist absolut kein Knauser! Bei niemandem!

Wer trotzdem den Eindruck hat, er käme zu kurz bei Gott, für den ist es vielleicht Zeit, sein Gebetsleben zu überprüfen! Vielleicht ist es so, dass er Gott Wünsche vorträgt, die von Egoismus geprägt sind. Gott wird ihm solche Wünsche nicht erfüllen. Dann müsste er sich nämlich selbst aufgeben, und das tut er nicht!

Vielleicht ist es aber auch so, dass er ungeduldig ist und nicht auf Gottes Zeit warten mag. Dann ist es vielleicht an der Zeit, dass er begreift: Dinge, auf die man nicht warten will, sind es meist nicht wert, dass man um sie bittet.

---

103 http://www.stolzverlag.de/dbdocs/doc436-am-ende-die-rech-nung.pdf.

Vielleicht ist es so, dass er Gott innerlich Vorschriften macht, wie genau er sein Gebet erhören soll. Dann ist es vielleicht an der Zeit, dass er begreift: Gott lässt sich von niemandem Vorschriften machen! Aber er gibt gern und großzügig!

Vielleicht ist es so, dass er nicht bereit ist, seinen Teil zur Erfüllung seines Gebets beizutragen. Vielleicht ist er jemand, der zur Trägheit neigt und Gott Dinge zuschiebt, die er eigentlich selbst tun müsste. Dann ist es vielleicht an der Zeit, dass er begreift: Gott wartet darauf, dass er seinen Teil der Verantwortung übernimmt und tätig wird!

Gott ist ein Gott, der gern und großzügig gibt. Seinem Volk gab er damals Überfluss. Nun schreibt Nehemia darüber, wie sein Volk auf so viel Überfluss reagierte.

GOTT GAB SEIN VOLK NICHT AUF

Aber dann wurden sie trotzig und empörten sich gegen dich, sie schleuderten deine Weisungen hinter sich. Sie brachten deine Propheten um, die sie warnten, um sie zu dir zurückzubringen. So kränkten sie dich sehr. Da gabst du sie der Gewalt ihrer Feinde preis und diese bedrängten sie hart. Dann schrien sie zu dir, und du erhörtest sie vom Himmel her. In deinem Erbarmen schicktest du ihnen Retter und hast sie von ihren Peinigern erlöst. Doch kaum hattest du ihnen Ruhe verschafft, lehnten sie sich erneut gegen dich auf. Da überließest du sie wieder den Händen ihrer Feinde, und die herrschten hart über sie. Wieder schrien sie zu dir und du erhörtest sie vom Himmel her. Immer wieder hast du sie in deinem Erbarmen befreit. Obwohl du sie ernstlich gewarnt hast, um sie zu deinem Gesetz zurückzuführen, trotzten sie dir und gehorchten deinen Geboten nicht. Sie sündigten gegen deine Ordnungen, durch die der Mensch doch lebt, wenn er sie tut. Sie zeigten dir die kalte Schulter, boten dir trotzig die Stirn und gehorchten dir nicht. Viele Jahre hattest du mit ihnen Geduld und warntest sie durch deinen Geist, der deinen Propheten die Worte gab. Aber sie hörten nicht hin. Da gabst du sie in die Gewalt fremder Völker. Doch weil du sehr barmherzig bist, hast du sie nicht beseitigt und sie nicht verlassen. Denn du bist gnädig und voller Erbarmen.

(Nehemia 9,26-31)

Die Geschichte des Volkes Gottes ist eine traurige Geschichte. Es ist eine Geschichte voller Untreue, Enttäuschungen, Verletzungen und Neu-Anfänge und immer wieder neuer Untreue, Enttäuschungen und Verletzungen. Es ist eine sehr einseitige Geschichte, eine Geschichte mit Schlagseite gewissermaßen. Denn diejenigen, die durch immer neue Untreue und Enttäuschungen immer neue Verletzungen hervorriefen, das waren die Menschen. Derjenige, der die ganze Zeit hindurch treu blieb und dennoch immer neu enttäuscht und verletzt wurde, das war der lebendige Gott.

Die Bibel vergleicht das Verhältnis zwischen Gott und seinem Volk oft mit einer Ehe. Das Volk Israel war gewissermaßen Gottes „erste Liebe". Und diese Liebe wurde nun im Laufe der Jahrhunderte von Seiten der Menschen immer und immer wieder verraten. Wie viel Schmerz das schon in menschlichen Ehen verursacht, das ist nur allzu gut bekannt.

Wie tief und hartnäckig der seelische Schmerz ist, wenn ein Partner in der Ehe untreu wird und einen Seitensprung begeht, offenbart sogar eine wissenschaftliche Studie der Universität Göttingen[104]. Weit über 3000 betrogene Männer und Frauen beantworten in dieser Studie einen umfangreichen Fragenkatalog des Psychologen Ragnar Beer.

Das Ergebnis: Tatsächlich leiden Menschen, die von ihrem Partner betrogen wurden, unter ähnlichen Symptomen

---

104 STERN, 13. Juni 2006 // http://www.stern.de/gesundheit/sexualitaet/seitensprung-lebenslanges-trauma-3592126.html.

wie bei einer posttraumatischen Belastungsstörung, wie sie etwa durch Misshandlung oder durch Kriegserlebnisse ausgelöst werden kann.

So haben vier von fünf befragten Frauen noch nach sechs Monaten sogenannte „intrusive Gedanken"[105]. Wieder und immer wieder sehen sie irgendwelche quälenden Einzelheiten der zurückliegenden Untreue des Partners vor ihrem inneren Auge. Bei den Männern sehen die Zahlen ganz ähnlich aus. „Diese Gedanken stellen eine ganz schlimme Belastung dar", sagt Ragnar Beer[106]. „Ähnlich wie Vergewaltigungsopfer oder Unfallzeugen durchleben die Betrogenen die Situation immer wieder. Manche leiden sogar ihr Leben lang, können sich nie wieder richtig verlieben."[107]

Dass Beziehungsprobleme in der Gesellschaft so wenig ernst genommen werden, ärgert den Psychologen: „Unsere Studie zeigt, wie groß das Leid ist, das durch Seitensprünge ausgelöst wird. Es wird so viel berichtet über Seitensprung-Agenturen, aber niemand spricht darüber, was für ein Schaden durch einen Seitensprung für eine Beziehung entsteht."[108]

Die Geschichte Gottes mit seinem Volk ist eine beschämende Geschichte. Denn Gott versorgte sein Volk. Immer! Oft genug ließ er es sogar im Überfluss leben. Er war treu. So treu, dass sein Volk irgendwann meinte, diese Treue sei selbstverständlich und darum billig, ja geradezu spottbillig, ein Ramsch-Artikel. Im Überfluss lebend begannen sie Gott zu vergessen. Erst drängten sie ihn an den Rand ihres Herzens, dann an den Rand ihres Lebens. Am Ende durfte er

---

105 http://www.stern.de/gesundheit/sexualitaet/seitensprung-lebenslanges-trauma-3592126.html.
106 Ebda. http://www.stern.de/gesundheit/sexualitaet/seitensprung-lebenslanges-trauma-3592126.html.
107 Ebda. http://www.stern.de/gesundheit/sexualitaet/seitensprung-lebenslanges-trauma-3592126.html.
108 Ebda. http://www.stern.de/gesundheit/sexualitaet/seitensprung-lebenslanges-trauma-3592126.html.

nicht einmal mehr Zaungast sein. Gott störte. Er störte beim Leben. Er störte beim Sündigen. Er störte bei der Selbstverwirklichung. Er störte mit seinen lästigen Geboten, die den Leuten irgendwann altmodisch, lebensfeindlich und überholt vorkamen. Gott störte überhaupt immer, vielleicht weil er Reste von schlechtem Gewissen in den Leuten mobilisierte. Und wer stört, muss weg! So wurde Gott ein Fremder in seinem eigenen Volk, ein Nicht-mehr-wirklich-Geduldeter. Sein Volk lief lieber anderen Hochglanz-Göttern nach, die ihm attraktiver erschienen, auch wenn diese Hochglanz-Götter in Wahrheit Nichtse waren.

Die Antwort des Volkes Gottes auf die Liebe und Treue seines Schöpfers war also Untreue. Unverschämte, undankbare, himmelschreiende Untreue. Und das nicht nur einmal, sondern immer wieder! Daraus ergibt sich nun folgende Überlegung: Wenn in einer Ehe ein Partner fremdgeht und untreu wird, sind die Folgen schrecklich. Wie furchtbar aber wird es erst sein, wenn derselbe Partner das immer wieder tut?! Das hält keine Ehe aus. Das lässt jede Ehe nur zu bald in tausend Stücke zerkrachen. Dann trennen sich die Ehepartner voller Wut, Verzweiflung, Groll und Bitterkeit.

Der Lebendige Gott, der trennte sich jedoch nicht! Er blieb seinem Volk treu. Bis heute! Immer wieder zeigte er eine unfassliche, nimmermüde Geduld. Manchmal ließ er sein Volk erleben, wie es in Wahrheit ist, ohne ihn zu sein. Dann gerieten sie in Abhängigkeit von irgendwelchen üblen Potentaten und Diktatoren (die Welt ist reich an diesen Figuren!) und hatten dann ein paar harte Jahre mit Zwangsarbeit und Unterdrückung durchzustehen. Aber kaum schrien sie zu ihm, voller Verzweiflung und Reue, nahm er sich ihrer wieder an, befreite sie und wagte immer wieder einen Neu-Anfang. Dann beging das Volk Gottes wieder die alten Fehler und alles begann von vorn. Nur Gott blieb treu. Er hat sein Volk niemals aufgegeben.

So sind wir Menschen. Nicht nur das Volk Israel war so. Alle Menschen sind so, obwohl Gott ihr Schöpfer ist ...

Obwohl es das Natürlichste von der Welt wäre, dass sie ihn lieben und ihm dienen ... Obwohl es das Natürlichste von der Welt wäre, ihn in der Mitte ihres Lebens wohnen zu lassen, tragen die Menschen einen mörderischen Antrieb in sich, der sagt: „Gott stört! Er nimmt uns Platz weg! Er engt uns ein! Er ist unser Konkurrent! Seine Gebote sind ärgerlich! Seine ganze Gegenwart ist ärgerlich! Gott stört! Gott muss weg!"

Manche wenden an dieser Stelle möglicherweise ein, das sei doch aber stark übertrieben! Allerdings können sie nicht erklären, wie es dann dazu kommen konnte, dass ausgerechnet Jesus, der den Menschen doch erwiesenermaßen nur Gutes tat, an einem Kreuz hingerichtet wurde. Sie können auch nicht erklären, wie es weiter dazu kommen konnte, dass die, die unter ihm vorübergingen, sich auch noch über den sterbenden Gottessohn lustig machten und ihn bitter verhöhnten. Wie konnte es dazu kommen? Die Antwort der Bibel lautet: Weil die Menschen einen mörderischen Antrieb in sich tragen. Dieser Antrieb lautet: „Gott muss weg!"

Deshalb brauchen die Menschen Erlösung! Nicht ein bisschen Veredelung, Erziehung oder Psychotherapie, sondern Erlösung! Erlösung, die Gott im Sterben Jesu am Kreuz geschenkt hat. Gott schenkte einer Menschheit, die sagt: „Gott muss weg!", Erlösung. Warum gab er die Menschheit nicht einfach auf? Weil Gott treu ist, unbegreiflich, unfasslich, beispiellos treu. Ohne diese Treue Gottes wären alle längst verloren. Sie hätten von vornherein keine Chance gehabt! Aber Gottes Treue ist da! Bis heute! Darum hat jeder Mensch, der über diese Erde geht, die Chance, sich retten und erlösen zu lassen und für immer ein Kind Gottes zu werden.

GOTT GAB SEINEM VOLK ZUKUNFT

„Und nun, unser Gott, du großer, starker und furchtbarer Gott, der sich seine Gnade bewahrt und zu seinem Bund steht! Lass doch all das Leid, das uns betroffen hat, unsere Könige und Führer, unsere Priester und Propheten, unsere Vorfahren und dein ganzes Volk seit der Herrschaft der assyrischen Könige bis heute, lass doch all das Leid dir nicht gering erscheinen. Du warst im Recht, wenn uns das alles getroffen hat, denn du bist treu geblieben; doch wir, wir haben uns schuldig gemacht. Ja, unsere Könige, unsere Vorsteher und Priester, unsere Vorfahren haben dein Gesetz nicht befolgt, auf deine Gebote nicht geachtet und deine Warnungen in den Wind geschlagen. Du hattest ihnen die Herrschaft anvertraut, du hattest sie mit Gütern reich beschenkt und ihnen ein weites, fruchtbares Land gegeben. Doch sie haben dir nicht gedient und kehrten von ihrem bösen Treiben nicht um. Und heute sind wir Sklaven in dem Land, das du unseren Vorfahren anvertraut hast, damit sie seine Früchte und seinen Reichtum genießen. Ja, wir sind hier Sklaven geworden und der Ertrag unseres Landes kommt den Königen zugute, die du über uns gesetzt hast. Sie haben Gewalt über unsere Körper und unser Vieh; sie behandeln uns, wie es ihnen gerade gefällt, und wir sind in großer Not."

(Nehemia 9,32-37)

Dies sind Worte von Menschen, die Gott rechtgeben. Sie prüfen ihr Leben vor Gott, sie lassen all die Jahre der Vergangenheit noch einmal an sich vorüberziehen und kommen zu dem Ergebnis (Nehemia 9,33): *Du, Gott, warst im Recht, wenn uns das alles getroffen hat, denn du bist treu geblieben; doch wir, wir haben uns schuldig gemacht.*

Hier tun Menschen etwas, was Menschen normalerweise sehr, sehr schwerfällt: Sie geben Gott recht. Sie geben zu, dass sie sich geirrt und vieles falsch gemacht haben. Sie bekennen vor Gott, was zu bekennen ist.

Von dem ehemaligen US-Präsidenten Richard Nixon wird berichtet[109], dass er nie zugeben konnte, sich geirrt oder irgendetwas falsch gemacht zu haben. Er war einfach nicht in der Lage, jemandem recht zu geben. Sogar dann, wenn Nixon stark erkältet war und mit allen Symptomen einer Grippe herumlief (rotes Gesicht, laufende Nase, Husten und Schnupfen), gab er nie zu, dass er eine Erkältung hatte.

Grundsätzlich fällt es fast jedem Menschen schwer, Gott rechtzugeben. Die meisten kultivieren lieber ihren natürlichen menschlichen Stolz. Aber Stolz steht immer in Konkurrenz zu Gott! Andere verdrängen gerne das eigene schlechte Gewissen, bis es aufgibt und den Betrieb einstellt. Wieder andere lehnen es rundweg ab, Gottes Wort als echte Autorität über sich und ihr Leben gelten zu lassen. Sie sind nicht bereit, Gott recht zu geben. Niemals würden die Worte von Nehemia 9, 33 über ihre Lippen kommen: *Du, Gott, warst im Recht, wenn uns das alles getroffen hat, denn du bist treu geblieben; doch wir, wir haben uns schuldig gemacht.*

Wer es ablehnt, seinen Stolz aufzugeben und Gott recht zu geben, der hat allerdings keine Zukunft! Nur wer sich überwindet und Gott recht gibt und vor ihm bekennt, dass sein Leben komplett in die falsche Richtung gelaufen ist, der hat Zukunft bei Gott.

Der bekannte Prediger und Evangelist Charles Haddon Spurgeon (1834–1892) schreibt[110]: „Ich glaube, dass die Selbstgerechtigkeit dein Verderben ist, mein Freund, und darum sage ich dir ganz offen und aufrichtig, dass du ebenso gut hoffen kannst, mit einem Luftballon in den Himmel zu fliegen, als durch deine guten Werke hineinzukommen. Ebenso gut könntest du in einem Sieb nach Indien fahren, als durch dein gutes Wesen in die Herrlichkeit zu gehen. Du

109 Michael Green (Hrsg.), Illustrations for Biblical Preaching, Grand Rapids, Michigan,1990, S. 290 (Übersetzung durch den Autor).
110 http://www.livenet.de/themen/glaube/andachten/leben_ist_mehr/103655-selbstgerechtigkeit_ein_schaebig_kleid.html.

könntest dich ebenso gut in Spinnweben deinem Fürsten vorstellen, als in deiner eigenen Gerechtigkeit dem König des Himmels. Fort mit deinen Lumpen, mit deinen zerfaulten, stinkenden Fetzen. Sie sind nur ein Mistbeet für das Unkraut des Unglaubens und Stolzes. Sie sind in Gottes Augen nichts nütze."

Gott ist voller Liebe und Treue. Er will jedem Menschen eine Zukunft (und zwar eine ewige Zukunft) geben. Aber er erspart es den Menschen nicht, vorher eine Bankrotterklärung ihres ganzen bisherigen Lebens vor ihm abzugeben. Er erwartet, dass sie ihm recht geben. Nur dann öffnet sich die ewige Zukunft bei ihm.

Wie sieht dieses „recht geben" praktisch aus? Man lässt die Maßstäbe der Bibel (die Zehn Gebote oder auch die Maßstäbe der Bergpredigt Jesu) über sich gelten. Man liest (oder hört) sie, man nimmt sie auf und lässt sie das eigene Leben beleuchten. Man mildert nichts ab, spielt nichts herunter, verwässert und verniedlicht nichts, man übertreibt aber auch nichts. Dann spürt man, wie weh das tut. Und man erlebt, wie Selbsttäuschung und Illusionen zerbrechen, wie die Wahrheit Gottes einen verwundet und alle Selbstgerechtigkeit in Stücke geht. So wird man vorbereitet für den Empfang der Gnade und Vergebung, die Jesus für all die bereithält, die willens sind, ihm recht zu geben.

Es hat sich dabei bewährt, mit den Maßstäben Gottes in die Stille zu gehen, einige Stunden vielleicht. Man kann all das auf einem Blatt Papier notieren, was an konkreter Schulderkenntnis da ist. Es hilft, ehrlich zu sein und nichts zu verdrängen. Später kann dann diese konkret erkannte und aufgeschriebene Schuld vor Jesus bekannt und – sofern das zusammen mit einem Seelsorger/in geschieht – auch die Vergebung im Namen Jesu konkret zugesprochen werden. Die seelsorgerliche Begleitung ist kein Muss, aber eine gute und hilfreiche Sache!

Wer seinen Stolz aufgibt und Gott recht gibt, der hat Zukunft bei Gott. Auch all die Leute im Umfeld von Esra und

Nehemia damals wussten das. Darum taten sie das Wichtigste zuerst. Sie bekannten, was zu bekennen war, und gaben Gott recht. So eröffnete sich ihnen eine neue Zukunft (Gottes Zukunft!). Sie erlebten, dass Gott treu ist und ihnen wirklich eine Zukunft eröffnete.

Der lebendige, heilige Gott ist treu und gerecht. Er ist uns Menschen gegenüber immer und ausnahmslos im Recht. Wer ihm recht gibt, gewinnt Zukunft. Immer!

19.

DIE LISTE - ODER: VERBINDLICH WERDEN MIT GOTT

Nehemia 10,1-40

Es war nur eine Liste, doch sie wurde weltberühmt. Es war nur eine Liste, doch die Hoffnungen hunderter Menschen hingen an ihr. Es war nur eine Liste, doch Star-Regisseur Steven Spielberg machte einen Kinofilm über sie. Es war nur eine Liste, doch die Journalisten schrieben sich die Finger wund, als sie im Oktober 1999 in einem verstaubten Koffer in der Ecke eines Dachbodens in Hildesheim entdeckt wurde ...

Die Rede ist von der Liste, auf der der Unternehmer Oskar Schindler[111] die Namen von 1200 jüdischen Zwangsarbeitern vermerkte, die er im Zweiten Weltkrieg in seiner Emaille-Waren-Fabrik vor dem sicheren Tod in deutschen Konzentrationslagern rettete. Die Rede ist von „Schindlers Liste".

---

111 https://de.wikipedia.org/wiki/Schindlers_Liste.

Nur eine Liste ... doch was für eine Aufregung verursachte sie! Zeigte sie doch in all ihrer Schlichtheit den Mut, die Tatkraft und das lebendige Gewissen eines Menschen, der nicht anders konnte, als Leib und Leben zu riskieren, um Menschen des jüdischen Volkes vor dem Tod zu retten. Listen sehen oftmals zunächst ganz unscheinbar aus. Niemand sieht ihnen von außen an, welche Bedeutung sie haben können. Ihre wahre Größe erschließt sich oft erst dann, wenn man sie zur Hand nimmt und sich näher mit ihnen befasst.

Nehemia 10,1-40 ist auch eine Liste: kurz und auf den ersten Blick wirklich ziemlich unscheinbar. Doch der erste Eindruck trügt, denn auf dieser Liste sind die Namen und Vereinbarungen von Menschen vermerkt, deren Herzensanliegen es war, im Leben mit Gott ein klares Profil zu zeigen und verbindlich mit ihm zu leben. Um Verbindlichkeit im Leben mit Gott geht es darum auch in diesem Kapitel.

DER SINN DER VERBINDLICHKEIT

„Und wegen all dem verpflichten wir uns nun schriftlich. Auf der gesiegelten Schrift sollen die Namen unserer Vorsteher, unserer Leviten und Priester stehen." Als erster unterzeichnete der Statthalter Nehemia Ben-Hachalja, dann die Priester Zidkija, Seraja, Asarja, Jirmeja, Paschhur, Amarja, Malkija, Hattusch, Schebanja, Malluch, Harim, Meremot, Obadja, Daniel, Ginneton, Baruch, Meschullam, Abija, Mijamin, Maasja, Bilga und Schemaja. Dann unterschrieben die Leviten Jeschua Ben-Asanja, Binnui aus der Sippe Henadad sowie Kadmiël, ferner ihre Brüder Schebanja, Hodija, Kelita, Pelaja, Hanan, Micha, Rehob, Haschabja, Sakkur, Scherebja, Schebanja, Hodija, Bani und Beninu. Schließlich unterzeichneten die Vorsteher Parosch, Pahat-Moab, Elam, Sattu, Bani, Bunni, Asgad, Bebai, Adonija, Bigwai,

Adin, Ater, Hiskija, Asur, Hodija, Haschum, Bezai, Harif, Anatot, Nebai, Magpiasch, Meschullam, Hesir, Meschesabel, Zadok, Jaddua, Pelatja, Hanan, Anaja, Hoschea, Hananja, Haschub, Lohesch, Pilha, Schobek, Rehum, Haschabna, Maaseja, Ahija, Hanan, Anan, Malluch, Harim und Baana.

Auch das übrige Volk schloss sich der Verpflichtung an: die restlichen Priester und Leviten, die Torwächter, Sänger und Tempelsklaven, und alle, die sich von den nichtisraelitischen Völkern im Land getrennt hatten, um das Gesetz Gottes zu befolgen, dazu ihre Frauen und alle von ihren Söhnen und Töchtern, die alt genug waren, die Vereinbarung zu verstehen. Zusammen mit ihren Vorstehern legten sie einen Eid ab, das Gesetz, das Gott uns durch Mose, seinen Diener, gegeben hat, und alle Gebote, Vorschriften und Anweisungen Gottes, unseres Herrn, zu befolgen.

(Nehemia 10,1-30)

Und wegen all dem verpflichten wir uns nun schriftlich ...
Mit diesem Satz beginnt das 10. Kapitel im Buch Nehemia. Dieser Satz weist auf etwas Geschehenes zurück: *...wegen all dem ...* Was war denn das, dieses „*all dem*"?

Ein Rückblick erschließt Folgendes: Die Menschen in Jerusalem hatten unter Nehemias Führung die Mauern und Tore der Stadt in einer gewaltigen Anstrengung wiedererrichtet. Dann holte Nehemia Esra zu Hilfe. Zusammen mit seinen Mitarbeitern, den Leviten, las Esra den Leuten aus der Bibel vor und erklärte ihnen alles ganz genau. Er brachte das Wort Gottes den Herzen der Menschen nahe. Es führte die Menschen in reale, schmerzliche Schulderkenntnis. Die Vergangenheit wurde bereinigt. Vergebung wurde erlebt. All das führte in die Dankbarkeit und in den Lobpreis Gottes. Die Leute öffneten sich für die Zukunft Gottes. Esra betete mit den Leuten ein langes, langes Gebet, in dem es um die Treue Gottes und die Untreue der Menschen ging. Dieses Gebet machte die Menschen bereit, auf die große Treue Gottes mit menschlicher Treue zu antworten. Es weckte den Wunsch in ihnen, sich mit ihrem Leben vor Gott festzulegen. Es ließ die Sehnsucht in ihnen wachsen, verbindlich zu werden mit Gott!

Immer dann, wenn Menschen den Wunsch entwickeln, verbindlich zu werden mit Gott, wurden sie zuvor vom Wort Gottes berührt und in die Erkenntnis ihrer Schuld, in die Erfahrung der Vergebung und in die Freude geführt. Das weckt dann eine Sehnsucht in ihnen, von nun an verbindlich zu werden mit Gott.

Jeder Mensch, der diese Erfahrungen gemacht hat, wird den Wunsch entwickeln, sein Leben ganz auf Gott einzustellen. Das ist das Natürlichste von der Welt. Denn Gott ist der Schöpfer und der Erlöser. Er ist der Herr. Wer ihn kennenlernt, weiß, dass es das Richtigste, Beste und Sinnvollste ist, diesem Gott ganz gehören zu wollen. Dann will man nur noch eines: endlich verbindlich werden mit ihm.

Die Leute damals, in Jerusalem, die wollten das auch. Sie waren bereit, verbindlich zu werden mit Gott. Allen voran Nehemia selbst, dessen Name zuallererst auf der Liste steht. Dann folgen die Namen vieler anderer Bewohner der Stadt. Sie alle legten sich fest. Sie überließen das Leben mit Gott nicht dem Zufall. Sie ließen nicht alles offen. Nein, sie legten sich fest! Dazu fertigten sie ein schriftliches Dokument an. Und in diesem Dokument verpflichteten sie sich namentlich, zukünftig verbindlich nach Gottes Geboten und Ordnungen zu leben.

Zusammen mit ihren Vorstehern legten sie einen Eid ab, das Gesetz, das Gott uns durch Mose, seinen Diener, gegeben hat, und alle Gebote, Vorschriften und Anweisungen Gottes, unseres Herrn, zu befolgen.

(Nehemia 10,30)

Was heißt das konkret? Die Person und der Wille Gottes wurden den Leuten damals wichtiger als alles andere! Vielen Menschen heute ist Gott hochwillkommen, solange er ihnen dabei hilft, ihre Pläne zu verwirklichen, ihre Wünsche zu erfüllen und ihre selbstgesteckten Ziele zu erreichen. Aber so funktioniert das Leben mit Gott nicht! Gott ist nicht der Erfüllungsgehilfe unserer selbst entworfenen Pläne, unserer langgehegten Wünsche oder unserer selbstgewählten Ziele. Wer verbindlich werden will mit Gott, dem werden Gottes Pläne, Wünsche und Ziele wichtiger als alles andere. So jemand wird immer zuerst nach Gottes Plänen, Gottes Wünschen und Gottes Zielen fragen! Wie sieht das nun heute konkret und praktisch aus, wenn Menschen verbindlich werden mit Gott?

Das beginnt damit, dass Menschen irgendwann an den Punkt kommen, wo sie (sinngemäß) sagen: „Jetzt habe ich so viel von Gott gehört. Sein Wort hat mich berührt. Ich habe Erfahrungen mit ihm gemacht. Ich weiß, dass er wirklich da ist. Ich weiß, er ist der Herr! Ich sehe auch die Punkte, wo mein Leben mit Schuld belastet ist. Ich möchte jetzt unbedingt verbindlich werden mit ihm. Ich möchte mein Leben mit ihm leben, mit ihm als Mittelpunkt." Und dann tun sie den Schritt in die Verbindlichkeit. Niemand drängt sie dazu. Sie selbst wollen diesen Schritt unbedingt, auch wenn sie ahnen, dass ihr Leben danach nicht mehr dasselbe sein wird. Sie vollziehen diesen Schritt, indem sie sich im Gebet vor Jesus festlegen. So ein „Gebet zur Lebensübergabe" kann etwa so lauten:

„Jesus, ich habe lange ohne Dich gelebt. Aber schon lange spüre ich große Sehnsucht nach Dir. Ich habe gehört, dass Du persönlich in die Mitte meines Lebens kommen und es ausfüllen willst. Und so komme ich zu Dir. Es hat sich viel Sünde und Schuld angesammelt in meinem Leben. Ich bringe jetzt in diesem Moment alles zu Dir und bitte Dich: Vergib mir und reinige mich! Du hast ja Dein Leben dafür am Kreuz gegeben. Bitte, komm jetzt in mein Leben. Mach es hell und neu und weit. Sei Du der Herr über mein Leben und mache etwas Gutes daraus. Ich danke Dir, dass Du mich angenommen hast und dass ich für immer zu Dir gehöre."

So oder so ähnlich kann dieses Gebet zur Lebensübergabe lauten. Manche sprechen es ganz allein. Andere sprechen es zusammen mit einem Seelsorger oder einer Seelsorgerin. Damit ist der erste große Schritt hinein in die Verbindlichkeit mit Gott getan. Aber es ist ganz bestimmt nicht der letzte Schritt! Denn jetzt lernt man, das verbindlich mit Jesus zu leben. Das bedeutet zum Beispiel, dass man mit Krisenzeiten in seinem Leben anders umgehen kann.

Ein Beispiel: Wenn man früher durch große Schwierigkeiten, schwere Belastungen und tiefe Krisen ging, da war es oft so, dass man sich entsetzlich einsam und von allen verlassen fühlte. Man lag am Boden, und es ging einem schlecht. Jetzt aber läuft das anders! Man versinkt nicht mehr in depressiven Gedanken oder Selbstmitleid. Jetzt weiß man: Jesus wohnt in meinem Leben. Er hat alles dafür gegeben, dass ich heute mit ihm leben kann. Er ist immer und unerschütterlich für mich. Auch jetzt! Gerade jetzt! Man öffnet ihm sein ganzes kummervolles, einsames Herz und sagt: „Jesus, hier bin ich. Nie brauchte ich deine Hilfe so sehr wie gerade jetzt. Ich gebe dir die ganze große Krise, durch die ich momentan hindurchgehe. Bitte, nimm du dich dieser Sache an! Bitte, hilf mir! Du siehst mich ja. Bitte nimm dich meiner an! Ich vertraue auf dich."

Was geschieht dann? Man erlebt, wie Jesus zu seiner Zeit und auf seine Weise handelt. Freude bricht sich Bahn! Man begreift, dass man mit Jesus wirklich durch „dick und dünn" gehen kann! Er ist da! Er geht mit, an meiner Seite. Niemals bin ich dann einsam, verlassen und ausgeliefert! Mit ihm wird mein Leben frei und weit und gut. Wo meine Möglichkeiten enden, fangen seine Möglichkeiten gerade erst an, denn er ist der Herr!

Wer in dieser Weise die Verbindlichkeit mit Gott lebt, der entdeckt die Weite und die Freiheit des Lebens mit ihm. Er bewährt das Vertrauen zu Jesus. Immer wieder. So wird seine Verbindlichkeit mit ihm immer tiefer und fester und belastbarer.

Aber es geschieht noch mehr. Von Zeit zu Zeit werden immer mal wieder unschöne und falsche Dinge in seinem Leben zum Vorschein kommen. Ob nun große Brocken oder unscheinbare Kleinigkeiten, stets gilt: Wer verbindlich mit Jesus lebt, wird Sünde in seinem Leben erkennen. Diese Erfahrung zeigt, dass Jesus durch den Heiligen Geist in seinem Leben wirkt.

Gordon Macdonald hat das in seinem Buch „Ordering Your Private World" ganz gut illustriert. Er schreibt[112]: „Vor ein paar Jahren kauften meine Frau und ich eine alte verlassene Farm in New Hampshire. Aber das Gelände, wo wir Haus und Garten einrichten wollten, war voller Felsblöcke und massiver, großer Steine. Ich wusste, das bedeutete harte Arbeit. Die erste Phase dieser Arbeit war vergleichsweise leicht. Die Beseitigung der großen Brocken ging ziemlich schnell vonstatten. Aber dann entdeckten wir eine ganze Menge kleinerer Brocken, und die mussten auch verschwinden. Als wir die beseitigten, kamen noch kleine Steine zum Vorschein, die wir vorher gar nicht bemerkt hatten. Diese zu beseitigen, war hart und ermüdend. Aber wir blieben dran! Und dann kam der Tag, an dem alle großen und kleinen Brocken weggeräumt waren. Wir konnten mit dem Bau des Hauses und der Anlage des Gartens beginnen."

Ganz ähnlich ist es auch im Leben mit Jesus. Wenn Menschen anfangen mit ihm zu leben, wird er ihnen vielleicht zunächst richtig große Sündenbrocken zeigen, die in ihrem Leben herumliegen, später dann vielleicht kleinere und noch kleinere. Das verbindliche Leben mit ihm sieht nun so aus, dass man nicht mehr die Augen vor den dunklen Seiten seines Lebens verschließt, auch nicht alles beschönigt oder hinwegredet, sondern dass man diese Brocken vor Jesus bekennt und seine Vergebung erbittet. So werden sie

---

112 http://www.sermonillustrations.com/a-z/s/sanctification. htm/ (Übersetzung durch den Autor).

aus dem Leben entfernt. Man wird vielleicht etwas in Ordnung bringen oder sich bei einem Menschen entschuldigen müssen. Aber wenn man irgendwann einmal zurückblickt, wird man feststellen, dass man unmerklich durch Jesus verändert wurde und freier geworden ist. Und all das hat zu noch mehr Verbindlichkeit im Leben mit ihm geführt.

Ein verbindliches Lebens mit Jesus führt zu einer immer tiefer werdenden Gemeinschaft mit ihm. Das bedeutet gleichzeitig, immer tiefer die Freiheit der Kinder Gottes zu erleben.

Nehemia, Esra und alle, die damals in Jerusalem aktiv waren, benutzten damals ein schriftliches Dokument, um sich zu einem verbindlichen Leben mit Gott zu verpflichten. Das war nötig, um die Volksgemeinschaft aufrecht zu erhalten. Sie alle legten sich miteinander auf ein verbindliches Leben mit Gott fest.

DER VOLLZUG DER VERBINDLICHKEIT

Wir verpflichten uns, unsere Töchter nicht in fremde Volksgruppen im Land zu verheiraten und von ihnen keine Frauen für unsere Söhne zu nehmen.

(Nehemia 10,31)

Der erste Punkt, auf den sich die Leute um Esra und Nehemia damals festlegten, betraf ihre Eheschließungen: *Wir verpflichten uns, unsere Töchter nicht in fremde Volksgruppen im Land zu verheiraten,* heißt es in der Liste, *und von ihnen keine Frauen für unsere Söhne zu nehmen.*

Warum war das so wichtig? Sollten die Leute vom Volk Gottes etwa keine Kontakte zu ihren heidnischen Nachbarn mehr haben? Nein, darum ging es nicht! Gottes Wort hat gegen gute nachbarschaftliche Kontakte nichts einzuwenden. Aber Gottes Wort verbot ihnen Ehen mit Partnern, die den Gott der Bibel nicht kannten und nicht mit ihm lebten (2. Mose 34,14-16). Warren Wiersbe, Theologe und Prediger, verrät uns, warum Gott das nicht wollte: „Die Gefahr bei Mischehen bestand darin, dass der jüdische Partner vom Glauben abfiel. Wie konnte ein Jude, der mit einem Heiden verheiratet war, die Speisegesetze einhalten oder die jährlichen Feste feiern? ... Zwischen dem Mann und seiner Frau würde es ständig Auseinandersetzungen geben, bis der jüdische Partner gelegentlich Kompromisse schließen und schließlich vollkommen angepasst leben würde. Dann hätte er – ob Mann oder Frau – sein geistliches Erbe aufgegeben."[113]

Vielleicht haben damals manche eingewandt, sie könnten doch gerade durch eine Heirat den andersgläubigen Partner für den wahren Glauben gewinnen. Manche Christen argumentieren auch heute so. Die Erfahrung zeigt allerdings, dass es meistens genau anders herum läuft: Viele Christen haben in ihrem Leben mit Jesus große Probleme, weil sie mit ihrem Ehepartner im Tiefsten, nämlich was Gott angeht, uneins sind. Und so warnt auch das Neue Testament sehr deutlich davor, eine Ehe mit einem Menschen einzugehen, der Gott nicht kennt (2Kor 6,14-18; 1Kor 7,39). Es geht dabei nicht darum, dass ein potentieller Ehepartner vielleicht eine andere Sprache spricht, einer anderen Nation angehört oder eine andere Alltagskultur gewohnt ist. Das ist nebensächlich! Worum es geht, ist dies: Wenn zwei Menschen – Frau und Mann – die Ehe miteinander eingehen, dann sollten beide im Glauben an Jesus leben. Sonst sind Probleme vorprogrammiert!

Manche, die eine Ehe mit einem ungläubigen Partner eingehen wollen, sagen: „Solange wir uns lieben, ist doch alles gut!" Aber auch darum geht es nicht! Es geht um die Frage: Wird die Beziehung unter dem größtmöglichen Segen

---

113   Warren Wiersbe, Sei fest entschlossen, Dillenburg 2008, S. 130.

Gottes stehen? Entspricht die geplante Ehe ganz dem Willen Gottes? Christen sollten die Ehe nur mit jemandem eingehen, der – wie sie selbst – in der Liebe und im Vertrauen zu Jesus lebt.

„Und was ist mit uns?", fragen die, die schon lange mit einem ungläubigen Partner verheiratet sind. „Wir haben das doch damals, als wir heirateten, alles gar nicht so genau überblickt!" Sie sollten in ihrer Ehe bleiben und ihren Ehepartner mit Liebe umgeben! Sie sollten regelmäßig für ihn beten und ihn zum Gottesdienst einladen, ihn aber nicht bedrängen! Sie sollten im verbindlichen Leben mit Jesus bleiben und darauf warten, was Gott tun wird.

In Nehemias Liste geht es auch um den Feiertag der Woche ...

Und wenn diese Fremden ihr Getreide oder andere Waren am Sabbat oder einem anderen heiligen Tag zum Verkauf bringen, wollen wir ihnen nichts abkaufen. Jedes siebte Jahr lassen wir das Land brach liegen und erlassen alle Schulden.

(Nehemia 10,32)

Der Sabbat war für die Israeliten damals in etwa das, was für Christen heute der Sonntag ist: der Feiertag der Woche. Im dritten Gebot heißt es dazu: „Du sollst den Feiertag heiligen." Aber was heißt eigentlich „heiligen"? „Heiligen" heißt „reservieren". Das dritte Gebot lautet also eigentlich: „Du sollst den Feiertag reservieren." Für wen „reservieren"? Für Gott! Gott möchte, dass ein Tag der Woche für ihn „reserviert" wird.

Viele Leute unter Esra und Nehemia hatten damals ihre Probleme damit. Denn am Sabbat strömten all die Händler aus der Umgebung in die Stadt Jerusalem, um gute Geschäfte zu machen. Für sie war der Sabbat ohne Bedeutung. Der Gott der Juden interessierte sie nicht. Für sie war der Sabbat deshalb ein ganz normaler Arbeitstag. Sie kamen also auf die Marktplätze Jerusalems, bauten ihre Verkaufsstände auf und boten ihre Waren an. Die jüdischen Händler und Gewerbetreibenden ärgerten sich natürlich darüber. Denn für sie lief am Sabbat nichts. Dieser war ja schließlich für Gott reserviert. Sie trauerten manchem guten Geschäft nach, das ihnen nun entging.

Esra und Nehemia haben also dafür gesorgt, dass in der Liste des verbindlichen Lebens mit Gott auch der Sabbat auftauchte. *Und wenn diese Fremden ihr Getreide oder andere Waren am Sabbat oder einem anderen heiligen Tag zum Verkauf bringen, wollen wir ihnen nichts abkaufen.* So legten sie sich fest und gingen sogar noch einen Schritt weiter: *Jedes siebte Jahr lassen wir das Land brach liegen und erlassen alle Schulden.*

Dazu muss man wissen, dass die Wirtschaft in Jerusalem und auch in den umgebenden Städten, wo Juden lebten, damals fast darnieder lag. Dax und Dow Jones bewegten sich in tiefsten Tiefen. Nun sollten die Leute auch noch jedes siebte Jahr (im sogenannten Sabbatjahr) ihre Felder brach liegen lassen und dazu noch alle Schulden, die andere bei ihnen hatten, aus den Büchern streichen – weil Gott das so befohlen hatte.

Allerdings hatte Gott für das Sabbatjahr auch ein besonderes Versprechen gegeben (3. Mose 25,20-22): *Und wenn ihr sagt: Was sollen wir im siebten Jahr essen? Denn wir säen nicht und sammeln auch unseren Ertrag nicht ein!* – so *sollt ihr wissen: Ich will im sechsten Jahr meinem Segen gebieten, dass das Land den Ertrag für drei Jahre liefern soll; sodass, wenn ihr im achten Jahr sät, ihr noch vom alten Ertrag essen werdet bis in das neunte Jahr; dass ihr von dem Alten essen werdet, bis sein Ertrag wieder hereinkommt.*

Das Besondere an Esra, Nehemia und allen anderen war, dass sie mit diesem Versprechen Gottes Ernst machten. Sie trauten sich was! Sie folgten dem, was Gott ihnen geboten hatte und nahmen dafür Gottes Versprechen in seinem Wort in Anspruch. Sie wurden verbindlich mit Gott. Sie wichen nicht aus. Sie zögerten nicht und ignorierten Gottes Anweisungen nicht, sondern setzten sie um und nahmen dafür sogar Nachteile in Kauf.

Das wiederum ist nun ein weiterer wichtiger Aspekt des verbindlichen Lebens mit Jesus. Es kann mit sich bringen, dass man auf Dinge verzichten muss. Genauer gesagt, es kann sein, dass man in der Nachfolge Jesu auf das eine oder andere verzichtet, weil man Gott ehren will. Dazu gehört z. B., dass man den Sonntag für Gott reserviert, während andere an diesem Tag vielleicht arbeiten gehen und Geld verdienen. Dazu gehört auch, dass man ehrlich ist, wo andere ziemlich dreist betrügen. Dazu gehört weiter, dass man die Wahrheit sagt, auch wenn das manchen vielleicht nicht gefällt und sie nur den Kopf schütteln. Dazu gehört schließlich auch noch, dass man sich nicht rächt, wenn man Unrecht erlitten hat, sondern es Gott überlässt, was er daraus macht. Wer verbindlich mit Jesus lebt, wird immer wieder mal Nachteile hinnehmen müssen. Aber er wird auch von Gott gesegnet werden. Und das macht alle Nachteile mehr als wett.

Jetzt kommt der letzte Punkt auf Nehemias „Liste", und der betrifft den Tempelbetrieb ...

„Wir verpflichten uns, jährlich einen Drittelschekel für den Dienst im Tempel unseres Gottes zu geben, für die geweihten Brote, für die täglichen Speis- und Brandopfer, für die Opfer am Sabbat, am Neumondsfest und an den übrigen Festtagen, für die geweihten Gaben und die Sündopfer, die Israels Schuld tilgen, sowie für alle Arbeiten am Haus unseres Gottes. Die Lieferung des Brennholzes für die im Gesetz vorgeschriebenen Opfer auf dem Altar des Herrn, unseres Gottes, losen wir zusammen mit den Priestern und Leviten jährlich aus und bestimmen so, welche Sippen es zu den festgesetzten Zeiten liefern müssen. Jedes Jahr werden wir die ersten Früchte von unseren Feldern und Fruchtbäumen zum Haus des Herrn bringen. Wie es im Gesetz vorgeschrieben

ist, werden wir auch unsere erstgeborenen Söhne sowie die Erstgeburten von unseren Rindern und Schafen zu den diensttuenden Priestern im Haus unseres Gottes bringen. In den Vorratsräumen des Tempels werden wir ihnen auch den Brotteig aus dem ersten Getreide des Jahres abliefern sowie die besten Früchte unserer Bäume, den ersten Wein und das erste Olivenöl. Den Leviten geben wir den Zehnten vom Ertrag unserer Felder, denn sie erheben den Zehnten an allen Orten, wo wir Ackerbau betreiben. Wenn die Leviten den Zehnten in Empfang nehmen, soll ein Priester, ein Nachkomme Aarons, in ihrer Begleitung sein. Den Zehnten vom Zehnten sollen die Leviten nämlich an den Tempel abliefern und in die Vorratskammern dort bringen. In diese Räume sollen die Israeliten und die Leviten das Getreide, den Wein und das Olivenöl abliefern. Dort werden die Gegenstände für den Tempeldienst aufbewahrt, und dort halten sich auch die diensttuenden Priester, die Torwächter und Sänger auf. Wir wollen das Haus unseres Gottes nicht vernachlässigen."

(Nehemia 10,33-40)

Der wichtigste Satz steht ganz am Ende dieser detaillierten Aufzählung. Er fasst alles zusammen: *Wir wollen das Haus unseres Gottes nicht vernachlässigen.* Darauf legten sich die Leute gemeinsam mit Esra und Nehemia fest. Nun haben Christen heute in ihren Gemeinden heute keinen Tempelbetrieb mehr. Sie bringen also in aller Regel weder *Rinder* noch *Schafe* mit in ihre Gemeinde. Auch *Brotteig aus dem ersten Getreide des Jahres* ist eher selten gefragt. Die *besten Früchte* der Bäume, den ersten Wein und das erste Olivenöl bringen sie höchstens zum Erntedankfest mit. Und *Brennholz* wird in aller Regel nur beim Osterfeuer benötigt.

Aber es wird ja noch von anderen Dingen berichtet. Alle, die sich zum Volk Gottes zählten, sollten den zehnten Teil ihres Einkommens für die Priester und Leviten zurücklegen, also für das Tempelpersonal (Nehemia 10,39). Einen weiteren Geldbetrag (einen *Drittelschekel*) sollten sie für

Reparaturen am Tempel bereithalten. Darauf legten sich Nehemia und alle anderen fest (V. 33).

Folgendes betrifft nun alle, die Jesus nachfolgen, unmittelbar: Christen sind dafür verantwortlich, dass ihre Prediger, Pastoren, Diakone usw. angemessen bezahlt werden. Sie sind auch verantwortlich dafür, dass ihre Gemeindehäuser in Stand gehalten werden und es nicht durch die Decke regnet. Für Christen in den Freikirchen ist das alles ziemlich selbstverständlich. Für Christen in den Landeskirchen weniger. Die meinen oft noch, mit der Kirchensteuer sei ja bestimmt alles erledigt. Aber das stimmt schon lange nicht mehr! Die Bevölkerung der Bundesrepublik verabschiedet sich mehr und mehr von ihrem christlichen Erbe. Die Zahl der Kirchenaustritte ist seit Jahrzehnten unverändert hoch. Die Christen in den Großkirchen werden sich also darauf einstellen müssen, ihre Leitungskräfte zukünftig aus eigener Tasche zu bezahlen und auch für Gebäuderenovierungen größtenteils selbst aufzukommen. Das bedeutet eine echte Umstellung!

In einer landeskirchlichen Gemeinde in Norddeutschland wurde vor ein paar Jahren in der Gottesdienst-Kollekte für die Bezahlung des Pastors gesammelt. Als das Geld anschließend gezählt wurde, fand sich in einem der Klingelbeutel eine Rolle sorgfältig zusammengerollter Geldscheine, zusammengehalten von einem schlichten Gummiband. Es waren 2000 Euro. Da hatte jemand verstanden, was die Stunde schlug.

Um nun nicht missverstanden zu werden: Natürlich geht es nicht darum, dass jeder solche Summen geben muss! Viele können das nicht, weil ihr Einkommen das gar nicht zulässt. Natürlich entscheidet auch jeder selbst, was er geben will und geben kann. Zum verbindlichen Leben mit Jesus gehört aber nun mal, dass Christen Verantwortung übernehmen für die Bezahlung der hauptamtlichen Mitarbeiter in ihren Gemeinden und für die Instandhaltung der Gebäude, wo sie Gottesdienst feiern und wo die Gemeinde sich trifft.

Damit kommt das Ende von Nehemias Liste in Sicht. Es ist nur eine Liste, die aber zeigt, was es heißt, verbindlich mit Jesus zu leben. Wer in dieser Verbindlichkeit lebt, wird immer wieder mal neue Schritte tun, wird manchmal vielleicht auch über seinen Schatten springen müssen. Aber es ist genau diese Verbindlichkeit, die ihn in die Tiefe der Gemeinschaft mit Jesus führt und ihm die Freiheit der Kinder Gottes erschließt.

20.

GOTTES „ZWEITE REIHE"

Nehemia 11,1-36

„Der Mann aus der zweiten Reihe hört auf!" – So berichteten die Massenmedien im April 2016. Die Rede war von Michael Ande, alias Gerd Heymann, der in der ZDF-Krimiserie „Der Alte" 40 Staffeln lang – von 1977 bis 2016 – der ewige Assistent war, der Mann in der zweiten Reihe. Ande hat länger durchgehalten als alle seine Chefs in der Serie. Sie wurden ausgetauscht, er aber, der Assistent, blieb. Ausgesessen hat er sie alle.

Eigentlich galt ja Fritz Wepper aus „Derrick" als Inkarnation des ewigen Assistenten, der immer für Derrick den Wagen vorfährt. Aber Ande war länger dabei als Wepper. Nach sage und schreibe 403 Folgen trat er im Jahr 2016 ab.

Die Rolle war nicht immer dankbar. Aber für nichts in der Welt hätte Michael Ande seinen sicheren Platz in der zweiten Reihe aufgegeben. Fast 40 Jahre ist er in der Krimireihe „Der Alte" wie ein Beamter zur Arbeit gegangen. Einer von Andes Schauspielkollegen sagt „Es gibt viele gute zweite Männer, die aber vielleicht keine guten ersten Männer sind." Und Ande selbst bemerkt: „Ich bin mit dem Heymann sehr zufrieden, denn ich selbst bin mehr ein Teammensch als ein Chefmensch."[114]

Leute aus der „zweiten Reihe" werden oft übersehen, doch ohne sie ginge es nicht! Wenn alle nur Chefs wären, dann bliebe die Arbeit ungetan. Es braucht Menschen, die bereit sind, die unauffälligen Jobs zu machen, die Jobs in der zweiten, dritten und vierten Reihe. Es braucht Menschen, die bereit sind, unauffällig zu bleiben, weit weg von den hellen Scheinwerfern irgendeines Rampenlichtes.

Auch in Gottes Plänen braucht es Leute, die bereit sind, in der „zweiten Reihe" zu arbeiten und so den Willen Gottes zu tun. Es braucht auch hier Leute, die mit dem Platz in der „zweiten Reihe" zurechtkommen und nicht in erster Linie auf Anerkennung von Menschen aus sind, sondern auf Anerkennung von Gott. Es braucht Leute, die anderen den Platz in der ersten Reihe überlassen können, ohne sich zurückgesetzt zu fühlen. Es braucht Leute, die gern in „Gottes zweiter Reihe" Platz nehmen.

Das 11. Kapitel des Buches Nehemia präsentiert Menschen aus „Gottes zweiter Reihe". Sie tauchen nur in einer Liste auf. Aber wenn man in die Ecken und Winkel dieser Liste schaut, wird man sehr schnell merken, dass viel mehr dahintersteckt, als auf den ersten Blick zu sehen ist.

Nehemia 11 beschäftigt sich mit Menschen, die in der „zweiten Reihe" beheimatet und von dort aus für Gott an der Arbeit sind. Es sind ausgesprochen interessante Typen, von denen man eine Menge lernen kann: Unkomplizierte, Unauffällige und Unterstützer.

---

114 Vgl. http://www.deutschlandradiokultur.de/michael-ande-aus-der-alte-der-mann-aus-der-zweiten-reihe.2156.de.html?dram:article_id=350563.

DIE UNKOMPLIZIERTEN

Die Führer des Volkes wohnten schon in Jerusalem. Aus der übrigen Bevölkerung wurde jede zehnte Familie durch das Los dazu bestimmt, ebenfalls in Jerusalem, der heiligen Stadt, zu wohnen. Die anderen Familien konnten in ihren Ortschaften bleiben. Und jede Familie, die freiwillig nach Jerusalem zog, wurde vom Volk gesegnet.

(Nehemia 11,1-2)

Manch einer schüttelt bei der Lektüre dieser zwei Verse möglicherweise leise mit dem Kopf und denkt: „Ich verstehe nur ‚Bahnhof'. Wieso werden da plötzlich Leute per Los bestimmt, die nach Jerusalem ziehen müssen? Und warum wollen die anderen nicht? Und warum in aller Welt, werden diejenigen, die freiwillig die Umzugsleute bestellen, in besonderer Weise *gesegnet*? Das ist doch alles komplett rätselhaft!"

Auf den ersten Blick wirkt das tatsächlich etwas seltsam. Aber nur auf den ersten Blick. Ein paar unerlässliche Hintergrundinformationen können zur Aufklärung des Ganzen beitragen.

Wie war damals die Lage in Jerusalem?

Die Mauern und Tore der Stadt Jerusalem waren wieder aufgebaut und sauber verputzt. Alle freuten sich mächtig und waren bester Laune. Doch dann verließen die Leute fröhlich und in Scharen die Stadt und kamen nicht wieder. Sie hatten ihre Olivenhaine und Weinberge, ihre Schafe und Rinder, ihre Wohnhäuser und Gemüsegärtchen nicht in der großen Stadt, sondern irgendwo sonst im Lande. In Nehemia 11,25-36 sind etliche Dörfer aufgezählt:

Was die Gehöfte auf dem Land betrifft, wohnten einige Juden in Kirjat-Arba und Dibon mit den dazugehörigen Dörfern; und in Kabzeel mit den dazugehörigen Gehöften; außerdem in Jeschua, Molada, Bet-Pelet, Hazar-Schual, Beerscheba

und seinen Dörfern, Ziklag, Mechona und seinen Dör-
fern, En-Rimmon, Zora, Jarmut; in Sanoach und Adullam
und den dazugehörigen Gehöften, Lachisch und dem dazu-
gehörigen Gebiet sowie Aseka und seinen Dörfern. Ihr Gebiet
reichte von Beerscheba bis zum Hinnom-Tal. Benjaminiten
wohnten auch in Geba, Michmas, Aja, Bet-El und seinen Dör-
fern, Anatot, Nob, Ananeja, Hazor, Rama, Gittajim, Hadid,
Zeboim, Neballat, Lod, Ono und dem Tal der Handwerker.
Einige Gruppen von Leviten wohnten in Juda, andere ließen
sich im Gebiet von Benjamin nieder.

All die Menschen, die beim Wiederaufbau der Mauern und
Tore der Stadt Jerusalem geholfen hatten, wollten wieder
zurück nach Hause. Dort warteten schon Frau und Kinder,
Oma, Opa und die guten Freunde vom Kegel-Club. Nach
Wochen beschwerlicher Arbeit, nach einer aufregenden Zeit
voller Gefahren, wollten die Leute endlich wieder zurück in
ihre vertraute Umgebung. Heimweh machte ihnen Beine.
Die Stadt des „Großen Königs" leerte sich. Einzelne Stadt-
teile drohten bereits zu veröden. Jerusalem, die Stadt mit
der prächtigen neuen Mauer und den schönen Toren, wurde ein Ort, der arm an Menschen war. Und das war gefährlich!

Ohne Bewohner hatte Jerusalem keine Zukunft. Dann
würde sich weder ein starkes Wirtschaftsleben noch ein le-
bendiges geistliches Leben entwickeln. Ohne Bevölkerung
konnte die Stadt auf Dauer auch nicht verteidigt werden.
Nehemia musste handeln! In Absprache mit den politisch
Verantwortlichen entwickelte er einen ungewöhnlichen
Plan: Jeder zehnte jüdische Bewohner Israels sollte per
Los-Entscheid bestimmt werden. Wen das Los traf, der war
verpflichtet, mit Mann und Maus, mit Kind und Kegel nach
Jerusalem umzuziehen, um dort den ersten Wohnsitz zu
nehmen und den Lebensunterhalt von nun an in der Stadt
und deren unmittelbarer Umgebung zu verdienen. Das war
ein sehr massiver Eingriff in das Privatleben der Menschen.

Die Leute, die das Los traf, waren natürlich verwurzelt in ihrem Dorf auf dem Land. Sie bewohnten vielleicht das Haus, in dem schon ihre Eltern und Großeltern gelebt hatten. Sie betrieben vermutlich dieselben Olivenhaine und Weinberge, die schon ihre Vorfahren gepflegt hatten. Jetzt sollten sie das alles verlassen, um in einer Großstadt zu wohnen, wo sie vielleicht noch nicht mal einen Balkon, geschweige denn ein Gemüsegärtchen haben würden? Das kostete Überwindung! Man kann sich gut vorstellen, wie groß damals die Bestürzung gewesen ist. Haus und Hof mussten verkauft oder wenigstens verpachtet werden. Der Umzug in die Großstadt musste organisiert werden. Sie mussten alles hinter sich lassen, was ihnen über Generationen hinweg vertraut geworden war. Und sie mussten an einen Ort ziehen, wo sie gar nicht hin wollten. Das war hart!

Aber die Leute taten, was von ihnen verlangt wurde. Einige taten es sogar freiwillig! Das waren möglicherweise die Singles, die noch keine Familie hatten. Oder Menschen ohne Haus und Hof. Für sie war es natürlich leichter, in Jerusalem neu anzufangen. Fest steht jedenfalls: Tausende sehr normale, völlig unspektakuläre, aber erstaunlich unkomplizierte Leute taten etwas sehr Bemerkenswertes. Sie jammerten nicht. Sie lamentierten nicht. Sie schirrten stattdessen Esel und Ochsen an, verpackten Möbel, Teppiche und Porzellan bruchsicher und zogen an einen Ort, wo sie eigentlich gar nicht hin wollten. Sie taten das, weil sie begriffen, dass das jetzt einfach nötig war! Jerusalem brauchte Bewohner, sonst wäre die ganze Plackerei an den Mauern und Toren schlussendlich umsonst gewesen. Die Leute begriffen: Gott verlangt in dieser besonderen Situation, dass wir etwas für ihn tun, das wir eigentlich nicht wollen. Wir ziehen um – um Gottes Willen! Wir verlassen die vertraute Umgebung – um Gottes Willen! Wir tun es für ihn!

Unkomplizierte Leute, Menschen aus der zweiten, dritten und siebten Reihe tun etwas Außerordentliches. Sie ziehen an einen Ort, an den sie nicht wirklich wollen. Sie füllen die Stadt Jerusalem mit Leben. Sie ziehen um – für Gott! Wir kennen nur einige wenige Namen von denen, die sich da mit Sack und Pack auf den Weg machten (Nehemia 11,3-16). Wir wissen aber, dass es Menschen waren, die sich in schwieriger Lage von Gott rufen ließen und spontan etwas taten, das ihnen eigentlich unangenehm war. Hätte es diese vielen tausend unkomplizierten Leute aus „Gottes zweiter Reihe" nicht gegeben, hätte die Zukunft der Stadt Jerusalem düster ausgesehen. Nehemia wäre ohne diese unkomplizierten Leute einfach hilflos gewesen. Sein Geld, sein Einfluss, seine Beziehungen hätten nichts genützt. Es brauchte diese Leute, die bereit waren, etwas Neues anzufangen, ohne zu wissen, wie es ausgehen würde.

Es kommt auch heute vor, dass Gott Christen in Aufgaben schickt, die ihnen widerwärtig sind. Es kommt auch heute vor, dass Gott einzelne seiner Kinder an einen Ort beruft, den sie um alles in der Welt vermeiden wollten. Das wohl bekannteste Beispiel aus der Bibel ist der Prophet Jona, der die Stadt Ninive derart furchtbar fand, dass er Gottes Auftrag, dort zu predigen, zutiefst ablehnte und sich postwendend aus dem Staub machte. Manchmal ist das so, dass Gott Menschen in eine Aufgabe hineinschickt, und sie sagen: „Alles andere, aber das doch bitte nicht! Ich gehe überall für dich hin, Herr, – wirklich! – aber dahin, nein! Das kannst du nicht verlangen!" Aber Gott verlangt es manchmal doch! Und natürlich weiß er dabei genau, was er tut! Er weiß, dass sie ihre Sache dort sehr gut machen werden. Er weiß, dass sie alle Fähigkeiten für diese spezielle – ihnen so widerwärtige – Aufgabe besitzen. Er weiß auch schon, in welcher besonderen Weise er sie dort segnen wird. Wenn Gott Christen also in eine Aufgabe schickt, die ihnen von vornherein widerwärtig ist, dann wäre es gut, sich ihr nicht zu verweigern! Wenn Gott einige seiner Leute an einen Ort beruft, den sie am liebsten meiden würden, wäre es gut, wenn sie sich nicht verweigern würden! Denn Gott weiß immer, was er tut. Er macht keine Fehler! Seine Pläne sind immer gut! Und am Ende werden das alle, die ihm gehorchten, rückblickend auch bestätigen.

Einer, der das in starker Weise selbst erlebt hat, ist der Wycliff-Bibelübersetzer Cameron Townsend.[115] Jahrelang versuchte er, von der mexikanischen Regierung die Erlaubnis zur Übersetzung der Bibel in die Sprache der örtlichen Indianerstämme zu bekommen. Vergeblich. Der verantwortliche Regierungsbeamte war gegen sein Vorhaben eingenommen und betonte immer wieder: „Solange ich hier die Verantwortung habe, wird die Bibel niemals in die Sprache der Indianer übersetzt werden. Es würde sie nur durcheinander bringen ...“ Townsend versuchte alles Mögliche. Er sprach mit den verschiedensten politisch Verantwortlichen. Er bat alle seine Freunde, dafür zu beten, dass Gott eine Tür auftäte. Vergeblich.

Schließlich gab Townsend es auf, die Sache weiter voranzutreiben. Seine Frau und er zogen in ein kleines, abgelegenes Indianerdorf. Sie lernten die Sprache der Eingeborenen und dienten ihnen, so gut sie konnten. Sie hatten ihr Auskommen. Aber das Leben im Dorf fühlte sich an wie eine Sackgasse. Die Zeit verging.

---

115 Michael Green (Hrsg.), Illustrations for Biblical Preaching, Grand Rapids, Michigan,1990, S. 246f (Übersetzung durch den Autor). William Lawrence Svelmoe, A New Vision for Missions: William Cameron Townsend, The Wycliffe Bible ..., S. 252. http://briarwood.org/wp-content/uploads/2012/02/the-story-of-cameron-townsend.pdf.

Eines Tages kam Townsend auf den Gedanken, das Wasser der Quelle, die das Dorf mit Trinkwasser versorgte, zu kanalisieren und die Felder damit zu bewässern, anstatt (wie bisher) das Wasser einfach versickern zu lassen. Das Projekt gelang und die Erträge der Felder verdoppelten sich. Townsend schrieb darüber einen kleinen Artikel und schickte ihn an die lokale Zeitung. Ohne sein Wissen gelangte der Artikel auf verschlungen Wegen in die Hände des mexikanischen Präsidenten. Der Präsident war sehr beeindruckt von Townsends selbstlosem Einsatz und beschloss, diesen ungewöhnlichen Mann näher kennen zu lernen. Er ließ sich mit der Präsidentenlimousine in das abgelegene Indianerdorf fahren, und der Wagen parkte mitten auf dem Dorfplatz. Townsend ging zum Wagen des Präsidenten und stellte sich vor. Zu seiner grenzenlosen Überraschung sagte der Präsident: „Sie sind genau der Mann, wegen dem ich hierher gereist bin! Erzählen Sie mir bitte mehr über ihre Arbeit!" Townsend tat es und berichtete auch über seinen Wunsch, die Bibel in die Sprache der Indianer zu übersetzen. Der Präsident hörte aufmerksam zu und erwiderte dann: „Selbstverständlich können Sie diese Übersetzungsarbeit machen! Sie können sofort damit anfangen!" Damit begann eine lebenslange Freundschaft zwischen Townsend und dem mexikanischen Präsidenten Cardenas. Dessen Macht und Einfluss wurden von Gott viele Jahre gebraucht, um die Türen für die Arbeit der Wycliff-Bibelübersetzer in Mexiko zu öffnen.

Was sich wie eine Sackgasse angefühlt hatte, war in Wirklichkeit eine offene Tür. Aber das begriffen Townsend und seine Frau erst viel später. Wenn Gott also einzelne seiner Kinder heute an einen Ort oder in eine Aufgabe schickt, die sie eigentlich überhaupt nicht wollen, dann tun sie gut daran, trotzdem dieser Berufung Gottes zu folgen. Denn er wird sie in dieser Aufgabe und an diesem Ort segnen und gebrauchen.

DIE UNAUFFÄLLIGEN

Die folgende Liste verzeichnet die Sippenoberhäupter der Provinz Judäa, die in Jerusalem wohnten. Die übrigen Israeliten, die Priester, die Leviten, die Tempelsklaven und die Nachkommen der Sklaven Salomos wohnten in den Städten Judäas, jeder auf seinem Erbbesitz.

Aus dem Stamm Juda wohnten in Jerusalem: Ataja Ben-Usija; er stammte über Secharja, Amarja, Schefatja und Mahalalel von Judas Sohn Perez ab.

Maaseja Ben-Baruch; er stammte über Kolhose, Hasaja, Adaja, Jojarib und Secharja von Schela ab.

Von den Nachkommen des Perez wohnten 468 angesehene Männer in Jerusalem.

Aus dem Stamm Benjamin: Sallu Ben-Meschullam, der von Joëd, Pedaja, Kolaja, Maaseja, Itiël und Jeschaja abstammte, und seine Brüder Gabbai und Sallai, 928.

Joël Ben-Sichri war ihr Vorgesetzter und Juda Ben-Senua der zweite Stadtvorsteher. Von den Priestern: Jedaja Ben-Jojarib, sowie Jachin.

Seraja Ben-Hilkija, der von Meschullam, Zadok, Merajot und Ahitub abstammte, war Vorsteher im Haus Gottes.

Es waren 822 ihrer Männer, die den Dienst im Tempel verrichteten. Dann Adaja Ben-Jeroham, der von Pelalja, Amzi, Secharja, Paschhur und Malkija abstammte.

Seine Sippe umfasste 242 Familienoberhäupter. Dann Amaschsai Ben-Asarel, der von Achsai, Meschillemot und Immer abstammte.

Seine Sippe umfasste 128 Familien. Ihr Anführer war Sabdiël Ben-Haggedolim.

Von den Leviten: Schemaja Ben-Haschub, der von Asrikam, Haschabja und Bunni abstammte.

Außerdem Schabbetai und Josabad, Sippenoberhäupter, die für den Dienst im äußeren Bereich des Tempels verantwortlich waren.

(Nehemia 11,3-16)

Was Nehemia hier präsentiert, ist eine Liste von *Sippenoberhäuptern.* Das bedeutet ganz einfach: *Familienoberhäupter, die in Jerusalem wohnten.* Und nicht nur die allein nennt Nehemia, er zählt auch noch deren Vorfahren mit auf, meist bis in die fünfte oder sechste Generation. In Vers 4 nennt er zum Beispiel *Ataja Ben-Usija; er stammte über Secharja, Amarja, Schefatja und Mahalalel von Judas Sohn Perez ab.* So geht das dann in der Liste immer weiter. Warum denn diese Ausführlichkeit? Warum der Stammbaum bis in die fünfte und sechste Generation rückwärts? War Nehemia womöglich einer dieser Ahnenforscher, die viel Zeit investieren, um in Archiven und verstaubten Kirchenbüchern die Ursprünge der eigenen Sippe zu erforschen, um dann einen schönen knorrigen Eichenbaum zu zeichnen und ihn mit Namenstäfelchen zu versehen, auf denen Name und Abstammung jedes einzelnen Familienmitglieds dokumentiert wird? War Nehemia so ein leicht verstaubter Ahnenforscher?

Natürlich nicht. Nehemia hatte anderes zu tun, als Ahnenforschung zu betreiben und knorrige Eichenbäume zu malen. Es gab einen anderen Grund, diese Liste zu schreiben. Er wird erkennbar, wenn man sich fragt, welche Familien das denn sind, die in dieser Liste auftauchen. Es sind (unter anderem) all die Familien, die nach Jerusalem gezogen waren und sich dort dem geistlichen und wirtschaftlichen Aufbau der Stadt widmeten. Es waren also all die Familien, die ihre Verantwortung vor Gott erkannt und dann auch wahrgenommen hatten. Sie hatten sich nicht gedrückt, als das Los auf sie fiel, nach Jerusalem überzusiedeln. Sie hatten sich dem nicht verweigert. Etliche waren sogar aus freien Stücken gekommen, völlig ohne Losentscheid! Alle halfen sie nun mit, die Stadt Jerusalem stark zu machen, geistlich und wirtschaftlich. Als Nehemia sie an ihre Verantwortung vor Gott erinnerte, kamen sie bereitwillig und halfen mit.

Warum waren sie bereit, sich ihrer Verantwortung zu stellen, obwohl ihnen das wahrscheinlich nicht angenehm war? Warum waren sie bereit zu kommen, obwohl das nicht in ihre Lebensplanung passte? Weil sie alle aus Familien stammten, in denen die Ehrfurcht vor Gott, die Liebe zu Gott und der Gehorsam Gott gegenüber gelebt und gelehrt worden waren. Darum waren sie bereit, ihre Verantwortung wahrzunehmen. In all diesen Familien, die Nehemia hier erwähnt, hatten Eltern ihre Kinder gelehrt, Gott zu lieben *mit ganzem Herzen, mit ganzer Seele und mit ganzer Kraft* (5. Mose 6,5).

Nehemia zählt all diese Familien auf. Sie sind ihm wichtig! Er ist heilfroh, dass er diese Familien hat! Und so tauchen sie in dieser Liste auf. Und das ist sehr bezeichnend. Was stellten denn all diese Familien rein äußerlich gesehen schon dar? Nichts! Das waren einfach nur Familien! Die meisten waren weder prominent noch reich, noch trugen sie prominente Namen und mischten in der großen Politik mit! Nichts davon! Das waren ganz normale, völlig unauffällige Familien, die alle nur eine Besonderheit hatten: Über Generationen hinweg hatten Eltern ihre Kinder gelehrt, Gott zu lieben *mit ganzem Herzen, mit ganzer Seele und mit ganzer Kraft*. Sie hatten damit etwas sehr, sehr Wertvolles getan. Sie hatten ihren Kindern die Chance gegeben, Gott kennen und lieben zu lernen und ihn als das Allerwichtigste anzusehen.

Familien, in denen Eltern ihre Kinder lehren, Gott mehr zu lieben als jeden anderen und ihm mehr zu gehorchen als Menschen, sind heute genauso unauffällig wie damals.

Sie tauchen nicht in Talkshows auf. Sie sind in aller Regel nicht prominent. Sie mischen nicht in der großen Politik mit. Sie sind einfach da und sitzen in der „zweiten Reihe", wenn überhaupt! Sie sind unauffällig, aber für Gott von großer Bedeutung. Denn solche Familien gebraucht er bei der Umsetzung seiner Pläne. Viele Eltern bringen heute ihre Kinder in die Kinderkrippe. Sie geben ihre Kinder in die Hände von pädagogisch geschultem Personal. Aber wer lehrt diese Kinder, den Gott der Bibel zu lieben *mit ganzem Herzen, mit ganzer Seele und mit ganzer Kraft*? Selbst wenn Kinder nach den neuesten pädagogischen Erkenntnissen in Kinderkrippen und Kindergärten professionell erzogen werden, kann das niemals die Eltern ersetzen, die in der Familie ihren Kindern vorleben und sie lehren, Gott zu lieben und ihm mehr zu gehorchen als Menschen!

Da war z. B. eine Familie mit drei Kindern, deren Eltern ihre Kinder ganz bewusst als Aufgabe und Verantwortung von Gott annahmen. Sie opferten viel Zeit, Kraft und Liebe für ihre Kinder. Diese kamen zum Glauben, eines nach dem anderen wurde Christ. Der Sohn ging als Missionar nach Frankreich, wo er dafür arbeitet, dass Menschen für die Ewigkeit gerettet werden. Die eine Tochter ging als Missionarin nach Pakistan, um dort Menschen für Jesus zu gewinnen. Die zweite Tochter wurde Ehefrau und Mutter. Ihr Haus ist für viele Menschen ein Ort der Geborgenheit, wo sie hinkommen können, angehört und verstanden werden und Hilfe bekommen. Große Wirkung hatten alle drei Kinder. Das wurde möglich, weil die Eltern ihre Kinder als ihre besondere Aufgabe von Gott her annahmen. Sie investierten Zeit und Energie in sie. Und Gott ließ Gutes daraus wachsen. Mehr, als sie sich vielleicht erträumt hätten.[116]

---

116 Haddon W. Robinson, Biblical Sermons, Grand Rapids 1989, S. 101.

Die Unkomplizierten und die Unauffälligen gehören zu „Gottes zweiter Reihe". Und dann sind da noch ein paar andere, die auch in der „zweiten Reihe" Platz genommen haben ...

DIE UNTERSTÜTZER

Mattanja Ben-Micha, der von Sabdi und Asaf abstammte, leitete den Lobgesang und stimmte den Lobpreis beim Gebet an; Bakbukja, einer seiner Verwandten, war sein Stellvertreter, ebenso Abda Ben-Schammua, der von Galal und Jedutun abstammte.

Insgesamt wohnten 284 Levitenfamilien in der Heiligen Stadt.

Torwächter: Akkub, Talmon und ihre Verwandten, insgesamt 172.

Die übrigen Israeliten, einschließlich der Priester und Leviten, wohnten in allen Orten Judas zerstreut, jeder auf seinem Erbbesitz.

Die Tempelsklaven wohnten auf dem Ofel. Sie arbeiteten unter der Aufsicht von Ziha und Gischpa.

Vorsteher der Leviten in Jerusalem war Usi Ben-Bani, der von Haschabja, Mattanja und Micha abstammte. Er gehörte zu den Nachkommen Asafs, die beim Gottesdienst im Tempel für den Gesang zuständig waren.

Eine Anordnung des Königs regelte ihren Dienst für jeden Tag.

(Nehemia 11,17-23)

287

Eines ist wirklich auffällig in Nehemias Bericht: die Rolle, die das Gebet für ihn gespielt hat. Und zwar sowohl Nehemias persönliches Gebet (Nehemia 1,511; 2,4; 3,36; 5,19; 6,14; 13,14.31) als auch das öffentliche, gemeinsame Gebet im Tempel. Als die Mauern und Tore der Stadt Jerusalem gerade fertig geworden waren, setzte Nehemia nicht nur Torwachen ein, sondern ordnete auch die Anbetung und den Lobpreis im Tempel neu (Nehemia 7,2.46-73). Als dann später der Priester Esra mit seinen Mitarbeitern eintraf und den inneren, geistlichen Neuaufbau Jerusalems ankurbelte, da spielten wieder das Gebet und der Lobpreis Gottes eine zentrale Rolle (Nehemia 9; 10,33-40). In Kapitel 11 von Nehemias Bericht geht es nun noch einmal um die Anbetung Gottes im Tempel. Ausführlich dokumentiert Nehemia, wer im Tempel für was verantwortlich war. Mattanja Ben-Micha *stimmte den Lobpreis* beim Gebet an. *Schabbetai und Josabad* (Nehemia 11,16) waren dafür verantwortlich, dass das Tempelgebäude immer wieder repariert und instandgesetzt wurde. *Usi Ben-Bani* war generell für den *Gesang beim Gottesdienst im Tempel* verantwortlich (Nehemia 11,22). Und *Priester, Leviten* und *Tempelsklaven* hatten jeweils ihre besonderen Aufgaben bei den Tempel-Gottesdiensten.

Nehemia wusste also sehr genau, dass ohne Unterstützer, also ohne betende Menschen im Hintergrund, all seine Arbeit ins Leere laufen würde. Er zog auch die Konsequenzen daraus und sorgte dafür, dass das Gebet in Jerusalem trotz aller Arbeit nicht zu kurz kam. Aber damit steht er ziemlich allein da. Menschen, die den unersetzlichen Dienst des Gebets tun, sitzen in vielen Gemeinden heute in der zweiten Reihe oder noch weiter hinten! Solche, die ihre Gemeinden im Gebet unterstützen, werden allzu oft übersehen und spielen eine Rolle als geistliche „Aschenputtel". Einer, der das mit großem Bedauern erkannt hat, ist kein Geringerer als der bekannte US-amerikanische Evangelist Billy Graham.

Vor ein paar Jahren führte der US-amerikanische Fernsehmann Larry King mit Billy Graham kurz nach dessen 80. Geburtstag ein Gespräch[117]. King sagte zu Graham: „Es muss befriedigend sein, wenn man auf das eigene Leben zurückblicken kann und dabei keinerlei Bedauern verspürt." Doch Billy Grahams unerwartete Antwort war: „Ich bin der größte Versager unter den Menschen. Ich habe zu viel Zeit mit Menschen verbracht und zu wenig mit Gott. Ich war zu beschäftigt mit geschäftlichen Treffen und sogar damit, Gottesdienste zu halten. Ich hätte mehr Zeit mit Gott verbringen sollen, dann hätten die Menschen Gottes Gegenwart in mir gespürt, wenn sie mit mir zusammen waren."

Was meint Graham damit, dass er zu wenig Zeit mit Gott verbracht hat, wo er doch in seinem Leben so viele Predigten gehalten hat? Es geht ihm um die Zeit der Stille, die Zeit, die er allein mit Gott verbracht hat, um mit ihm zu reden, von ihm zu lernen, sich von ihm erfüllen zu lassen. Zu seinem Lebensende hin merkte er, dass es viel wichtiger ist, regelmäßig bei Gott aufzutanken, um dann von ihm erfüllt zu sein und diese Fülle an andere weitergeben zu können. Qualitätszeit mit Gott, darum ging es dem Evangelisten.[118]

Welche Rolle spielt das Gebet in meinem Leben? Vertraue ich Gott die tiefsten Gedanken meines Herzens an? Bin ich ein Mensch, der sich Zeit dafür nimmt, Gott zu danken, oder neige ich dazu, ihn nur mit Bitten zu bestürmen? Welche Rolle spielt der Lobpreis Gottes in meinem Leben? Kenne ich die Freude, Gott Dinge zu sagen, die ich über ihn erkannt habe? (Nichts anderes bedeutet ja Lobpreis: Gott wahre Dinge über ihn selbst sagen!) Trete ich in die Fürbitte für andere Menschen ein, für meine Gemeinde und für meinen Pastor? Bin ich beharrlich in der Fürbitte

117 http://www.jesus.ch/magazin/people/promis_und_religion/ 287521billy_graham_ich_bin_der_groesste_versager.html.
118 Vgl.:http://www.jesus.ch/magazin/people/promis_und_religion/287521billy_graham_ich_bin_der_groesste_versager.html.

oder vernachlässige ich sie? Steht mir vor Augen, dass ohne Dank, ohne Fürbitte und ohne Lobpreis alle gut gemeinten Aktivitäten meiner Gemeinde in der Luft hängen und am Ende zu Nichts zerrinnen werden? Unterstütze ich das Gebetsteam oder die Gebetsgruppe in meiner Gemeinde, indem ich regelmäßig dorthin gehe? Bin ich ein Unterstützer im Gebet?

In vielen Gemeinden gibt es Menschen, die innerlich in Gedanken sagen: „Eigentlich kann ich gar nicht viel bewegen! Ich bin schlecht zu Fuß. Die Kräfte lassen spürbar nach. Ich kann nicht mehr so gut sehen. Eigentlich bin ich stets und ständig auf Hilfe angewiesen. Mit mir ist nichts mehr los ...!" Genau sie haben die Aufgabe des Gebetes, und es wäre gut, wenn gerade sie in ihrem Tagesablauf Zeiten des Gebets einplanen könnten, wo sie für einzelne Menschen, ihre Gemeinde, ihren Gemeindevorstand, ihre Ältesten und Diakone oder ihren Pastor oder Prediger beten. Ganz besonders sie haben die Aufgabe, den Dienst des Gebets in „Gottes zweiter Reihe" zu tun! Es ist viel gewonnen, wenn sie zu diesem Dienst in der zweiten Reihe Ja sagen und über viele Jahre hinweg treue Gebets-Unterstützer sind.

„Gottes zweite Reihe" – die Unkomplizierten, die Unauffälligen und die Unterstützer – ohne sie geht es nicht! Ohne „Gottes zweite Reihe" hat die Gemeinde Jesu Christi keine Zukunft!

21.

EINE DEMONSTRATION BESONDERER ART

Nehemia 12,27-47

Es geschah am 28. August 1963. In über 2000 Bussen, 21 Sonderzügen, zehn Charterflugzeugen und ungezählten Autos erreichen die Teilnehmer des „Marsches auf Washington" die US-amerikanische Hauptstadt. Morgens gegen halb zehn sind 25.000 Demonstranten im Regierungsviertel versammelt, mittags sind es rund 250.000, davon rund ein Fünftel Weiße. Es ist die bis dahin größte Demonstration in der Geschichte der USA.

Der „Marsch für Jobs und Freiheit" gleicht zunächst einem großen Volksfest. Auf der Mall treten verschiedene Musiker auf. Peter, Paul and Mary singen „Blowing In The Wind", ein Song des damals noch weithin unbekannten New Yorker Sängers Bob Dylan. Der ist auch angereist und singt mit seiner Freundin, Joan Baez, „When The Ship Comes In" und „Only A Pawn In The Game". Aber dann spricht Martin Luther King zu den Menschen. Er hält seine berühmte „I have a dream"-Rede. Und die gräbt sich tief in die Erinnerung vieler, vieler Menschen.[119] Um eine große Demonstration geht es auch im zwölften Kapitel des Buches Nehemia. Viele, viele Menschen sind bei dieser Demonstration unterwegs. Auch Musik spielt eine wichtige Rolle. Allerdings hat diese Demonstration nicht den Zweck, politische Ziele durchzusetzen. Sie hat einen anderen Grund: Die Menschen in Jerusalem ums Jahr 443 (v. Chr.), gingen auf die Straße, weil Gott gehandelt hatte. Sie feiern, was Gott getan hat und veranstalten darum ein Freudenfest, bei dem die Loblieder weithin zu hören waren (Nehemia 12,43).

STRAHLENDER LOBPREIS

Zur Einweihung der Stadtmauer holte man die Leviten aus dem ganzen Land nach Jerusalem, um das Freudenfest mit Lobliedern und der festlichen Musik von Zimbeln, Harfen und Zithern zu feiern. Da sammelten sich die Sänger aus den Dörfern rings um Jerusalem und den Siedlungen der Netofatiter, aus Bet-Gilgal und dem Gebiet von Geba und Asmawet, denn sie hatten sich in der Umgebung von Jerusalem Gehöfte gebaut.

(Nehemia 12,27-29)

Was ist das für ein bewegtes Jahr gewesen – damals in Jerusalem. In nur 52 Tagen wurden die kilometerlangen Mauern und die Tore der Stadt wieder aufgebaut. Das hatte nur knapp zwei Monate gedauert! Esra, der Priester und Schriftgelehrte kam dazu und brachte das Wort Gottes ganz

---

119 Vgl. http://www.spiegel.de/einestages/marsch-auf-washington-i-have-a-dream-a-951239.html.

nah an die Herzen der Menschen heran. Das dauerte vielleicht nochmal zwei Monate. Dadurch begann eine kraftvolle, geistliche Erneuerung, die viele Menschen erfasste, so stark, dass sie sogar bereit waren, Haus und Hof auf dem Land aufzugeben, in die Stadt Jerusalem zu ziehen und so das geistliche und wirtschaftliche Leben der Stadt zu stärken. In nur vier Monaten veränderte sich das Leben in der ehemaligen Trümmerstadt Jerusalem total!

Und nun kam noch das Einweihungsfest für die neu errichteten Mauern und Tore der Stadt dazu. Das brachte noch einmal Mann und Maus im ganzen Land auf die Beine. Sogar die Kinder (Nehemia 12,43) waren überall mit dabei und kamen voll auf ihre Kosten! Nehemia berichtet, dass er anlässlich des großen Einweihungsfestes *die Leviten aus dem ganzen Land nach Jerusalem* holte. Da kamen Hunderte von Musikern! Die Leute mit den *Harfen und Zithern* waren eher für die leisen Töne zuständig. Die mit den *Zimbeln* (das sind massive große Becken aus Bronze) und *Trompeten* (Nehemia 12, 34) hatten die lauten Töne im Gepäck. Dann gab es natürlich noch die Sänger unter den *Leviten*. Das dürften auch etliche hundert Leute gewesen sein. Dieses Riesenorchester traf also zum verabredeten Tag in der Stadt des Großen Königs ein, *um das Freudenfest mit Lobliedern und der festlichen Musik von Zimbeln, Harfen und Zithern zu feiern.* Hunderte von Musikern und Chorsängern lobten Gott. Eine ganze Stadt (Männer, Frauen, Kinder) machte mit und lobte Gott. Sie taten das, weil Gott machtvoll und für alle erkennbar gehandelt hatte. Vielleicht haben die Menschen damals zueinander gesagt: „Wisst ihr noch, wie das war, als wir vor vier Monaten mit der Bauerei anfingen? Da hat doch Tobija, der Ammoniter, gesagt: *Sie sollen nur bauen! Wenn ein Fuchs an ihre Mauer springt, wird er sie wieder einreißen* (Nehemia 3,35). Und jetzt stehen wir hier oben auf dieser grundsoliden Stadtmauer! Alles bombenfest! Nichts wackelt! Die Füchse können ruhig springen! Alles ist ganz anders gekommen, als Tobija geunkt hat. Gott hat für uns gekämpft. Wie gut, dass wir unser Vertrauen auf ihn nicht weggeworfen haben! Gott hat alles gut gemacht. Unfassbar gut!" Sie alle haben jetzt nur noch ein Bedürfnis: Gott zu loben für das, was geschehen ist. Die Leute singen nicht: „So ein Tag, so wunderschön wie heute ..." Nein, sie singen Lobpreislieder für Gott!

Menschen können in ihrem Leben nichts Besseres tun, als Gott zu loben! Wenn sie Gott loben, dann tun sie genau das Richtige – richtiger geht´s nicht! Wenn sie Gott loben, dann tun sie das, wozu Menschen eigentlich geschaffen wurden. Wenn sie Gott loben, dann nehmen sie Gott gegenüber genau die richtige Haltung ein: Demut. Dann geben sie, die Geschöpfe, Gott ihrem Schöpfer, genau das, was ihm zusteht: ihre Liebe, ihre Hingabe, ihre Anerkennung, ihre Ehre, ihre Unterordnung und ihr Vertrauen. Wenn sie Gott loben, dann kreisen sie nicht mehr um sich selbst, sondern sehen auf ihn! Er ist im Fokus ihres Blickes! Er ist ihnen am allerwichtigsten! Auf ihn hin sind sie dann ausgerichtet! Er beherrscht ihre Gedanken, und ihm gilt die Hingabe ihres Lebens. Wenn Menschen Gott loben, dann stimmt alles. Dann tun sie genau das Richtige!

Der frühere Erzbischof von Canterbury, William Temple[120], hat den Lobpreis Gottes einmal so beschrieben: „Der Lobpreis ist die Unterordnung unseres ganzen Menschen unter Gottes Gegenwart und Autorität. Im Lobpreis wird unser Gewissen wach durch die Begegnung mit der Heiligkeit Gottes. Unsere Seele wird genährt durch die Begegnung mit der Wahrheit Gottes. Unsere Phantasie wird gereinigt durch die Begegnung mit der Schönheit Gottes, und unser Herz wird geöffnet durch die Begegnung mit der Liebe Gottes. Im Lobpreis ordnen wir unser Leben Gottes Zielen vorbehaltlos unter. Wir

120 Warren W. Wiersbe, The Integrity Crisis, Thomas Nelson Publishers, 1991, S. 119 (Übersetzung durch den Autor).

gehen hinein in Seine Anbetung, die die selbstloseste Bewegung der Seele ist, zu der wir Menschen fähig sind."

Als die Menschen im Land Israel nach bewegten Wochen und Monaten zur Einweihung der Stadtmauern ihrer Hauptstadt zusammenkamen, da kamen sie zu einem gewaltigen Lobpreis zusammen. Sie widmeten sich der Anbetung Gottes anstatt sich selbst zu feiern und alles den eigenen Kräften und Fähigkeiten zuzuschreiben.

PERSÖNLICHE REINIGUNG

Nachdem die Priester und Leviten sich selbst den Reinigungszeremonien unterzogen hatten, reinigten sie auch das Volk, die Tore und die Mauer.

(Nehemia 12,30)

Die Botschaft dieses Verses ist, so könnte man sagen, „typisch Bibel". Bevor die Menschen mit ihrem Lobpreis in die Gegenwart Gottes treten, ist Reinigung angesagt, Reinigung von Sünden. So findet man das überall in der Bibel. Ein Beispiel dafür ist das Gleichnis vom „verlorenen Sohn". Als dieser abgerissen, stinkend und fast nicht wieder zu erkennend bei seinem Vater aufkreuzt, da sagt er nicht: „Hallo Paps, sicher bist du froh, dass ich überhaupt wieder da bin. Ich habe auch eine ganze Menge gelernt in der letzten Zeit. Ich bin reifer geworden. Also breiten wir den Mantel des Schweigens über die Vergangenheit und schauen nach vorne! Abgemacht?" Er hat stattdessen einen einzigen Satz in seinem Herzen, den er unbedingt loswerden muss. Der lautet: *Vater, ich habe gesündigt gegen den Himmel und vor dir. Ich bin es nicht länger wert, dass ich dein Sohn heiße* (Lk 15,21). Gott vergibt gern und vollständig! Aber er lässt nicht fünfe grade sein. Sünden müssen bekannt werden und werden dann vergeben. Denn Gott ist ein heiliger Gott.

Genauso war es auch damals, als die Leute zum großen Einweihungsfest nach Jerusalem kamen. Da war zunächst mal eine innere Reinigung angesagt! Wie lief das ab? Die Priester im Tempel ermutigten die Menschen, konkrete Sünde konkret vor Gott zu bekennen. Danach brachten die Menschen dann eine Ziege oder ein Schaf als Schuldopfer in den Tempel. Wer sich das nicht leisten konnte, konnte auch zwei junge Tauben nehmen und sie in den Tempel zum Opferaltar bringen. Die ganz Armen, die auch keine zwei Tauben bezahlen konnten, die brachten gut zwei Kilogramm Mehl (5. Mose 5,6.7.11). Bei den Priestern lief es ähnlich. Allerdings mussten sie für ihre Reinigung von Sünden einen jungen Stier opfern (5. Mose 4,3). Der Sinn dieser Zeremonie bestand darin, den Menschen vor Augen zu führen, dass Gott Sünde verabscheut und nicht einfach so über sie hinweggeht. Natürlich konnten weder Ziegen, Schafe, Stiere oder Mehl damals wirklich Vergebung bewirken. Sie waren aber wie Wegweiser, die auf Jesus zeigten, der sein Leben als Sündopfer für die Menschen gab.

Die Menschen, die damals zu Zehntausenden nach Jerusalem kamen, wussten also: Bevor wir mit unserem Lobpreis in die Gegenwart Gottes kommen können, müssen wir unser Leben in Ordnung bringen. Daran kommen wir nicht vorbei! Und so bekannten sie vor Gott, was zu bekennen war.

Ist das den Leuten leichtgefallen? Man darf vermuten: Wohl eher nicht! Wem fällt es schon leicht, seine Sünden zu bekennen?! Denn das geht gegen den natürlichen, menschlichen Stolz. Davor schrecken viele zurück. Sie wollen nicht, dass ihr menschlicher Stolz verletzt wird. So gehen sie durch die Jahre und Jahrzehnte ihres Lebens. Immer mehr Sünden sammeln sich an im Laufe der Zeit. Der Schritt zum Bekenntnis ihrer Sünden fällt ihnen immer schwerer. Und so behalten sie diesen giftigen „Müll" und horten ihn in ihrem Herzen. Irgendwann ist das dann alles verfestigt und verhärtet. Die Umkehr zu Jesus und das Bekennen der eigenen Sünden wird unmöglich. Gottes Wort erreicht sie nicht mehr. Ihr menschlicher Stolz triumphiert. Ihr Leben läuft irgendwann aus. Dann gehen sie mit all ihren nie bekannten Sünden in die Ewigkeit und gehen verloren. Tragisch!

Wer also bei sich feststellt, dass er diesen „Giftmüll" von Sünden in sich trägt, der sollte seinen giftigen „Müll" unbedingt vor Jesus offenlegen. Heraus damit! Heraus mit all dem giftigen, dunklen Zeug, und hinein damit ins Licht Gottes. Niemand sollte es zulassen, dass sein natürlicher, menschlicher Stolz, den alle Menschen in sich tragen, ihn davon abhält, zu Gott umzukehren, und auf dem Weg in die ewige Verlorenheit zu bleiben. Gott vergibt jedem Menschen, der ihn darum bittet. Er wird niemandem eine Moralpredigt halten, der mit seinen Sünden zu ihm kommt. Er wird ihn erst recht nicht zusammenstauchen. Er wird ihn stattdessen mit Liebe und Vergebung überschütten. Aber das Bekennen der Sünden, das nimmt er niemandem ab. Das muss jeder Mensch selbst wirklich tun.

Wer das Leben mit Jesus will, für den steht am Anfang immer das Bekennen seiner Sünden. Es gibt keinen Weg daran vorbei.

BEWEGTE DANKBARKEIT

Daraufhin ließ ich die führenden Männer auf die Mauer steigen und stellte zwei große Festchöre zusammen. Der eine zog oben auf der Mauer nach rechts Richtung Misttor. Hinter ihm ging Hoschaja mit der einen Hälfte der führenden Männer aus Juda und den Priestern Asarja, Esra, Meschullam, Juda, Benjamin, Schemaja und Jirmeja mit Trompeten. Es folgten Secharja Ben-Jonatan, der von Schemaja, Mattanja, Michaja, Sakkur und Asaf abstammte, und seine Mitbrüder Schemaja, Asarel, Milalai, Gilalai, Maai, Netanel, Juda und

*Hanani mit den Saiteninstrumenten, wie sie der Gottesmann
David einst gespielt hatte. An ihrer Spitze ging der Gesetzeslehrer Esra. Sie zogen weiter zum Quelltor und stiegen auf
dem ansteigenden Mauerstück auf Treppen zur Davidsstadt
hinauf, gingen am ehemaligen Palast Davids vorbei und kamen bis zum Wassertor im Osten.*

*Der zweite Festchor zog in entgegengesetzter Richtung. Er
wurde von der anderen Hälfte der führenden Männer aus
Juda und von mir begleitet. Wir zogen zum Ofenturm über die
breite Mauer, das Efraïmtor, das Jeschanator, das Fischtor,
am Hananel-Turm und dem Turm der Hundert vorbei zum
Schaftor. Am Wachttor machten wir Halt.*

*Dann stellten sich die beiden Dankchöre im Haus Gottes
auf. Bei mir standen außer der einen Hälfte der führenden
Männer die Priester Eljakim, Maaseja, Mijamin, Michaja, El-
joënai, Secharja und Hananja mit Trompeten und die Leviten
Maaseja, Schemaja, Eleasar, Usi, Johanan, Malkija, Elam
und Eser. Dann ließen sich die Sänger unter der Leitung von
Jisrachja hören. Anschließend wurden eine Menge Tiere für
das Opfermahl geschlachtet. Gott schenkte allen Männern,
Frauen und Kindern große Freude. Der Jubel aus Jerusalem
war weithin zu hören.*

(Nehemia 12,31-43)

Nehemia muss ein blendender Organisator gewesen sein!
Nicht nur den Wiederaufbau der Stadtmauer brachte er
umsichtig auf den Weg. Auch die Festfeier auf der Stadtmauer war seine Idee, und zwar eine höchst ungewöhnliche: Aus Hunderten von Musikern und Chorsängern bildete Nehemia zwei große Festchöre. Die versammelten sich
an einer Stelle auf der neuen Stadtmauer und zogen dann
in verschiedenen Richtungen auf der Stadtmauer los. Der
eine Festchor umrundete den südlichen Teil der Stadtmauer. Hinter ihm gingen Esra, der Priester und Schriftgelehrte

sowie führende Leute aus dem Tempelbezirk und aus Politik und Gesellschaft. Der andere Festchor umrundete den nördlichen Teil der Stadtmauer. Ihm folgten Nehemia und weitere führende Persönlichkeiten aus dem Tempelbezirk sowie Würdenträger aus Politik und Gesellschaft. Ob die ganz normalen Leute sich den beiden Demonstrationszügen ebenfalls anschlossen oder ob sie oben in der Stadt am Tempel warteten, lässt Nehemias Bericht offen. Wahrscheinlich aber ist, dass die gesamte Bevölkerung damals mitgegangen ist.

Das muss man sich einmal vorstellen: Da sangen Chöre von mehreren hundert Sängern, die von mehreren hundert Musikern begleitet wurden. Das muss gewaltig gewesen sein. Jeder, der schon mal einen Chor mit hundert Sängern gehört hat, weiß, dass das ein einzigartiges Erlebnis ist. Da kriegt man ganz sicher eine Gänsehaut. Aber mehrere hundert Sänger und Musiker, das muss eine überwältigende und unvergessliche Erfahrung für all die gewesen sein, die damals dabei waren. Kein Wunder, dass dieser mächtige Lobpreis weit hinaus ins Land schallte. *Der Jubel aus Jerusalem war weithin zu hören*, berichtet Nehemia (12,43).

Musik, die den Lobpreis Gottes zum Inhalt hat, besitzt diese eigentümliche Wirkung, dass sie sehr leicht Bereiche unserer Seele erreicht, die sonst nur schwer zugänglich sind. Von dem israelitischen König Saul, der unter schweren Depressionen litt, wissen wir, dass sich sein Zustand schlagartig besserte, wenn David ihm Loblieder, begleitet mit der Harfe, vorsang (1Sam 16,23).

Lieder, die Gott preisen, schließen sehr leicht die menschliche Seele auf; dann kann Gott einen Menschen berühren, sodass dieser ihm sein Herz öffnet und auf ihn hört. Musik ist darum eine sehr wertvolle Gabe, die Gott den Menschen gegeben hat. Natürlich kann diese wertvolle Gabe auch missbraucht und zweckentfremdet werden. Aber wenn man sie nutzt, wozu Gott sie ursprünglich bestimmt hat, wird das Lied zum gesungenen Gebet, dem sich ein Mensch von ganzem Herzen widmet. Das ist etwas sehr Schönes! Und wenn das dann auch noch gemeinsam mit anderen geschieht, gefällt das Gott umso mehr.

All die Menschen, die damals auf der Stadtmauer Jerusalems entlangzogen, sangen gemeinsam Loblieder, die einst König David geschrieben hatte (Vers 36). Zehntausende von Menschen sangen gemeinsam Lieder zur Ehre Gottes. Und sie taten das von ganzem Herzen. Das muss sehr bewegend gewesen sein. In zwei großen Kolonnen zogen sie rund um die Stadt. Ihr Lobpreis war nicht nur ein bewegender, es war auch ein bewegter Lobpreis. Die Leute schritten die Stadtmauer Jerusalems ab. Warum sammelten sie sich nicht sofort am Tempel, dem gemeinsamen Treffpunkt der beiden Demonstrationszüge? Weil sie mit dem Abschreiten der Stadtmauer dieses neue Bauwerk Gott zur Verfügung stellten. Sie weihten die neuen Mauern und Tore ein, indem sie sie Gott ganz bewusst zur Verfügung stellten.

Das führt zu einem weiteren wichtigen Aspekt des Lobpreises Gottes. Wo Menschen mit ganzem Herzen Gott loben, da wächst in ihnen die Bereitschaft, ihm ihr ganzes Leben zur Verfügung zu stellen. Echter, von Herzen kommender Lobpreis hat diese Wirkung, dass er Menschen zu noch tieferer Hingabe ihres Lebens an Jesus motiviert.

Und noch etwas ist wichtig an dieser Festfeier auf den Stadtmauern Jerusalems damals; Nehemia stößt einen förmlich mit der Nase darauf. In Nehemia 12,40 schreibt er: *Dann stellten sich die beiden Dankchöre im Haus Gottes auf.* Die zwei großen Festchöre waren also Dank-Chöre! Sie sangen im Tempel zum Abschluss der Feier noch einmal gemeinsam! Echter Lobpreis vergisst das Danken nicht! Er stellt das Danken immer voran.

Welche Rolle spielt das Danken in meinem Gebetsleben? Womit beginne ich, wenn ich zu Gott rede? Mit Bitten oder mit Danken? Falle ich dem Vater im Himmel zuerst mit meinen Bitten ins Haus oder rangiert der Dank bei mir an erster Stelle?

Der bekannte Theologe, Bibellehrer und Prediger Harold Ironside[121] berichtet, dass er eines Tages ein ziemlich überfülltes Restaurant besuchte. Er war gerade im Begriff, sein Mahl zu beginnen, als ein Mann an seinen Tisch trat und fragte, ob er dort Platz nehmen könne. Ironside bejahte, und der Mann setzte sich. Dann beugte Ironside seinen Kopf, wie er es gewohnt war, und dankte Gott für sein Essen. Als er seine Augen wieder öffnete, fragte ihn der andere am Tisch: „Haben Sie Kopfschmerzen, Sir?" – „Nein, gar nicht!", antwortete Ironside. „Oder stimmt was mit Ihrem Essen nicht?", wollte sein Gegenüber wissen. „Nein, nein", sagte Ironside, „ich habe einfach nur Gott gedankt. Das mache ich immer so vor dem Essen." Der Mann starrte ihn an: „Ach, so einer sind Sie!", sagte er dann. „Nun, dann möchte ich Ihnen mitteilen, dass ich Gott niemals danke. Ich verdiene mein Geld im Schweiße meines Angesichtes. Darum habe ich keinerlei Anlass irgendwem, und schon gar nicht Gott, auch noch zu danken, wenn ich esse. Ich fange einfach so an." Ironside erwiderte: „Ich verstehe. Dann sind Sie also genau wie mein Hund. Der fängt auch immer einfach so an."

Das ist natürlich eine ziemlich drastische Geschichte. Aber sie greift eine innere Haltung auf, die in vielen Menschen zu finden ist. Das Danken ist ein selten gesehener Gast in ihrem Leben. Viele sagen, wenn man sie darauf anspricht: „Eigentlich habe ich nichts, wofür ich danken könnte!" Eigentümlich. Da gehen Menschen durch ihr Leben – Tag für Tag – und sehen die vielen kleinen und großen Geschenke nicht, die Gott ihnen macht. Und darum danken sie auch nicht.

Wer freiwilliges Danken lernen möchte, kann Folgendes tun: Am Ende jeden Tages setzt er sich hin und notiert auf

121 Ray Stedman, Folk Psalms of Faith (Übersetzung durch den Autor).

einem Zettel mindestens drei Dinge, die ihm an diesem Tag begegnet sind und die ihn gefreut haben. Das können kleine oder große Dinge sein. Dann heftet er den Zettel sorgfältig ab. Am nächsten Tag wiederholt er den Vorgang und am übernächsten auch, bis eine Woche herum ist. Dann sucht er sämtliche Zettel hervor und liest, was er dort notiert hat. Er wird ins Staunen kommen, denn vieles, was er da liest, hat er schon längst wieder vergessen. Doch nun dankt er Gott für jeden einzelnen Punkt auf seinen Notiz-Zetteln. So kommt man ganz natürlich zum Danken. Irgendwann hat man einen bleibenden Eindruck davon, was Gott uns tagtäglich so alles schenkt. Dann schämt man sich über seine Undankbarkeit.

Die Menschen bei der großen Feier damals in Jerusalem waren dankbare Leute. Die Lobpreislieder, die sie gemeinsam sangen, waren Danklieder für Gott, der ihnen so viel geschenkt hatte. Bewegter Dank.

GROSSZÜGIGES GEBEN

An jenem Tag wurden auch Männer als Aufseher über die Vorratsräume eingesetzt, in denen die Abgaben, die ersten Früchte der Ernte und die Zehnten der Erträge gelagert wurden. In diesen Kammern sammelte man von den Feldern der einzelnen Städte die Anteile, die den Priestern und Leviten gesetzlich zukamen. Denn die Juden hatten ihre Freude an den Priestern und Leviten im heiligen Dienst, die ihrem Gott die Opfer brachten und die Reinigungshandlungen vollzogen. Auch die Sänger und Torwächter versahen ihren Dienst nach den Anordnungen Davids und seines Sohnes Salomo. Denn seit der Zeit Davids und Asafs gab es Vorsteher für die Sänger, die Gott mit ihren Liedern lobten und priesen. Zur Zeit Serubbabels und zur Zeit Nehemias lieferte ganz Israel die Anteile für den täglichen Bedarf der Sänger und Torwächter ab. Und die Gaben, die Gott geweiht waren, brachten sie zu den Leviten, die wiederum den vorgeschriebenen Anteil an die Priester abgaben.

(Nehemia 12,44-47)

Wer im Lobpreis Gottes und in der Hingabe an Jesus lebt, wird sein Geld nicht krampfhaft festhalten, als hinge das Leben davon ab. Im Gegenteil: Er wird gerne in Gottes Projekte investieren und z. B. seine Gemeinde unterstützen. Er wird auf die Not von Millionen verfolgter Christen reagieren und an Organisationen spenden, die ihnen helfen. Er wird vielleicht auch kontinuierlich einen bestimmten Geldbetrag einem Missionar zur Verfügung stellen, der in Deutschland oder in anderen Ländern Menschen zum Glauben an Jesus einlädt. Er wird das nicht tun, weil er muss oder weil man ihm ein schlechtes Gewissen gemacht hat. Er wird das allein aus dem Grund tun, weil er es als ganz natürlich, als selbstverständlich empfindet.

Der Lobpreis Gottes öffnet das Herz. Und wo das Herz sich öffnet, öffnet sich auch das Bankkonto.

Die Leute damals in Jerusalem wussten das und handelten entsprechend. Sie *hatten ihre Freude an den Priestern und Leviten im heiligen Dienst*, berichtet Nehemia, und sie gaben darum auch bereitwillig, was benötigt wurde. Ihre Bereitschaft, für die Versorgung der Priester und Leviten aufzukommen und Geldmittel für die Instandhaltung des Tempels bereitzustellen, zeigte die Echtheit ihres Lobpreises.

Doch nicht das gespendete Geld macht den Lobpreis echt, sondern der von Herzen kommende Lobpreis führt dazu, dass Menschen gern und mit Freude geben, was benötigt wird. Wer daher Geldmittel in Gottes Projekte investiert, tue es bitte nicht aus Zwang oder schlechtem Gewissen oder weil jemand einen moralischen Druck auf ihn ausübt. Er tue es vielmehr mit Freude und Dankbarkeit Gott gegenüber! Gott wird ihn dafür segnen und dafür sorgen, dass er in seinem Leben nicht zu kurz kommt.

Wer im Lobpreis Gottes lebt, tut genau das Richtige, denn er tut das, wozu er geschaffen wurde. Richtiger geht´s nicht!

22.

GEBROCHENE VERSPRECHEN

Nehemia 13,1-14

Mehr als zwanzig Jahre lang hat James Gregory auf Robin Island, Südafrika, als Gefängnisaufseher gearbeitet. Seine Aufgabe bestand darin, den Gefangenen Nelson Mandela, den späteren Staatspräsidenten Südafrikas, zu bewachen. Zunächst hielt er Mandela schlicht für einen Terroristen. Aber im Laufe der Jahre lernte er ihn besser kennen, und es entwickelte sich so etwas wie eine Freundschaft. In einem Interview wurde Gregory gefragt: *Wie hat sich Mandela Ihnen gegenüber verhalten?"* Gregory sagte: „Zunächst war alles sehr formal. Aber als klar wurde, dass ich keine bösen Absichten verfolgte, entstand auch so etwas wie Vertrauen. Und im Lauf der Jahre entwickelte sich eine richtige Freundschaft." – *„Wie hat er Ihnen seine Freundschaft gezeigt?"* – „Indem er mit mir über Sachen redete, die ihn umtrieben. Er hat mir sogar manchmal Briefe geschrieben, zum Beispiel als mein Sohn starb. Das hat mich sehr gerührt." – *„Wie würden Sie Nelson Mandela beschreiben?"* – „Er war ein perfekter Gentleman. Er hatte einen sehr starken Charakter und hielt sein Wort. Er hat niemals ein Versprechen gebrochen."[122]

„Er hat niemals ein Versprechen gebrochen ..." Man spürt in diesem Satz noch den Respekt und die Wertschätzung, die Gregory „seinem" Gefangenen, Nelson Mandela, entgegengebracht hat. In diesen Worten schwingt auch ein Staunen darüber mit, dass Mandela das in all den Jahren tatsächlich so hingekriegt hat, wirklich all seine Versprechen zu halten.

Das Staunen darüber ist berechtigt. Wer hält schon alle seine Versprechen?! Wer hat nicht schon erlebt, dass jemand, der einem ein Versprechen gegeben hatte, es nicht gehalten, sondern gebrochen hat? Vermutlich könnten recht viele zu diesem Thema die eine oder andere Geschichte erzählen.

Um gebrochene Versprechen geht es auch in Kapitel 13 des Buches Nehemia. Es geht um Menschen, die ein Versprechen, das sie hoch und heilig und noch dazu schriftlich gegeben haben, nicht einhalten, sondern brechen, und zwar komplett.

Wäre die Bibel eine Seifenoper, sie hätte mit Kapitel 12, mit Nehemias Bericht über die funkel-nagel-neuen Stadtmauern und Tore Jerusalems und deren Einweihung geendet. Zwei riesige Dank-Chöre marschierten samt Musikern auf den Mauern entlang, die Bevölkerung im Schlepptau! Anschließend gab es noch einen feierlichen Gottesdienst im Tempel und zum Schluss ein fröhliches Fest für alle mit Fleisch vom Feinsten. Das Buch Nehemia hätte mit dieser wunderbaren Szene schließen können und alle wären zufrieden gewesen. Aber die Bibel ist eben keine Seifenoper. Sie ist ein durch und durch realistisches Buch. Darum folgt auf das strahlende Kapitel 12 das ganz und gar nicht strahlende Schlusskapitel 13, das sich mit gebrochenen

---

122 Berliner Zeitung 06. 12. 2013. http://www.berliner-zeitung. de/gefaengniswaerter-von-mandela---er-hat-nie-ein-versprechen-gebrochen--3731098.

Versprechen befasst. Insgesamt sind es drei Versprechen, und fehlende Distanz ist der Grund, warum das erste dieser drei Versprechen gebrochen wird.

FEHLENDE DISTANZ

Damals las man dem Volk aus dem Buch des Mose vor und stieß dabei auf die Vorschrift, dass kein Ammoniter und Moabiter jemals zur Gemeinde Gottes gehören darf. Denn diese Völker hatten sich damals geweigert, den Israeliten Brot und Wasser zu geben, und stattdessen dem Magier Bileam viel Geld angeboten, damit er sie verfluchen sollte. Doch unser Gott hatte den Fluch in Segen verwandelt. Als die Israeliten dieses Gesetz zu hören bekamen, schlossen sie alle Fremden aus der Gemeinde Israels aus. – Bei alldem war ich nicht in Jerusalem gewesen, denn im 32. Regierungsjahr des Königs Artaxerxes von Babylon war ich an den Hof zurückgekehrt und hatte mir erst nach einer längeren Zeit vom König wieder Urlaub erbeten.

(Nehemia 13,1-3.6)

Nach Einweihung der Stadtmauern und Tore Jerusalems hatte Nehemia die Stadt für eine Weile verlassen. Er kehrte nach Persien zurück, um Artaxerxes, dem König, zu berichten und Rechenschaft abzulegen. Der Zeitpunkt war günstig gewählt. Die Mauern und Tore der Stadt boten Jerusalem jetzt ausreichend Schutz. Die Stadt verfügte über genügend Bewohner, und die Feinde ringsumher waren entmutigt. Nehemia konnte also beruhigt nach Babylon aufbrechen.

Aber die Dinge liefen schlecht. Die Bewohner der Stadt begannen nur zu bald Versprechen zu brechen, die sie vorher feierlich gegeben hatten. So hatten sie sich schriftlich verpflichtet, die Wahrheit Gottes nicht mit menschengemachten Religionen zu vermischen (Nehemia 10,30-31).

307

Aber genau das passierte jetzt. Die Leute fingen an zu trudeln im Leben mit Gott. Sie machten Fehler und dachten sich gar nichts dabei. Und weil es alle machten, fiel es zunächst gar nicht weiter auf. Aber es war brandgefährlich! Worum ging es genau? Die Bewohner Jerusalems verbrüderten sich schlichtweg mit ihren erklärten Todfeinden, den Ammonitern. Mit ihnen hatten sie schon schlechte Erfahrungen gemacht, als sie nach der Flucht aus Ägypten von Osten her ins Land Kanaan zogen. Ammoniter (und Moabiter) hatten dem Volk Israel damals Wasser und Nahrung verweigert, obwohl die Israeliten fest zugesagt hatten, für beides zu bezahlen. Der moabitische König engagierte dazu noch einen Fluch-Propheten namens Bileam. Er sollte das Volk Israel verfluchen (4. Mose 22–24). Da war also etwas völlig falsch gelaufen! Die Mosebücher verboten deshalb ausdrücklich, Ammoniter und Moabiter in die Gemeinde Gottes aufzunehmen (5. Mose 23,4-5).

Auch später gab es immer wieder Probleme mit Ammonitern und Moabitern, vor allem zur Zeit des israelitischen Königs Joshaphat (2Chr 20,1-30). Als Nehemia mit dem Wiederaufbau der Stadtmauern Jerusalems begann, da stand der Ammoniter Tobija in vorderster Linie, um Nehemia durch Drohungen und Verleumdungen zu entmutigen.

Ausgerechnet mit diesen Leuten ließen sich die Bewohner Jerusalems jetzt ein. Offenbar suchten sich viele der jungen Leute in Jerusalem Ehepartnerinnen unter den Ammonitern. Diese lebten ja in der Nähe der Stadt. Ein paar wenige fingen vielleicht damit an, andere machten mit. Am Ende waren es immer mehr. So gewann dann auch die Religion der Ammoniter Einfluss in den Familien, was sich schließlich auf den Glauben Israels und den Tempeldienst auswirken würde. Man ließ zu, dass die Wahrheit Gottes mit menschlicher Religion vermischt wurde. Lüge und Wahrheit wurden vermengt, sodass bald keiner mehr richtig durchblicken würde, was denn nun richtig und was falsch war. Warum machten so viele dabei mit? Vielleicht stellten einige in Frage, ob es richtig war, sich so deutlich von der Religion anderer abzugrenzen. Manche wollten vielleicht auch einfach keinen Ärger haben und ließen den Dingen darum ihren Lauf. Oder sie wollten ihrem neuen Ehepartner nicht wehtun. Vielleicht galt es irgendwann dann sogar als schick und modern, so „tolerant" zu sein! Das Ergebnis war jedenfalls dieses: Das Volk Gottes in Jerusalem hielt keine Distanz zu selbstgemachter, menschlicher Religion. So wurde das geistliche Leben in der Stadt Gottes beeinträchtigt.

Wie konnte das geschehen? Und warum geschah es erst, als Nehemia aus Jerusalem abgereist war? Weil die Bewohner Jerusalems mehrheitlich im Leben mit Gott unerfahren, man könnte auch sagen „unreif" waren. Solange Nehemia in der Stadt war und sie auf Fehlverhalten hinweisen konnte, lief es gut. Aber in dem Moment, wo Nehemia die Stadt verlassen hatte, da schlugen alte, gewohnte Verhaltensweisen von früher wieder durch. Vielleicht taten sie es nicht einmal bewusst. Sie fielen einfach zurück in ehemals vertraute, aber falsche Verhaltensmuster. Sie waren ungeübt in der Treue zu Gott und seinem Wort. Darum lief jetzt das geistliche Leben in der Stadt komplett aus dem Ruder.

So ist es oftmals auch heute. Wenn ein Mensch sich bekehrt und zum Glauben an Jesus kommt, ist sein Leben nicht mit einem Schlag komplett verändert. Er bringt alte, eingefahrene, aber leider falsche Verhaltensweisen von früher mit. Und die müssen nun – Stück für Stück – durch neue, richtige Verhaltensweisen ersetzt werden. Das ist ein längerer Lernprozess und geht auf keinen Fall von „Jetzt" auf „Gleich"! Es dauert seine Zeit. Darum ist es wichtig für Menschen, die neu zum Glauben an Jesus gekommen sind, dass sie sich alte, eingefahrene, aber falsche Verhaltensweisen bewusst machen und sie durch neue ersetzen. Nur so werden sie innerlich stark, treu und belastungsfähig in der Nachfolge Jesu. Sie müssen sich regelrecht geistlich „trainieren".

Wo geschieht dieses „Training"? Im ganz normalen Alltag.

Hier ist ein Beispiel:
Eine junge Christin hat eine neue Stelle in einer Firma bekommen und arbeitet in der Kunden-Kommunikation. Ein Kunde beschwert sich über eine schludrig ausgeführte Bestellung. Der Kunde ist im Recht. Als sie schon im Begriff ist, ihm eine entschuldigende E-Mail zu schreiben, geht ihr Vorgesetzter auf sie zu und weist sie an, in der E-Mail jedes Fehlverhalten der Firma abzustreiten und stattdessen dem Kunden alle Verantwortung aufzubürden. Früher – bevor sie Christin wurde – hätte sie es so gemacht. Doch nun ist ihr sofort klar, dass eine solche E-Mail eine glatte Lüge wäre.

Sie sagt ihrem Vorgesetzten, dass sie diese E-Mail so nicht schreiben könne, da sie in keiner Weise den Tatsachen entspräche. Der Vorgesetzte reagiert unwirsch und kündigt an, dass ihre Weigerung ein Nachspiel haben werde. Die junge Frau ist verunsichert und bekommt Angst um ihren Job. Sie spürt, dass da etwas auf sie zukommt. Sie fragt sich, ob es nicht besser gewesen wäre nachzugeben. Aber sie will Jesus auch in dieser Situation treu sein.

Am nächsten Tag wird sie zum Personalgespräch gebeten. Als die junge Frau den Raum betritt, sind sämtliche Manager dieser Abteilung zugegen. Eindringlich macht man ihr klar, dass sie verpflichtet sei, jede Anweisung, die sie bekomme, auch auszuführen. Andernfalls, so lautet die Drohung, werde das Konsequenzen für sie haben.

Die junge Frau fühlt sich in die Enge getrieben. Sie will ihren Job nicht verlieren. Aber sie will auch Jesus nachfolgen. Jetzt muss sie sich entscheiden. Sie entgegnet, dass es in dieser Sache für sie nicht um irgendwelche „Konsequenzen" gehe, sondern um ihren Glauben. Und der verbiete ihr zu lügen. Sie werde darum auch in Zukunft Anweisungen, die sie zur Lüge zwängen, nicht ausführen. Das Gespräch endet in eisiger Atmosphäre. Die junge Frau geht unglücklich zurück an ihren Arbeitsplatz. Innerlich stellt sie sich bereits auf eine Kündigung ein.

Aber die Sache geht anders aus. Am nächsten Morgen findet sie eine E-Mail der Geschäftsleitung auf ihrem PC vor. Die Leitung dankt ihr in dieser E-Mail für ihre Ehrlichkeit und sagt zu, ihr in Zukunft keine Anweisungen mehr zu geben, die sie nicht mit ihrem Glauben vereinbaren könne.

Was war da passiert? Man verlangte von der jungen Frau zunächst, einfach zu tun, was verlangt wird, selbst wenn es eine Lüge bedeutete. Aber sie begriff, dass sie als Christin in dieser Situation anders handeln musste, als sie es von früher her gewohnt war. Sie verweigerte also die Lüge und blieb bei der Wahrheit – um Jesu willen. Sie hielt Einschüchterungsversuchen und der Angst vor dem Jobverlust stand. Sie blieb Jesus treu. Und am Ende erlebte sie, dass Gott sie in dieser schwierigen Situation souverän bewahrte. – Die junge Frau wird diese Erfahrung nicht so bald vergessen haben. Im Gegenteil: Sie wurde durch diese Erfahrung im Leben mit Jesus reifer, belastungsfähiger und stärker. Hätte sie sich dagegen anders entschieden und nachgegeben, hätte sie ihre alten, falschen Verhaltensmuster gestärkt und wäre im Leben mit Jesus unreif geblieben.

Das Training für das Leben mit Jesus findet im ganz normalen Alltag statt, in vielen kleinen Situationen und Herausforderungen, wo man sich so oder so verhalten kann. Je öfter man sich dafür entscheidet, Jesus treu zu bleiben und alte, eingefahrene, aber falsche Verhaltensmuster zu überwinden, umso mehr wird man im Leben mit Jesus reifen und stärker und belastungsfähiger werden.

Die Menschen in Jerusalem damals waren untrainiert und ungeübt. So kam es dazu, dass sie Gott untreu wurden. Erst als Nehemia nach Jerusalem zurückkam und ihnen anhand des Gesetzes zeigte, dass sie auf Abwege geraten waren, begriffen sie, wo ihr Fehler lag. Sie erkannten ihre fehlende Distanz gegenüber falschen Einflüssen und beendeten ihren Pakt mit menschlicher Religion und wiesen deren Einfluss auf das Leben in der Stadt Gottes zurück.

Sie gaben der Wahrheit Gottes wieder neu Raum in ihrem Leben. Wie gut, dass Nehemia rechtzeitig eingreifen konnte! Besser allerdings wäre es gewesen, die Menschen in der Stadt hätten sich auch ohne Nehemia richtig verhalten.

FALSCHE PRIORITÄTEN

Schon vorher hatte der Priester Eljaschib, der für die Räumlichkeiten am Haus unseres Gottes verantwortlich war, seinem Verwandten Tobija einen großen Raum im Tempel zur Verfügung gestellt. Bis dahin hatte man dort das Opfermehl und den Weihrauch aufbewahrt, die entsprechenden Tempelgeräte und den Zehnten von Getreide, Most und Öl, der den Leviten, den Sängern, den Torwächtern und den Priestern zustand. Bei alldem war ich nicht in Jerusalem gewesen, denn im 32. Regierungsjahr des Königs Artaxerxes von Babylon war ich an den Hof zurückgekehrt und hatte mir erst nach einer längeren Zeit vom König wieder Urlaub erbeten.
(Nehemia 13,4-6)

Hier setzt ausgerechnet ein Tempel-Priester (also ein Mann, der es eigentlich wissen müsste!) völlig falsche Prioritäten und handelt entsprechend. Als Nehemia aus Babylon zurückkommt, fliegt ihm – bildlich gesprochen – der „Draht aus der Mütze". Der Priester Eljaschib, verantwortlich für die Räumlichkeiten im Haus Gottes, ist auf die „ganz wunderbare Idee" gekommen, dem ammonitischen Politiker Tobija eine Zweitwohnung im Tempel anzubieten. Tobija ist ein erklärter Feind des jüdischen Volkes – Eljaschib muss das wissen. Aber Eljaschib ist verschwägert mit Sanballat, einem weiteren Gegner Nehemias. Und Sanballat wiederum ist befreundet mit Tobija, dem Ammoniter. So kommt es, dass der Priester Eljaschib seine verwandtschaftlichen Beziehungen an die erste und Gott an die zweite Stelle rück – falsche Prioritäten. Als Tobija dann eines Tages an ihn herantritt und um Räume für eine repräsentative Zweitwohnung direkt auf dem Tempelgelände bittet, fühlt sich Eljaschib verpflichtet, seinem Wunsch zu entsprechen. Kurzerhand lässt er die Vorratsräume für Opfermehl, Weihrauch und Tempelgeräte sowie die Vorräte von Getreide, Most und Öl, die Priestern und Leviten zustehen, wegräumen. Danach fahren die Umzugswagen von Tobija vor und man richtet ihm den frei gewordenen Raum ein. Tobija ist am Ziel: mitten im Zentrum der jüdischen Rückkehrer und noch dazu im Tempel, ihrem zentralen Heiligtum, hat er eine repräsentative Niederlassung und somit ein festes Standbein inmitten des Volkes Gottes bekommen.

Es muss Eljaschib klar gewesen sein, dass er geradezu grotesk und obendrein falsch handelte. Es ist noch nicht lange her, da hat er sich mit all seinen Priesterkollegen schriftlich verpflichtet, sorgfältig darauf zu achten, dass die Räumlichkeiten im Tempel für Gott reserviert bleiben (Nehemia 10,29-30.40). Eljaschib hat es versprochen! Aber er bricht sein Versprechen! Warum? Weil er falsche Prioritäten setzt und sein Gewissen zum Schweigen bringt.

Das ist wie mit jenem Mann, der eines Tages zum Arzt kam und sagte: „Herr Doktor, ich habe mich komplett falsch benommen. Mein Gewissen plagt mich!" – „Ich verstehe", sagte der Doktor, „Sie möchten gern etwas haben, das Ihre Willenskraft stärkt." – „Nicht wirklich!", erwiderte der Mann. „Ich hätte lieber etwas, das mein Gewissen zum Schweigen bringt."[123]

Wer falsche Prioritäten in seinem Leben setzt, programmiert sein Gewissen falsch. Und dann handelt er zwangsläufig auch falsch. Das menschliche Gewissen muss immer wieder am Wort Gottes geeicht und ausgerichtet werden.

---

123 Bits & Pieces, May 27, 1993, S. 21. / http://www.sermonillustrations.com/a-z/p/priorities.htm.

Sonst kann es nicht zuverlässig arbeiten. Das hat Eljaschib versäumt. Als Nehemia nach Jerusalem kommt, sieht er sofort, was los ist, und handelt.

Als ich dann wieder nach Jerusalem kam, sah ich, dass El-jaschib für Tobija einen großen Raum im Vorhof des Tempels eingerichtet hatte. Das missfiel mir sehr und ich ließ alles hinauswerfen, was Tobija gehörte. Dann befahl ich, die Räume zu reinigen und brachte die Gegenstände des Gotteshauses sowie das Speisopfer und den Weihrauch wieder hinein.
(Nehemia 13,7-9)

Nehemias Handeln erinnert an die Tempelreinigung Jesu (Mt 21,12-13). Da flog auch all das hinaus, was nicht in den Tempelvorhof gehörte. Nehemia zeigt hier eine wichtige Charaktereigenschaft, die grundsätzlich für alle Christen, aber ganz besonders für Christen in Leitungspositionen von großer Bedeutung ist. Er hat keinen falschen Respekt vor den Mächtigen. Er lässt sich auch in keiner Weise von der Prominenz Tobijas beeindrucken. Es ist ihm völlig egal, dass Tobija eine wichtige Person ist. Nehemia lässt ohne jedes Zögern all die schönen Sachen von Tobija aus den Tempelräumen herauswerfen. Als Nehemias Aufräumkommando durch ist, sind die Räume wieder sauber. Dann bringt Nehemia persönlich alle Gegenstände sowie Speisopfer und Weihrauch wieder hinein. Tobija dürfte getobt haben. Eljaschib auch. Aber ihnen sind die Hände gebunden.

Was Nehemia damals tat, war eigentlich etwas ganz Einfaches. Er rückte das, was an die erste Stelle gehört, wieder an die erste Stelle. Er erteilte ohne jedes Herumlavieren allen falschen Prioritäten eine Absage.

Jemand fragte einmal den bekannten Fußball-Trainer Tom Landry, was eigentlich der Grund seines Erfolges als Trainer gewesen sei. Landry erwiderte: „Ich tat genau das, was jeder tun muss, der erfolgreich sein will. Ich legte die

Prioritäten für mein Leben fest: an erster Stelle Gott, dann die Familie und dann der Fußball!"[124]

Dies ist ein heikler Punkt. Viele Christen scheuen sich, Ehe, Familie und Verwandtschaft ausdrücklich an zweite Stelle in ihrem Leben zu setzen und Gott an erste. Sie fühlen sich ihrer Familie spontan mehr verspflichtet als Gott. Aber das ist falsch! Das üble Beispiel des Priesters Eljaschib ist eine Warnung an uns alle! Die erste Stelle im Leben der Kinder Gottes muss immer Jesus gehören, sonst sind die Prioritäten falsch gesetzt und die Gewissen falsch programmiert.

Während seiner gesamten Amtszeit stand US-Präsident Abraham Lincoln politisch unter Dauerbeschuss, besonders in den Jahren des Bürgerkriegs. Lincoln wusste genau, dass er in seinem Amt immer wieder Fehler machte, aber er beschloss, niemals seinem Gewissen Gewalt anzutun. Einmal sagte er: „Ich werde mein Amt immer in der Weise führen, dass ich am Ende, wenn ich die Macht wieder abgeben muss und vielleicht auf der ganzen Welt keinen Freund mehr habe, doch noch einen einzigen Freund habe, der in meinem Leben wohnt: mein Gewissen."[125]

---

124 http://www.sermonillustrations.com/a-z/p/priorities.htm.
125 Today In The Word, August, 1989, S. 21 // http://www.sermonillustrations.com/a-z/c/conscience.htm.

MANGELNDE EHRFURCHT

Ich erfuhr auch, dass die Abgaben für den Unterhalt der Leviten nicht abgeliefert worden waren, sodass sie ihren Dienst am Tempel verlassen hatten, um ihre Felder zu bestellen.

(Nehemia 13,10)

Als Nehemia aus Babylon zurückkommt, ist es seltsam still im Tempel. Die Gottesdienste sind auf ein Minimum geschrumpft, werden kaum noch besucht und finden darum auch kaum noch statt. Gottes Wort wird nicht mehr gelehrt und darum natürlich auch nicht mehr gelebt in Jerusalem. Gelehrt wird ein Religions-Mischmasch, der die Menschen immer weiter wegführt von der Wahrheit Gottes. Die Leviten, die in besonderer Weise für die Gottesdienste verantwortlich waren, sind weggeblieben. Von dem, was an spärlichen Abgaben noch in die Tempelkasse fließt, konnte keiner von ihnen leben. Vorbei die Zeit, als die Bewohner Jerusalems schriftlich versprochen hatten: „Den Leviten geben wir den Zehnten vom Ertrag unserer Felder" (Nehemia 10,38). Sie haben ihr Versprechen gebrochen. Vorbei die Zeit, als sie zugesichert hatten: „Wir wollen das Haus unseres Gottes nicht vernachlässigen" (Nehemia 10, 40). Sie haben auch dieses Versprechen gebrochen. Vorbei die Zeit, als die Juden ihre Freude an den Priestern und Leviten im heiligen Dienst hatten, die ihrem Gott Opfer brachten und ihre Reinigungshandlungen vollzogen (Nehemia 12,44-45). Vorbei, alles vorbei! Die Freude ist der Gleichgültigkeit gewichen. Angefangen hatte alles damit, dass Bewohner der Stadt sich mit menschlicher Religion einließen, in diesem Fall mit der ammonitischen Religion. Wo die Wahrheit Gottes nicht mehr in Klarheit und in Liebe gelehrt und gelebt wird, veröden die Gottesdienste und leeren sich die Kirchen. Irgendwann sind die Menschen nicht mehr bereit, für einen Religionsbetrieb Geld zu geben, der ihnen längst nichts mehr bedeutet. Sie verlieren die Ehrfurcht vor Gott.

Stattdessen greift die Ichbezogenheit um sich. Eine Sünde zieht die andere nach sich.

Als Nehemia aus Babylon zurückkehrt, trifft er auf gebrochene Versprechen. Er handelt sofort!

Da stellte ich die Vorsteher zur Rede: „Warum ist der Tempeldienst so vernachlässigt worden?" Dann ließ ich die Leviten zurückholen und stellte sie wieder an die Arbeit.

(Nehemia 13,11)

Nehemia holt sofort die Leviten zurück, die entmutigt die Stadt verlassen haben. Er sorgt also dafür, dass das Wort Gottes wieder in Vollmacht und Liebe gelehrt, erklärt und angewendet wird. Er gibt den Menschen der Stadt das zurück, was sie jetzt am allernötigsten brauchen: die Wahrheit Gottes. Dann stellt er die Verantwortlichen zur Rede: „Warum ist der Tempeldienst so vernachlässigt worden?" Nehemia scheut sich nicht, ins Wespennest zu stechen. Er scheut sich nicht, ans Eingemachte zu gehen. Nehemia kneift nicht, weil er in seinem Gewissen an das Wort Gottes gebunden ist. Das gibt ihm ein festes geistliches Rückgrat und die nötige Kraft! Er weiß, hier nützt es jetzt nichts, einen wie auch immer gearteten Kompromiss zu schließen, denn es kann keinen Kompromiss zwischen Gottes Wort und menschlicher Religion geben!

Wenn Christen in der Nachfolge Jesu bestehen wollen, müssen ihre Gewissen fest an das Wort Gottes gebunden sein. Das allein kann ihnen die nötige innere Kraft und ein festes geistliches Rückgrat geben. Das allein kann sie davor bewahren, in der Nachfolge Jesu aus der Kurve zu fliegen und sich durch falsche Kompromisse selbst zu lähmen. Auch heute gilt: Es darf keinen Kompromiss zwischen Gottes Wort und den vielen Spielarten menschlicher Religion geben!

Als dann das ganze Volk wieder den Zehnten von ihrem Getreide, dem Wein und dem Olivenöl in die Vorratsräume

brachte, übertrug ich die Aufsicht darüber dem Priester Sche-
lemja, dem Schreiber Zadok und dem Leviten Pedaja. Als
Helfer stellte ich ihnen noch Hanan Ben-Sakkur, den Enkel
Mattanjas, zur Seite. Sie alle galten als zuverlässige Männer
und sollten für die Verteilung des Zehnten an ihre Brüder
verantwortlich sein.

(Nehemia 13,12-13)

Nehemia begeht nicht den Fehler, jetzt alles allein machen
zu wollen. Er sucht stattdessen zuverlässige Leute und teilt
die Verantwortung mit ihnen. Nehemia weiß, dass er jetzt
Menschen braucht, die mit ihm die Verantwortung tragen.
Er kann nicht alles allein machen! Und so sucht er sich
Mitarbeiter, die zuverlässig sind, deren Gewissen und Leben fest an die Wahrheit Gottes gebunden sind.

So ist es bis heute. Wenn die Gemeinde Jesu Christi
bestehen will – auch und gerade in bevorstehenden Be-
drängnissen und Verfolgungen – braucht sie zuverlässige
Menschen, deren Gewissen und Leben fest an die Wahrheit
Gottes gebunden sind. Die Gemeinde Jesu ist wie ein Leib,
wie ein Organismus, in dem alle miteinander die Verantwortung teilen und tragen. Einer allein kann es nicht bringen! Wer also ein zuverlässiger Mensch sein will, dessen
Gewissen und Leben fest an die Wahrheit Gottes gebunden
sind, der trainiere in seinem ganz normalen Alltag die Treue
zu Jesus – so wie die junge Frau, von der zu Beginn dieses
Kapitels die Rede war. Es ist wichtig, alles daran zu setzen, um in der Nachfolge Jesu stark und belastungsfähig
zu werden. Es ist wichtig, dem Geist Gottes Raum zu geben
und im Vertrauen und im Gehorsam Jesus gegenüber zu
reifen.

„Denk an mich, mein Gott, und lösch die guten Taten, die ich
für dein Haus und den Tempeldienst vollbracht habe, nicht
aus deinem Buch aus!"

(Nehemia 13,14)

Am Ende geht Nehemia ins Gebet. Immer wieder hat er das in den zurückliegenden Wochen, Monaten und Jahren getan. Er weiß, dass er ohne Gottes Eingreifen trotz besten Bemühens nichts ausrichten wird. Im Gebet legt er darum alles, was er erreichen konnte, Gott hin. Er tut das in der Erwartung, dass Gott handeln und sein, Nehemias, Tun segnen wird.

Gebrochene Versprechen – die fand Nehemia vor, als er nach Jerusalem zurückkam. Das war hart genug! Aber Nehemia hat nicht entmutigt aufgegeben. Er stellte sich der Herausforderung und brachte die Wahrheit Gottes wieder zum Leuchten – zu Gottes Ehre und zur Rettung der Menschen.

23.

FAHRLÄSSIGES VERGESSEN

Nehemia 13,15-31

Unter der Überschrift „Eine-Million-Euro-Geige in Bahn vergessen"[126] berichteten die Zeitungen im Jahr 2010 folgende interessante Begebenheit: Da hatte ein vergesslicher Profi-Musiker aus München sein Instrument in der S-Bahn liegengelassen. Nun lässt jeder mal was in der Bahn liegen. Das ist in aller Regel auch kein Problem, solange es zum Beispiel nur ein Regenschirm ist. In diesem Fall aber handelte es sich um eine Violine im Wert von einer Million Euro.

Der Mann sei an einem Freitagabend von einem Konzert in Asien zurückgekehrt, berichtete die Bundespolizei. Anschließend sei er vom Flughafen München mit der S-Bahn zum Hauptbahnhof gefahren, dort ausgestiegen – und habe dabei seine Geige im Waggon vergessen. Auf einmal hätten sich die Türen geschlossen, aber das geliebte Instrument habe noch in der Bahn gelegen.

---

126 Spiegel online, 8. November 2010 // http://www.spie
gel.de/kultur/musik/muenchen-eine-million-
euro-geige-in-bahn-vergessen-a-727923.html.

Verzweifelt habe der vergessliche Musiker die Managerin seines Musikquartetts verständigt, die die Polizei alarmierte. Eine „Sofortfahndung" nach dem vergessenen Instrument habe dann auch den erhofften Erfolg gebracht: Beamte konnten die herrenlose Geige wenige Stationen weiter in Empfang nehmen. Ein Bahnmitarbeiter hatte sie im Zug gefunden und vorsorglich in Obhut genommen. Das wertvolle Instrument stammt dem Bericht zufolge aus der Werkstatt eines italienischen Geigenbaumeisters aus dem Jahr 1748.

Auch wenn die Geschichte für den 45-jährigen Musiker noch mal gut ausging, habe ihm der kurzzeitige Verlust seiner Geige so zu schaffen gemacht, dass er sich anschließend in ärztliche Behandlung begab, berichtete die Polizei. Mittlerweile befänden sich allerdings Künstler und Instrument erneut in Asien. Am Sonntag seien sie schon wieder gemeinsam aufgetreten.

Man darf davon ausgehen, dass diese Erfahrung für den Musiker sehr nachhaltig gewesen ist. Es ist schließlich keine Kleinigkeit, eine 1-Million-Euro teure Geige einfach in der S-Bahn liegen zu lassen. Dem Mann dürfte also ein heilsamer Schrecken tief in die Glieder gefahren sein.

Von vergesslichen, und zwar geradezu fahrlässig vergesslichen Leuten, berichtet der letzte Abschnitt im Buch Nehemia. Zum einen erliegen die hier erwähnten Leute dem Lockruf des Geldes. Zum anderen lassen sie zu, dass menschliche Beziehungen sie unempfindlich für die Wahrheit Gottes machen. In beiden Fällen führt das zu folgenreichem Vergessen und bedrohlichem Verlust.

VERHÄNGNISVOLLER PROFIT

Zu derselben Zeit sah ich Leute in Judäa, die am Sabbat in der Kelter Weintrauben auspressten, Getreide vom Feld einbrachten und ihre Esel damit beluden. Sie brachten auch

Wein, Trauben, Feigen und andere Lasten am Sabbat nach
Jerusalem hinein. Ich verwarnte sie, als sie es an diesem
Tag verkaufen wollten. Die Leute von Tyrus, die sich bei uns
niedergelassen hatten, brachten Fische und andere Waren in
die Stadt und verkauften sie auch am Sabbat an die Juden.
Da stellte ich die Vornehmen Judäas zur Rede und hielt ih-
nen vor: „Was macht ihr da für eine böse Sache? Ihr schän-
det den Sabbat! Haben das nicht schon eure Vorfahren ge-
macht? Und hat Gott nicht deshalb all das Unglück über uns
und diese Stadt gebracht? Wollt ihr durch eure Sabbatschän-
dung seinen Zorn noch größer machen?"

(Nehemia 13,15-18)

„Ich lauf bis in den Jemen - für mein Unternehmen. Ich
schwimm bis nach Birma – *für meine Firma.*"[127] Ein witziger
Spruch , aber mit ernstem Hintergrund, denn die Zahl der
Menschen, die mehr als 50, 70 oder 80 Stunden pro Woche
arbeiten, nimmt zu. Oft sind es Selbstständige. Sie leben
für ihre Firma. Sie sind tüchtig. Sie sind erfolgreich, und
sie können irgendwann nichts anderes mehr sehen als ihre
Arbeit, ihren Erfolg und ihren Gewinn.

Mit Menschen dieses Typs hat Nehemia es nun zu tun.
Er sieht Unternehmer, die mit ihren Mitarbeitern am Sabbat, also am Feiertag der Woche, an der Weinpresse stehen
und den nächsten Jahrgangswein in die Fässer tröpfeln
lassen. Er sieht Landbesitzer, die völlig verschwitzt damit
beschäftigt sind, Mengen von Getreide in Säcke abzufüllen.
Er sieht Esel-Karawanen, die hochbeladen irgendwelche
Waren in die Hauptstadt Jerusalem hineinschleppen. Er
sieht Fischhändler, die mehr oder weniger frischen Fisch
aus dem Mittelmeer auf den feiertags-verkaufsoffenen Sab-
bat-Märkten anbieten. Er sieht Waren über Waren, lecker

---

127 http://die-kaenguru-chroniken.wikia.com/wiki/Initiati-
     ve_f%C3%BCr_mehr_Arbeit.

präsentiert und hübsch anzusehen, sehnsüchtig auf Käufer wartend. Er sieht die Bewohner der Stadt Jerusalem auf Schnäppchenjagd. Er sieht Scharen von Bürgern, die den Feiertag zum Shoppen nutzen. Er sieht den Feiertag Gottes, der zu einem Schnäppchen-Tag verkommen ist.

Nehemia denkt daran, wie ganz anders Gott sich diesen Tag vorgestellt hat (5. Mose 5,14): *Achte auf den Sabbattag und reserviere ihn für Gott! Denn so hat der Herr, dein Gott, es dir befohlen. Sechs Tage hast du, um all deine Arbeit zu tun, aber der siebte Tag ist Sabbat für den Herrn, deinen Gott. An diesem Tag sollst du nicht arbeiten, weder du, noch dein Sohn oder deine Tochter, weder dein Sklave noch deine Sklavin, nicht einmal dein Rind oder Esel oder dein Vieh oder der Fremde, der in deinem Ort wohnt. Auch dein Sklave und deine Sklavin sollen ruhen wie du!*

Und der Prophet Jesaja hatte ergänzt: *Wenn du dich am Sabbat zurückhältst, wenn dir der Sabbat eine Freude ist, ein Ehrentag, ein heiliger Tag des Herrn, wenn du ihn ehrst, und nicht deine Wege erledigst, Geschäfte betreibst und viele Worte machst, dann wird der Herr die Quelle deiner Freude sein.*

So hatte es Gott gesagt. Aber in der Stadt Jerusalem ist von Ruhe keine Spur, vom Ehrentag für Gott keine Rede! Alle arbeiten, feilschen und machen Geschäfte. Sogar die Esel müssen ran. Der für Gott reservierte Tag wird ganz und gar nicht geehrt. Geehrt werden das Geld, der Umsatz, der Verdienst, die Freude am Kaufen und Verkaufen. Bedenkenlos strömen die Leute an Nehemia vorbei, mit den prallvollen Plastiktüten in den Händen. Doch Nehemia denkt an die Warnungen Gottes (3. Mose 26,34-35). Für den Fall, dass sein Volk den Sabbat zum Profit-Tag degradieren und darin verharren würde, hatte Gott angekündigt: *Euer Land wird* (dann) *veröden und eure Städte werden Trümmerhaufen sein. Dann, wenn das Land verödet daliegt, holt es seine Sabbatjahre nach. Während ihr im Land eurer Feinde leben müsst, wird das Land endlich ruhen und seine*

Sabbate ersetzt bekommen. Während der ganzen Zeit, in der es öde daliegt, wird es ruhen, wie es an den Sabbaten nicht ruhen konnte, als ihr darin wohntet. Nehemia weiß, dass das keine leere Warnung gewesen war. Sie hatte sich ja wortwörtlich erfüllt, als das Volk Gottes nach Babylon verschleppt wurde und das Land Israel verödete. Das war noch gar nicht so lange her! Und nun fingen die Leute schon wieder an, den Tag, der für Gottes Ehre reserviert war, zum Kauf-und Schnäppchen-Tag zu machen. So, als als gäbe es Gottes Warnungen gar nicht. Nehemia graut es. Dann knöpft er sich die Verantwortlichen vor, die an diesem Tag die Marktplätze und Shopping-Meilen freigegeben haben: *„Was macht ihr da für eine böse Sache? Ihr schändet den Sabbat! Haben das nicht schon eure Vorfahren gemacht? Und hat Gott nicht deshalb all das Unglück über uns und diese Stadt gebracht? Wollt ihr durch eure Sabbatschändung seinen Zorn noch größer machen?"*

Nehemia redet gegen das fahrlässige Vergessen der Leute an. Denn als Esra der Priester mit seinen Mitarbeitern, den Leviten, wochenlang in Jerusalem gewesen war, da hatte er die Bewohner der Stadt und des Umlandes das Gesetz gelehrt. Er hatte ihnen aus dem Wort Gottes vorgelesen und alles erklärt und aufs praktische Leben angewendet (Nehemia 8–9). Natürlich war da auch von Gottes Ehrentag, dem Sabbat, die Rede gewesen. Natürlich hatte Esra die versammelten Bewohner Jerusalems darauf hingewiesen, welche Bedeutung gerade dieser Tag im Leben mit Gott hat. Und natürlich hatte er davon gesprochen, dass ihre Vorfahren an exakt dieser Stelle total versagten – mit bitteren Folgen! Anschließend hatten sich alle feierlich und sogar schriftlich verpflichtet, nun auch nach dem Wort Gottes zu leben und es praktisch umzusetzen in ihrem Leben (Nehemia 10). Die Leute wussten also Bescheid! Aber sie hatten schon bald alles vergessen und die Fehler der Vorfahren einfach wiederholt. Fahrlässiges Vergessen!

Dieses Vergessen ist ein großes Thema. Wenn Menschen Gottes Wort hören (in einem Gottesdienst, auf einer Konferenz, in einer Bibelstunde) und kommen nicht vom Hören zum Tun, dann vollzieht sich ein Vergessen in ihnen. Sie vergessen, was sie gehört haben. Es entgleitet ihnen, wird vom Alltag überwuchert. Man kann 100, 200, 500 gute, biblisch fundierte Predigten hören, aber wenn man nicht vom Hören zum Tun kommt, dann wird man sie alle wieder vergessen. Gottes Wort wird ohne Einfluss auf das Leben bleiben. Man wird einfach weiter dem allgemeinen gottlosen Trend folgen und sich anpassen. Darum gibt es nur eine Chance, wenn Gottes Wort uns verändern soll: Wir müssen vom Hören zum Tun übergehen.

Die Leute in Jerusalem damals haben viele gute Esra-Predigten gehört. Sie waren dabei wahrscheinlich jedes Mal gefühlsmäßig sehr bewegt. Eigentlich wollten sie auch wirklich Gott mit ihrem Leben dienen. Aber sie kamen nicht vom Hören zum Tun. Und so vergaßen sie alles, was sie gehört hatten und passten sich dem allgemeinen Lebensstil an. Sie machten den Feiertag Gottes zu einem Einkauf-Verkauf-Tag.

Nehemia hat damals konsequent eingegriffen.

Deshalb ordnete ich an, die Tore Jerusalems zu schließen, wenn es am Vorabend des Sabbats in den Torwegen dunkel wurde, und sie erst wieder zu öffnen, wenn der Sabbat vorüber war. Auch stellte ich einige meiner Leute an die Tore, damit am Sabbat keine Lasten hereingebracht würden. Nun mussten die Kaufleute und Händler mit all ihren Waren ein- oder zweimal draußen vor Jerusalem übernachten. Ich warnte sie und sagte: „Warum übernachtet ihr vor der Stadtmauer? Wenn das noch einmal vorkommt, lasse ich euch festnehmen!" Von dieser Zeit an kamen sie am Sabbat nicht wieder. Darauf befahl ich den Leviten, sie sollten sich reinigen und sich als Wächter an die Tore stellen, damit man den

Sabbat heilig halten könne. „Denk an mich, mein Gott, und rechne mir auch das an! Erbarme dich über mich nach deiner grenzenlosen Güte!"

(Nehemia 13,19-22)

Oha, könnte man nun vielleicht denken, da hat Nehemia die Händler aber ganz schön rau angefasst! Vielleicht waren ja manche Händler vor den Toren der Stadt Leute, die jeden Cent Verdienst bitter nötig hatten, um ihre Familien durchzubringen. War es dann fair, ihnen so entschieden entgegen zu treten?

Wenn es sich bei den Händlern wirklich um Menschen gehandelt hätte, die ums Überleben kämpften, hätte Nehemia mit Sicherheit eine andere Lösung gefunden. Denn er war jemand, der auf Menschen in Armut und Not sofort (und zwar positiv) reagierte. Kapitel 5 des Buches Nehemia berichtet ausführlich davon. Da ist zu lesen, dass sich Nehemia massiv für Verarmte und Verschuldete eingesetzt hat. Er hatte einen wachen Blick für Menschen in Not. Aber hier, in der Auseinandersetzung mit den Händlern vor den Toren der Stadt, da ging es nicht um Menschen in existentieller Not. Es ging einfach darum, dass der Sabbat, der Feiertag Gottes, dem Mammon geopfert werden sollte. Deshalb hatte Nehemia keine Probleme damit, ein striktes „Nein" zu sagen.

Natürlich läge es an dieser Stelle nahe, ein großes Lamento über den Missbrauch des Sonntags als Hausputz-, Autopolier-, Geldverdien- und Shopping-Tag in deutschen Landen anzustimmen. Aber das würde nicht viel bringen, denn es gibt so viele Menschen in der Bundesrepublik, die Gott nicht kennen und ihr Leben weithin ohne ihn führen und daran auch gar nichts ändern möchten. Sie haben also gar keinen Anlass und erst recht keinen Grund, um am Sonntag die Arbeit ruhen und die Einkaufstüten stehen zu lassen! Daher ist es lohnender, darüber nachdenken, wie Christen den Feiertag Gottes, den Sonntag, den Tag der Auferstehung Jesu gestalten.

Viele kennen das Gebot: „Du sollst den Feiertag heiligen!"
„Heiligen" bedeutet so viel wie „reservieren". Das Feiertags-
gebot lautet also eigentlich: „Du sollst den Feiertag reservieren." Reservieren für wen? Für Gott!

Wie sieht das praktisch aus? Die, die Gott lieben, sollen
sich am Sonntag Zeit nehmen, um die vergangene Woche
Revue passieren zu lassen und sich bewusst zu machen,
was Gott ihnen in dieser vergangenen Woche an Gutem gegeben hat. Das wird wahrscheinlich eine ganze Menge sein.
Sie können und sollen darüber in ihrer Familie reden, gern
auch mit Freunden, die sie am Sonntag eingeladen haben.
Der Sonntag ist ein Tag, an dem die Kinder Gottes ihrem
himmlischen Vater für alles die Ehre geben, was er in den
zurückliegenden sechs Tagen für sie getan hat. Wenn sie
das tun, wird das ihre Beziehung zu Gott festigen, vertiefen
und reifen lassen.

Der Feiertag der Woche, der Sonntag, ist der Tag der Wo-
che, an dem sich die menschliche Seele in besonderer Wei-
se für Gottes Gegenwart öffnen soll. Im Gottesdienst in der
Gemeinde, aber auch, wenn man wieder Zuhause ist, mit
Familie und Freunden die Woche Revue passieren lässt und
Gott die Ehre darüber gibt. Der Sonntag, der Feiertag Gottes
ist also ein Tag der Freude, der Dankbarkeit, der offenen
Türen, des gemeinsamen Essens und der Gemeinschaft!

Die Art, wie Christen mit dem Sonntag umgehen, ist auch
ein Bekenntnis! Die Menschen, die mit ihnen in ihrem Haus
wohnen, oder die Nachbarn, die rechts und links von ihnen leben, kriegen durchaus mit, wie sie mit dem Sonntag
umgehen. Menschen, die Gott nicht kennen, merken sehr
schnell, wenn sie Christen vor sich haben. Sie schauen genau hin, wie diese Christen leben. Und wenn sie mitkriegen,
dass Christen den Sonntag speziell für Gott reservieren und
ihm für das danken, was er in den vergangenen Tagen für
sie war, und ihm die Ehre dafür geben, wie er sie geleitet,
bewahrt und beschenkt hat, wenn sie sehen, dass sie sich
an diesem Tag nicht hermetisch nach außen abschließen,

sondern ein offenes Haus haben und andere einladen, um sie mit hinein zu nehmen in die Freude dieses Tages, dann wird das seine Wirkung nicht verfehlen. Die Bewohner der Stadt Jerusalem damals hatten das alles vergessen. Sie haben das Gehörte nicht in die Tat umgesetzt, deshalb haben sie so wichtige Dinge einfach vergessen.

VERFÄNGLICHE BEZIEHUNGEN

Damals wurde ich auch auf einige Juden aufmerksam, die Frauen aus Aschdod, Ammon und Moab geheiratet hatten. Die Hälfte ihrer Kinder redete aschdoditisch oder in einer anderen fremden Sprache und keins von ihnen konnte jüdisch sprechen. Da ging ich mit ihnen ins Gericht und verfluchte sie. Einige von ihnen schlug ich, riss sie an den Haaren und beschwor sie bei Gott: „Ihr dürft eure Töchter nicht mit deren Söhnen verheiraten und deren Töchter nicht für eure Söhne nehmen!"

(Nehemia 13,23-25)

Nehemia verliert die Geduld. Eigentlich erstaunlich bei einem Mann seines Formats. Durch wie viele Belastungen ist er in den zurückliegenden Jahren mit beeindruckender Gelassenheit hindurchgegangen! Und jetzt plötzlich hat er sich nicht mehr im Griff. Er verflucht Menschen seines Volkes. Er wird handgreiflich und geht auf sie los, schlägt sie und reißt sie an den Haaren. Bei aller Hochachtung vor Nehemia, hier entgleist er offenbar! Denn mit Gewalt lassen sich geistliche Probleme ja nicht lösen. Durch Verfluchungen erst recht nicht! Was war damals bloß mit dem sonst so beherrschten Nehemia los?

Nehemia entpuppt sich an dieser Stelle als „Mensch wie du und ich". Wenn man den dünnen Zuckerguss aus angelerntem Wohl-Verhalten wegkratzt, kommt darunter ein ganz normaler Sünder zum Vorschein. Egal, wie gut sich jemand benehmen kann … Egal, wie geschliffen seine Manieren und wie perfekt präsentiert seine Höflichkeit auch sein mögen, immer kommt dicht unter der Oberfläche ein Sünder zum Vorschein. Auch bei Nehemia ist das so.

Warum in aller Welt ist Nehemia damals derart wütend und dann (leider) auch handgreiflich geworden?

Es stand hier sehr viel auf dem Spiel! Es ging um die Wahrheit und um die Zukunft des Volkes! Die Leute waren verfängliche Beziehungen eingegangen. Sie hatten sich Ehepartner aus der Stadt Aschdod und aus den Nachbarländern Ammon und Moab gesucht, und zwar ohne dass ihre zukünftigen Ehepartner sich vorher zum Gott der Bibel bekehrten. Es war nicht das erste Mal, dass das passierte. Nehemia hatte schon früher mit diesem Problem zu tun gehabt (Nehemia 9,2; 10,31). Aber diesmal war es besonders ernst! Denn die Kinder, die aus diesen Ehen hervorgingen, die sprachen kein Hebräisch mehr. Die sprachen die Sprachen ihrer Mütter, nämlich aschdoditisch, ammonitisch und moabitisch. Da wuchs eine neue Genration heran, die weder Hebräisch sprechen, lesen noch verstehen konnte.

„Na und?", könnte man nun vielleicht einwenden. „Ist doch nicht so schlimm! Aschdoditisch, ammonitisch und moabitisch sind doch auch ganz schöne Sprachen! Warum war das denn so wichtig, dass sie ausgerechnet mit der hebräischen Sprache groß werden sollten?"

Nur wer damals Hebräisch verstand, konnte auch die Bibel lesen und verstehen. Nur wer Hebräisch lesen konnte, war auch in der Lage, die Wahrheit Gottes aufzunehmen, zu verstehen und anzunehmen! Das konnten viele Kinder in Jerusalem nun nicht mehr. Es wuchs also eine ganz neue Generation ohne die Wahrheit Gottes auf. Sie wuchs zwar mit Religion auf (der aschdoditischen, moabitischen und ammonitischen Religion), aber ohne die Wahrheit Gottes. Und diese Genration, die ohne die Wahrheit Gottes aufwuchs, würde natürlich irgendwann auch wieder Kinder haben. Und diese Kinder würden auch wieder kein Hebräisch sprechen, die Bibel nicht lesen können und auch wieder ohne die Wahrheit aufwachsen. Mit anderen Worten, das Volk Gottes war drauf und dran, die Wahrheit Gottes, von der es doch lebte, preiszugeben und zu vergessen.

Es muss Nehemia schier zur Verzweiflung getrieben haben, als er diese brandgefährliche Entwicklung bemerkte. Denn Esra mit seinen Leviten hatte natürlich auch über dieses wichtige Thema gesprochen und die Leute hatten alles Notwendige darüber gehört. Aber sie hielten sich nicht an das Gehörte. Sie sagten vielleicht: „Ja, kann denn Liebe Sünde sein?!", und machten, was sie wollten. Sie ließen zu, dass das Wort Gottes überwuchert wurde von Gedankenlosigkeit und Fehlverhalten, an das man sich schnell gewöhnte. Sie vergaßen schließlich Gottes Wort, weil sie ihm nicht gehorchten. Obendrein enthielten sie ihren Kindern den Zugang zur Wahrheit Gottes vor. Ausgerechnet den Kindern!

Es ist so wichtig, dass gerade Kinder und Jugendliche das Wort Gottes kennenlernen und auch Menschen sehen, die nach dem Wort Gottes leben. Denn gerade in der Zeit zwischen 13 und 18 Jahren stellen junge Menschen die großen Fragen des Lebens. Zu keinem anderen Zeitpunkt sind sie so sehr fähig, ihr Leben grundsätzlich auf die Wahrheit auszurichten, auch wenn sie das etwas kostet. Je älter sie werden, desto mehr lässt diese Bereitschaft nach. Dann rücken der Beruf, das Geldverdienen, die Wahl des Lebenspartners, die Familiengründung und der Aufbau der Existenz in den Vordergrund. Wenn ihr Leben erst einmal eingerichtet und abgesichert ist mit Häuschen, Auto und Lebensversicherung, sind sie nur noch sehr zögerlich bereit, ihr Leben auf Jesus auszurichten. Und noch später, wenn sie alt und grau werden und in Rente gegangen sind, wird es für sie noch viel schwerer, sich zu Jesus zu bekehren. Denn dann bindet sie ihr altes Leben mit tausend feinen Stricken. – Ja, es kommt vor, dass auch Dreißig-, Vierzig- und Sechzigjährige sich bekehren und Christen werden. Aber nicht sehr oft. Bekehrungen im hohen Alter oder gar auf dem Sterbebett sind so selten wie ein weißer Rabe. Wer also Kindern und Jugendlichen die Wahrheit Gottes vorenthält, der begeht ein großes Unrecht.

Nehemia hat damals nicht gezögert und die Leute zur Rede gestellt:

„Selbst Salomo, der König von Israel", sagte Nehemia, „hat wegen solcher Frauen schwere Schuld auf sich geladen. Zwar hat es unter den vielen Völkern keinen König wie ihn gegeben und er war der Liebling Gottes und Gott hatte ihn zum König über ganz Israel gemacht. Aber sogar ihn haben die ausländischen Frauen zur Sünde verleitet. Es ist unerhört, dass ihr das gleiche große Unrecht begeht, dass ihr ausländische Frauen heiratet und so unserem Gott untreu werdet!"

(Nehemia 13,26-27)

Wer das Wort Gottes zwar hört, aber nicht danach lebt, der vergisst es irgendwann. Bei Salomo, dem berühmten König Israels, war es so gewesen. Und jetzt, bei den Bewohnern Jerusalems, war es genauso. Wieder einmal! Man kann nachvollziehen, dass Nehemia in diesem Moment von Verzweiflung gepackt wurde. Er sah, dass die Menschen denselben Fehler immer und immer wieder machten und Gottes Wort und Gottes Maßstäbe einfach immer und immer wieder vergaßen. Er sah die Folgen, die das langfristig haben würde. Das rechtfertigt zwar nicht Nehemias Unbeherrschtheit, die in diesem Moment aus ihm herausbrach. Aber es lässt sie ein bisschen verständlicher werden.

Einer der Söhne von Jojada Ben-Eljaschib, dem Hohen Priester, war der Schwiegersohn des Horoniters Sanballat; den entfernte ich aus meiner Umgebung. „Mein Gott, vergiss es diesen Leuten nicht, dass sie das Priesteramt entehrt und den Bund gebrochen haben, den du mit den Priestern und Leviten geschlossen hast!" So habe ich das Volk von allen fremden Einflüssen gereinigt. Ich stellte Dienstordnungen für die Priester und Leviten auf, die jedem seine Pflichten zuwiesen. Ich sorgte auch für die regelmäßige Lieferung des Brennholzes und die Abgabe der ersten Früchte.

(Nehemia 13,28-31)

Nehemia hat dann – so gut es eben ging – dafür gesorgt, dass die Kinder in der Stadt wieder hebräisch lernten und so Zugang zur Bibel bekommen konnten. Einen der Söhne des Hohenpriesters Eljaschib, der eine Tochter Sanballats geheiratet hatte (einem erklärten Feind der Juden), ließ er aus seiner Umgebung entfernen. Nehemia sorgte auch dafür, dass die Priester und Leviten ihr Auskommen hatten und sich so wirklich auf ihren Dienst konzentrieren konnten. Kein Wunder, dass Nehemia das so wichtig war. Priester und Leviten waren ja schließlich diejenigen, die den Leuten die Wahrheit Gottes nahebrachten. Sie waren unersetzbar und von höchster Wichtigkeit.

Hat Nehemia sich damals beliebt gemacht, als er die Händler am Sabbat aus Jerusalem aussperrte? Hat man ihm applaudiert, als er verkaufsoffene Feiertage in Jerusalem abschaffte und dem Feiertag der Woche, dem Sabbat, seine Würde zurückgab? Hat er Anerkennung gefunden, als er die Leute zur Rede stellte, weil sie die Wahrheit Gottes vergaßen und verrieten, indem sie sich Ehepartner suchten, die Gott nicht kannten? Man darf vermuten: Eher nicht! Wer Gottes Wort folgt und danach lebt, erhält nur selten den Beifall der Massen. Er wird in aller Regel nicht populär. Sein Name erscheint nicht in den Zeitungen. Er bekommt keine „Likes" bei „facebook", und bei „twitter" kennt man ihn nicht.

Wer Gottes Wort folgt, der bekommt allerdings Anerkennung von Gott. Und die ist viel wichtiger als die wechselnde

Anerkennung von Menschen, denn Anerkennung und Lohn von Gott zählen für die Ewigkeit. Nehemia hat das sehr genau gewusst. Im Gebet am Ende seines Berichts, spricht er genau das an:

„Denk an mich, mein Gott, und lass es mir zugutekommen!"
(Nehemia 13,31)

Nehemia hat für das, was er über Jahre in Jerusalem getan hat, keine Anerkennung und keinen Lohn von Menschen erwartet. Er war realistisch und wusste, dass am Ende nur zählt, wie Gott ihn beurteilte und wie Gott über ihn denkt. Am Ende zählt nur Anerkennung und Lohn von Gott, sonst gar nichts.

So ist es bis heute geblieben. Wer treu in der Nachfolge Jesu bleibt, der darf keine Anerkennung von Menschen erwarten. Das funktioniert einfach nicht. Aber er kann Anerkennung von Gott erwarten; diese allein zählt. Darum ist Treue in der Nachfolge Jesu so unerlässlich. Auch wenn man den Eindruck hat, dass niemand all die Mühe und den Einsatz sieht, den man erbringt, ist eines sicher: Jesus sieht alle Mühe und würdigt jeden Einsatz, den Christen in seiner Nachfolge erbringen. Nach seiner Anerkennung sollte man sich daher ausstrecken und auf sein Lob warten. Er wird es niemandem vorenthalten!

NEHEMIA - EIN MANN IM GEGENWIND

Nehemia war ein Mensch, der tief verwurzelt war in der Kenntnis des biblischen Wortes.

Nehemia war sich bewusst, dass er Sünder war, angewiesen auf Gottes Geduld und Vergebungsbereitschaft. Sein Gewissen blieb zeit seines Lebens fest gebunden an die Wahrheit Gottes. Das gab ihm eine beeindruckende Charakterstärke.

Nehemia wusste, dass man Gott mehr gehorchen muss als den Menschen, und er war darum ein Mann, der sich nicht so leicht entmutigen oder einschüchtern ließ. Er besaß eine gute Menschenkenntnis und konnte Menschen motivieren, sich für Gottes Ziele und Gottes Pläne einzusetzen. Er besaß ein weites, mitfühlendes Herz für alle, die in Not und Elend gekommen waren, und ließ nicht locker, bis ihre Not beseitigt und überwunden war.

Nehemia war ein Team-Player, der seine Grenzen kannte und wusste, wann er in die zweite Reihe zurücktreten musste, um anderen Platz zu machen, die andere Gaben hatten als er.

Er hatte den Mut, Gottes Wort zu hören und zu tun, auch wenn er sich damit bei manchem unbeliebt machte. Er suchte Anerkennung von Gott und nicht von Menschen.

Nehemia war aber vor allem ein Mann des Gebets, dessen Leben durch eine fortlaufende Zwiesprache mit Gott geprägt war.

Nehemia war ein Mann *im Gegenwind*. Ein Mann, der dem Gegenwind die Stirn bot. Ein Mann, der *im Gegenwind* den Glauben immer wieder neu bewährt hat.

* * * * * * *

Rudolf Möckel
Neues von Elischa
Frische Impulse für ein Leben im Vertrauen

Elischa zählt zu den ungewöhnlichsten Personen im AT. Ohne Berührungsängste mit Menschen bildete er in Wort und Tat die Freundlichkeit, Gnade und Größe Gottes ab. In den heutigen Sorgen und Ängsten können wir von ihm und seinen Erfahrungen profitieren, der zu 100 Prozent auf Gott vertraut hat.

Pb., 192 S., 13,5 x 20,5 cm
Best.-Nr. 271 125
ISBN 978-3-86353-125-6

Martin von der Mühlen

Fünf Schlüssel, fünf Tore und eine Schatzkammer

Überraschende Beobachtungen im Lieder- und Gebetbuch der Bibel

Dieses Buch betrachtet die Eingangspsalmen der fünf großen Abschnitte der Psalmen. Viele interessante Details in den Psalmtexten werden enthüllt und mit Aspekten heutigen Lebens verknüpft. Entstanden ist ein Buch, das Lust auf noch mehr Entdeckungen im Gebetbuch der Bibel macht.

Pb., 192 S., 12 x 18,7 cm
Best.-Nr. 271 463
ISBN 978-3-86353-463-9